公司正义

以公司股东的权责配置为视角展开

Corporate Justice

From the Perspective of the Allocation of Rights and Liabilities of Shareholders

梁上上◎著

法律出版社
LAW PRESS · CHINA
北京

图书在版编目(CIP)数据

公司正义：以公司股东的权责配置为视角展开／梁上上著. -- 北京：法律出版社，2022
ISBN 978-7-5197-6420-3

Ⅰ.①公… Ⅱ.①梁… Ⅲ.①公司法-研究-中国
Ⅳ.①D922.291.914

中国版本图书馆CIP数据核字（2022）第017093号

公司正义
——以公司股东的权责配置为视角展开
GONGSI ZHENGYI
—YI GONGSI GUDONG DE QUANZE PEIZHI
WEI SHIJIAO ZHANKAI

梁上上　著

策划编辑　似　玉
责任编辑　似　玉
装帧设计　汪奇峰

出版发行 法律出版社
编辑统筹 法律应用出版分社
责任校对 朱海波
责任印制 刘晓伟
经　　销 新华书店

开本 720毫米×960毫米　1/16
印张 18.75　**字数** 235千
版本 2022年3月第1版
印次 2022年3月第1次印刷
印刷 天津嘉恒印务有限公司

地址：北京市丰台区莲花池西里7号(100073)
网址：www.lawpress.com.cn
投稿邮箱：info@lawpress.com.cn
举报盗版邮箱：jbwq@lawpress.com.cn
销售电话：010-83938349
客服电话：010-83938350
咨询电话：010-63939796

书号：ISBN 978-7-5197-6420-3　**定价**：78.00元
凡购买本社图书，如有印装错误，我社负责退换。电话：010-83938349

自　序

这是一种巧合。

中、美两国学者几乎在同一时间提出“公司正义”的概念。美国著名公司法教授 Todd J. Clark 与 andré douglas pond cummings 于 2016 年 8 月出版了名为 *Corporate Justice*(《公司正义》)的专著,引起广泛重视。我于 2015 年 3 月发表的《论股东强制盈余分配请求权》一文中,提出“公司正义”的概念。接着,我于 2017 年 1 月发表 3 万字长文《论公司正义》,全面阐述了公司正义的相关问题。

什么是公司正义?

我认为,公司正义是公司法的灵魂,没有公司正义的指引,公司法就可能失去发展的方向。我国公司法应该确立公司正义原则,使其成为与公司自治相并列的基本原则。公司正义可以“法理阐释”的方式存在,无须在公司法总则中作出明文规定。公司正义既包括分配正义,也包括矫正正义;既包括实体正义,也包括程序正义。公司的本质是多方参与者不同利益关系交汇的平台。“利益关系”不同于法律关系。公司法需要沿着分配正义与矫正正义、实体正义与程序正义的不同路径，结合利益衡量方法，对不同主体之间的利益关系作出恰如其分的规范。公司正义的含义具有模糊性，但有利于其弹性适用，法官也需要借助利益衡量等方法来填补法律漏洞，创造性地适应社会对法律的需求。公司自治是公司法的基本原则，但没有制约的公司自治会导致不正义。当法官借助公司正义原则对公司自治进行制衡时，应该采取谨慎而节制的态度。总之，公司正义是打开公司法的钥匙，没有公司正义的理念，可能难以理解公司法条款内在的机理。

这些观念，是站在公司法领域内对我国公司法的法律适用进行本土化思考后，对公司正义的一些认识。

我相信，离开公司法的场域，“公司正义”必将有更多、更有意义的见解。社会学者会从公司与社会的关系对其进行分析，政治学者会从公司与政治的关系对其进行考量，经济学者会从公司与经济的关系对其进行思考，法律学者会从公司与法律的关系对其进行回答。可以想见，不同领域的学者会有不同的回答。

当然，不同的领域之间对公司正义会存在分歧。即使是同一学科内部，即使在公司法内部，也有不同的说法。并不是每个人都赞成公司正义的观念。即使在那些支持公司正义的人们中间，究竟应该如何理解公司正义也并非完全相同。这是难以回避的事实，因为我们会从不同的角度来观察公司正义。我们不应忽视分歧，而应正视分歧、探讨分歧。分歧，恰恰可能是我们思考的起点。

虽然存在分歧，但更多的是共识。公司正义是公司法的价值追求，它常常是一种批判性的观念，也是一种引导性的力量，推动我们现有制度从瑕疵不断地走向完善。

最近，我发现大家开始关注公司正义问题了，开始讨论公司正义问题了。我希望，有越来越多的人关注公司正义，讨论公司正义。

我相信,公司正义将成为公司法永恒的主题,公司正义将成为公司法不断前进的源泉与力量。

祝您阅读愉快。

梁上上
清华大学法学院
2021 年 6 月

目录

第一章　公司正义的理念

随着我国经济与社会的发展，再加上我国公司法不完善，法官在解决具体纠纷时往往难以找到妥适的公司法条款加以适用，出现了大量的疑难案件。例如，在著名的河南思维自动化设备有限公司与胡克盈余分配纠纷案（以下简称胡克案）中，注册资金仅为300万元的有限责任公司，未分配盈余额却已经超过1.7亿元，高达注册资金的57倍之多，而且自公司成立以来一直未对股东进行任何数额的盈余分配。但是，当小股东胡克提起盈余分配之诉时，最高人民法院却认为这属于公司自治而驳回起诉。[1]这一案件的判决引起人们的广泛质疑：当在公司中担任董事、经理等职务的股东利用其职位获取高额薪酬时，小股东却因未在公司担任职务而长期不能分享公司的高额盈余，对他们是

---

① 最高人民法院民事判决书，（2006）民二终字110号，载最高人民法院民事审判第二庭编：《最高人民法院商事审判指导案例·公司卷》，中国法制出版社2011年版，第293～298页。

否符合公平正义呢？最高人民法院"仅仅"以盈余分配属于公司自治为由驳回起诉是否合理？公司自治能否成为法院不审查公司事务的"挡箭牌"？如何妥当地解决这一纠纷？

公司法的司法实践告诉我们，疑难案件的解决往往需要借助公司法基本原则的指导。我国对公司法基本原则的理论研究并不深入，对其在具体案件中的应用也缺乏研究。[①] 我国司法实践中较为强调公司自治原则，有时甚至将其理解为神圣不可突破的原则。胡克案提出的疑问是：这种"仅仅"强调某一原则的思考方法是否可取？法院对该原则的理解是否存在误解？是否需要引入其他原则对此加以制衡？反观合同法，其既有合同自治原则又有合同正义原则。[②] 有人已经指出，缺少公司正义原则的指引，在司法实践中出现了许多令人错愕的现象，应该借鉴合同法的经验，在公司法中引入公司正义原则。[③] 基于该原则的重要意义，本书对此进行研究。

---

① 在目前的公司法教科书中，较少论及公司法基本原则。论及基本原则的学者则有不同的归纳。有人主张公司法基本原则为公司准则设立、依公司章程自治、公司权利和合法利益不受侵犯、股东有限责任、股东权利平等、利益相关者受到尊重与保护、社会责任等原则[参见王保树、崔勤之：《中国公司法原理》(第3版)，社会科学文献出版社2006年版，第49～56页]。也有人认为公司法基本原则为鼓励投资、公司自治、公司及利益相关者保护、股东平等、权力制衡、股东有限责任、公司社会责任七项原则[参见赵旭东主编：《公司法学》(第3版)，高等教育出版社2012年版，第46～50页]。在日本，有人认为股份公司法的基本原则为股东利益最大化原则、股东有限责任原则与股份自由转让原则(参见[日]落合诚一：《公司法概论》，吴婷等译，法律出版社2011年版，第64～69页)。他们之间的共同点是，没有将公司正义列为公司法的基本原则。

② 我国合同法虽然没有明文规定合同正义原则，但是该原则是公认的合同法基本原则。参见崔建远：《合同法》，北京大学出版社2013年版，第16～18页；韩世远：《合同法总论》，法律出版社2004年版，第39～40页；朱广新：《合同法总则》，中国人民大学出版社2012年版，第33～38页；[日]大村敦志：《近30年来日本的民法研究》，渠涛译，载《清华法学》2012年第3期。

③ 参见梁上上：《论股东强制盈余分配请求权——兼评"河南思维自动化设备有限公司与胡克盈余分配纠纷案"》，载《现代法学》2015年第2期。

一、公司正义原则的引入

（一）认识正义的路径

人类社会自古以来都把法律与正义紧密地联系在一起，正义被认为是法律的基本价值。[①] 古罗马法谚云，法律是一门正义的艺术，法学是关于正义与不正义的科学。[②] 在古罗马，"正义是分给每个人以其权利的不懈的、永恒的意志"[③]。在罗马历史的早期，西塞罗也曾把正义描述为"使每个人获得其应得的东西的人类精神取向"。

人们在过去的几千年中，对正义有着广泛而激烈的讨论。有人从政治角度来讨论正义，有人则从法律角度来讨论正义；有人从自然法上来分析正义，有人则从实在法上来分析正义；有人把正义理解为个人德性，有人则把正义理解为社会实践或社会制度；有人认为正义是客观存在，有人则认为正义是主观价值。正如有人指出的那样，正义有着一张"普洛透斯似的脸"（a protean face），变幻无常、随时可呈不同形状并具有极不相同的面貌。[④]

这些讨论并非没有意义，经过学者的不断努力，人们对正义的认识越来越深入。虽然还存在一定的分歧，但已经达成越来越多的共识。正义作为抽象的哲学理念，不同的学者从不同的角度来分析研究正义问题，确实会存在"横看成岭侧成峰，远近高低各不同"的现象，难

---

① 正义、自由、安全与效率是法律的四大基本价值。参见张文显：《法学基本范畴研究》，中国政法大学出版社 1993 年版，第 252～277 页。

② 参见［古罗马］优士丁尼：《法学阶梯》，徐国栋译，中国政法大学出版社 1999 年版，第 11 页。

③ ［古罗马］优士丁尼：《法学阶梯》，徐国栋译，中国政法大学出版社 1999 年版，第 11 页。

④ 参见［美］E. 博登海默：《法理学：法律哲学与法律方法》，邓正来译，中国政法大学出版社 1999 年版，第 252 页。

识“庐山真面目”。但是,从司法适用的场合来看,正义与法律的关系是可以把握的。法律与正义的关系大致可以分为三种情形:一是正义内在于法律。法律是正义的载体,正义通过法律得以充分地实现。二是法律与正义不一致。法律一般与正义是一致的,但是在某些特殊情况下,法律可能与正义并不一致,不能体现正义理念。三是正义用来检验与评判法律。此时,正义作为评价的工具,对法律是否符合正义原则作出判断。例如,西塞罗认为,非正义的法律根本就不具有法律的性质,不能称为法律。① 阿奎那也认为,法律是否有效取决于它的正义性。② 第二次世界大战后,德国最高法院曾经宣布一些法规因为违反正义原则而无效。③ 可见,用正义来评价法律依然是一项具有现实意义的古老传统。④

分类是理解和把握事物的重要方法,是认识正义的妥当路径。依据不同的标准,正义可以分为不同的种类。⑤ 这些分类或者体现了人们理解正义的独特角度,或者体现了正义存在的不同方式,或者体现了正义对法律的重要功能。

亚里士多德对正义的分类最为经典,他将正义分为分配正义与矫

---

① 参见[古罗马]西塞罗:《国家篇 法律篇》,沈叔平、苏力译,商务印书馆 1999 年版,第 182 页。

② 参见[意]阿奎那:《阿奎那政治著作选》,马清槐译,商务印书馆 1963 年版,第 116 页。

③ 参见[美]E. 博登海默:《法理学:法律哲学与法律方法》,邓正来译,中国政法大学出版社 1999 年版,第 338 页。

④ 与自然法学不同,分析实证主义法学则将正义与法律合二为一,将法律规定作为正义的标准,将正义理解为遵守和执行法律。例如,霍布斯认为,法律是主权者的命令,由法律宣布什么是公道、什么是正义、什么是道德并使他们具有约束力(参见[英]霍布斯:《利维坦》,黎思复、黎廷弼译,商务印书馆 1985 年版,第 206 ~ 207 页)。凯尔森也以合法性(legality)取代正义,其认为将一个一般规则实际适用于按其内容应该适用的一切场合,那便是正义的(参见[奥]凯尔森:《法和国家的一般理论》,沈宗灵译,中国大百科全书出版社 1996 年版,第 6 ~ 14、51 ~ 53 页)。

⑤ 正义依据不同的标准有多种分类,在此仅仅阐述与本书主题紧密相关的分类。此外,正义还可以分为主观正义与客观正义,个人正义与国家正义,绝对正义与相对正义等。

正正义(交换正义)。[①] 分配正义(distributive justice)所关注的是在社会成员或群体成员之间进行各种权利、权力、义务和责任配置的问题。[②] 正如亚里士多德所言,正义的(合法的)分配是以应该付出恰当价值的事物授予相应收受的人。而矫正正义(corrective justice)主要关注的是对过失作出赔偿或剥夺一方当事人的不妥当获利。这是因为在交往中的一方打破了原有的秩序或状态,出现了增益或损失,交换正义(commutative justice)就是要恢复这种被打破的原有秩序或状态,使增益与损失达到均衡。按照亚里士多德的理论,分配正义与交换正义都旨在达到均衡。交换正义旨在达到增益与损失之间的均衡,分配正义则旨在通过各取所值的原则来分配财富,平衡社会中实存的各种利益与价值,达到均衡的社会效果。这样,亚里士多德的"为各人应得的归于各人"的原则在政治行动和社会行动中进行校验指出了主要的检验场域。[③]

在亚里士多德那里,正义主要应用于人的行为,其涉及的是行为正义。然而,在近现代的西方思想家那里,"正义"的概念越来越多地被专门用作评价社会制度的一种道德标准。[④] 在罗尔斯那里,正义被

---

① 参见[古希腊]亚里士多德:《尼各马科伦理学》,苗力田译,1130b ~ 1133a,载苗力田主编:《亚里士多德全集》(第 8 卷),中国人民大学出版社 1992 年版,第 97 ~ 105 页。有人认为,矫正正义是并列关系中的正义,而分配正义则在上下级关系中有效。前者是私法的正义,后者是公法的正义。参见[德]G. 拉德布鲁赫:《法哲学》,王朴译,法律出版社 2005 年版,第 33 页。

② 这是一种引申义。参见[美]E. 博登海默:《法理学:法律哲学与法律方法》,邓正来译,中国政法大学出版社 1999 年版,第 270 页。亚里士多德的原意是,根据一定的比例关系对公物的分配。这种分配永远是出于公共物品,按照各自提供物品所有的比例。参见[古希腊]亚里士多德:《尼各马科伦理学》,苗力田译,1131b,载苗力田主编:《亚里士多德全集》(第 8 卷),中国人民大学出版社 1992 年版,第 101 页。

③ 参见[美]E. 博登海默:《法理学:法律哲学与法律方法》,邓正来译,中国政法大学出版社 1999 年版,第 265 页。

④ 参见[美]约翰·罗尔斯:《正义论》(修订版),何怀宏、何包钢、廖申白译,中国社会科学出版社 2009 年版,"译者前言"第 4 页。

看作社会制度的首要德性,[①]涉及的是制度正义问题。在他的正义论中,正义的对象是社会的基本结构,即用来分配公民的基本权利和义务、划分由社会合作产生的利益和负担的主要制度。法律制度天然地与正义联系在一起,受到正义的多方检验。在我们的现实生活中,总是存在许多不正义的现象,不论是假冒伪劣商品的泛滥,还是权钱色的交易,时刻提醒我们正义制度的设计才是最重要的。

罗尔斯把正义分为实体正义与程序正义为人们认识正义提供了崭新的路径。就法律制度而言,与实体法相对应的是实体正义,与程序法相对应的是程序正义。程序是为了实现实质正义而设计存在的,但是并非所有的程序设计都能够带来实质正义,程序与过程的差异可能会带来结果的极大不同。从历史看,程序在实体法产生之前就已经存在,实体法由程序产生。据此,有学者认为,程序是实体之母,或者说程序法是实体法之母。[②] 一般而言,实体法规定"应当如此"的具体内容,其中包含的法律权利与法律原则得到落实就是实体正义;程序法规定实现实体法规则内容的程序、手段与方式,这些程序、手段与方式能够带来实体正义的实现、不违背某些正当的价值要求就是程序正义。司法领域的自然正义(natural justice)、正当程序(due process)都体现对程序正义的价值追求。

从法律的制定到适用的运作方式看,把正义分为一般正义与个别正义也是极为重要的。法律通常是针对社会生活中的一般情形作出的一般性规定,可以适用于大多数人和大多数情形,体现的是一般正义的普遍性价值。但是,现行法律可能忽略了特定人与特定情形,它在某些特定的案件类型中加以适用,可能会导致不正义。柏拉图早就

① 参见[美]约翰·罗尔斯:《正义论》(修订版),何怀宏、何包钢、廖申白译,中国社会科学出版社2009年版,第3页。

② 参见[日]谷口安平:《程序的正义与诉讼》,王亚新、刘荣军译,中国政法大学出版社2002年版,第7、65页。

指出,法律在任何时候都不可能完全准确地给社会的每个成员作出何谓善德、何谓正当的规定。人之个性的差异、人之活动的多样性、人类事务无休止的变化,使得人们无论拥有什么技术都无法制定出在任何时候都可以绝对适用于各种问题的规则。[①] 亚里士多德也持有相同的观点。[②] 这凸显了个别正义不能被一般正义所覆盖,更不能以实现一般正义为名而忽视它的存在。克服这种因适用一般性规定导致不正义的主要方法是衡平(equity)。衡平被视为个案的正义。[③] 普通法一直存在衡平法传统。个案正义主要出现在适用普遍性法律规则不能带来正义或者将会造成非正义的场合。此时,法官不能通过法律的严格适用来实现正义,需要通过衡平方法来实现具体案件的正义。在这种场合,衡平已经与具体案件的具体事实紧密地联系在一起,已经脱离了法律的一般性规则,似乎是"外在"于现行法律的。但是,在现代欧陆民法中,衡平理念也已经融入法律,成为法律的一部分,而非法律外的控制因素。[④] 需要指出的是,衡平虽然有助于熨平这块"编织物"上的"皱褶",使具体案件获得妥当的解决,避免了机械适用法律的弊端,但是法官的自由裁量也可能带来适用法律的恣意,给法律的确定性与安定性带来威胁。所以,在利用衡平方法解决具体纠纷时,需要通过严格法律程序、强化说理等多种方式对法官的自由裁量进行限制。

从实践经验看,从正反两方面出发也有利于对正义进行描述。从

---

① Plato, the statesman, transl. J. B. Skemp, New York, 1957, 294b. 转引自[美]E. 博登海默:《法理学:法律哲学与法律方法》,邓正来译,中国政法大学出版社 1999 年版,第 30 页。

② 参见[古希腊]亚里士多德:《尼各马科伦理学》,苗力田译,载苗力田主编:《亚里士多德全集》(第 8 卷),中国人民大学出版社 1992 年版,第 117 页。

③ 但是,如果说衡平即是个案正义也是不准确的。每一个规范都必须普遍化,只是普遍化程度不同而已。参见[德]考夫曼:《法律哲学》,刘幸义等译,法律出版社 2004 年版,第 237 页。

④ 参见王泽鉴:《民法学说与判例研究》(第 8 册),中国政法大学出版社 1998 年版,第 30 页。

正面看,正义的关注点可以被认为是一群的秩序或一个社会的制度是否适合于实现其基本的目标。满足个人的合理需要和主张,与此同时促进生产进步和提高社会内聚性就是正义的目标。[①] 从反面看,虽然正义很难界定、不可估量,其边缘地带可能会仁者见仁、智者见智,但是不正义的典型情形得到了广泛承认与普遍拒绝。[②] 无论是改革开放初期曾经出现的"手术刀不如剃头刀"的"脑体倒挂"现象,还是近年来流传的"官二代""我爸是李刚"等网络词汇背后所反映的地位和资源分配不平等的问题,都反映了社会对这些不正义现象的不满。从不正义情形的角度来认识、观察与判断往往是一种可取的途径。类似地,当正义在公司法中出现时,也可以从正反两方面加以理解,从而把握其精神。

(二)引入公司正义的必要

在公司法中,为什么需要引入公司正义原则?

正义为法律的基本价值,整个法秩序臣服于正义,但是法律的任何理念都需要在具体的法律规则中加以贯彻与呈现。在这一过程中,在正义与具体制度(或者具体规则)之间需要架起理念上沟通的桥梁,公司正义原则在公司法中扮演的就是两者之间的通道。

从公司立法看,公司正义是公司立法的准则。正义一直被认为是一种高级(higher law)的法,而且社会中的实在法也应当与其相符。[③] 立法者在制定、修改或废止公司法的某一具体条文时,需要充分考虑公司正义原则,促使公司法的具体制度可以体现公司正义的精神。从

---

① 参见[美]E. 博登海默:《法理学:法律哲学与法律方法》,邓正来译,中国政法大学出版社 1999 年版,第 252 页。

② 参见欧洲民法典研究组、欧盟现行私法研究组编著:《欧洲示范民法典草案:欧洲私法的原则、定义和示范规则》,高圣平译,中国人民大学出版社 2012 年版,第 68 页。

③ 参见[美]E. 博登海默:《法理学:法律哲学与法律方法》,邓正来译,中国政法大学出版社 1999 年版,第 270 页。

法律适用看,公司正义是解释、补充公司法的重要准则。在司法实践中,公司法规范往往较为抽象,适用于具体案件时需要加以解释。法官在解释时需要按照公司正义原则探寻法律条款的真正含义,也应该依据该原则来补充法律漏洞。而且公司法作为裁判规范,公司正义也是法官解释、评价公司利益相关方行为的依据。较为常见的现象是,由于公司法规则是为适用于一般情形而制定的,如果原封不动地适用该规则,在面对某一具体情况时就可能会产生不当的结果。公司正义原则可以矫正这种不当结果,使得法律应对具体情况成为可能。所以,如果缺少公司正义原则,会使公司法的许多规范无法得到合理的解释。

需要注意的是,公司正义原则常被忽视的特殊功能是,与公司自治等不同法律原则之间的相互制衡。在正常情况下,公司自治与公司正义之间并没有什么不相容之处。而且,在某些情况下公司自治本身就导致公司正义,它们会彼此重叠。某一行为既符合公司正义原则,也符合公司自治原则。在法律适用时,既可以从公司自治原则中获得解释,也可以从公司正义原则中获得解释。① 但是,有时公司自治原则会过于扩张,甚至会被董事、控制股东等滥用,损害中小股东等弱势群体的利益。合同法的经验表明,合同正义与合同自由均为合同法的基本原则,必须相互补充,彼此协力,才能实践合同法的机能。② 同样,公司法也需要借助公司正义原则对公司自治原则加以制衡。在这些根本原则之间所存在的不可避免的冲突中,需要寻求妥当的均衡,从而实现公司法的宗旨与目标。

---

① 某一具体法律问题可以从两个不同的法律原则中获得解释是常见的现象。例如,诚实信用原则与禁止权利滥用原则之间存在交叉,在法律适用时可以灵活适用。参见[日]山本敬三:《民法讲义 - Ⅰ - 总则》,解亘译,北京大学出版社 2004 年版,第 407 ~ 408 页。

② 参见王泽鉴:《债法原理》(第 1 册),中国政法大学出版社 2001 年版,第 76 页。

(三)公司正义的存在模式

在公司法领域,公司正义以基本原则的方式呈现出来。[①] 它是以正义理念确定公司法上各个利益主体的权利、义务与责任的基本规则。

法律原则有两种不同的立法模式:一种模式是在法律中明文规定某一法律原则。例如,我国《合同法》第 4 条明文规定了"合同自由(自愿)"原则。另一种模式是不在法律中明文规定某一原则,而是分解到不同的法律条文中。例如,我国"合同正义原则"就是采取这一模式。我国合同法并没有明文规定该原则,但是《合同法》第 54 条第 1 款、第 114 条第 2 款都体现了这一原则。[②] 与我国合同法一样,《欧洲示范民法典草案》对该原则采取的也是这一立法模式。[③]

同样,公司正义的立法模式,也不需要有一个明确的法律条文,也可以分解到不同的具体法律规定之中。它作为基本原则,是从具体的规则中抽象出来的,承担着更多的描述性功能,需要在不同层面发挥作用。公司法的具体条文,可以妥当地解决公司正义原则的具体应用问题。这是因为针对公司法规范需求的不同状况,公司法的许多具体条文或者在特定的上下文中,或者为适应特定的上下文,会出现许多限制与例外。这些限制与例外需要设定精确的构成要件或者限制条件。如果仅仅凭借公司法总则中的一个条文,是难以反映这一要求

---

① 原则为多义词,有不同含义。有时,原则指一般规则,与例外相对应。有时,原则指更具普遍性的规则,如诚实信用原则。有时,原则指法律的基本价值,即基本原则。

② 在论及合同正义原则时,有人引用了《合同法》第 5 条(参见韩世远:《合同法总论》,法律出版社 2004 年版,第 39 页)。但更多学者没有引用该条款(参见崔建远:《合同法》,北京大学出版社 2013 年版,第 16 ~ 18 页;朱广新:《合同法总则》,中国人民大学出版社 2012 年版,第 33 ~ 38 页)。该条款与合同正义原则存在较大的差别,不能等同于合同正义原则。

③ 不过,《欧洲合同法指导原则》立法模式与此不同。参见欧洲民法典研究组、欧盟现行私法研究组编著:《欧洲示范民法典草案:欧洲私法的原则、定义和示范规则》,高圣平译,中国人民大学出版社 2012 年版,第 9 ~ 10 页。

的。可见,公司正义原则在公司法中以某一具体条文的方式出现并不合适。所以,虽然公司正义没有在公司法总则中呈现出来,但是并不意味着我国公司法中不存在公司正义原则。其实,它是以另外一种方式存在。

虽然不能在公司法中找到明确的法律条文,但是不妨碍公司正义在公司法的“法理阐释”中确立这一原则。事实上,许多法律基本原则都是通过“法理阐释”方式存在的。不用说合同正义是以这种方式存在的,就是在公司法上,公司自治原则也是以这种方式存在的。我国从计划经济向市场经济发展的过程中,不断排斥政府对企业经营的干预,逐步确立公司的经营自主权,公司自治原则经过《全民所有制工业企业法》的实践,[①]最终在公司法中得到确立。该原则不论是在学术界还是在实务界都被公认为公司法的基本原则,但是并不能从公司法中找到含有“公司自治”字样的具体条文。其实,其他国家法律的基本原则也存在类似的情形。众所周知,意思自治是民法的基本原则。但在法国,意思自治的阐释从来都是仅仅存在于法学理论中,法国民法典对之并未予以明文规定。[②] 但是,这丝毫不妨碍在法国的民法理论中确立、认可与贯彻该原则,丝毫不妨碍该原则对司法实践发挥极为重要的指导作用。[③] 所以,公司正义原则同样可以在公司法理论中加以阐述,在公司法适用中得到实现。

---

① 在我国公司制度发展的特定时空背景中,《全民所有制工业企业法》是确立企业自主经营权的重要法律文件。该法第2条第1款确立了全民所有制工业企业的独立地位。

② 参见尹田:《契约自由与社会公正的冲突与平衡——法国合同法中意思自治原则的衰落》,载梁慧星主编:《民商法论丛》(第2卷),法律出版社1994年版,第252页。

③ 但是,可以从该法典的一些条文得到暗示。例如,《法国民法典》第1134条第1款规定,依法成立的契约,对缔结该契约的人,有相当于法律之效力。

二、公司正义的基本构造:实体正义与程序正义

就社会而言,社会正义原则是要把主要的社会制度安排成为一种合作体系。[①] 类似地,公司正义原则是把公司的设立、运营、组织变更、清算等制度安排成为一种各参与者相互合作的合作体系。这一原则在公司各项制度中指导权利与义务的设置,决定利益与负担的恰当分配。植根于公司事务的不同性质,法律不但需要以实体正义的名义进行介入,也需要从程序正义的角度进行干预。

(一)行为法属性——实体正义

公司法需要实体正义的理念,这与公司法的行为法属性有密切关系。公司的基本特质在于具有营利性。围绕以营利为目的,公司开展各项经营(或交易)活动,在公司内部与公司外部形成了不同的法律关系。在这些纷繁复杂的交易活动中,主要涉及的是行动参与各方的实体权利。公司法不仅要保护股东的权益以鼓励投资者的积极性,也要保护与公司交易的当事人权益。这需要遵循实体正义的理念,在当事各方的权利分派与义务设置上,做到既能利益兼顾,又能根据具体情形而适当调整。

法人人格否认是体现公司实体正义的妥当制度。法人人格否认最早出现在英美法系国家的判例中。公司法人制度的创立使公司获得了独立人格,并使股东承担有限责任,极大地刺激了投资者的积极性,推动了经济的快速发展。但在现实生活中,公司独立人格与股东有限责任经常被绝对化,出现了各种滥用公司法人人格和股东有限责

---

① 参见[美]约翰·罗尔斯:《正义论》(修订版),何怀宏、何包钢、廖申白译,中国社会科学出版社 2009 年版,第 42 页。

任以谋取不正当利益的现象。这使得法人制度本身所具有的社会伦理价值无法实现,导致黏附在法人制度上的不同主体之间的本应平衡的利益关系向股东一方倾斜。这种现象的出现并不是偶然的,而是源于法人制度本身的缺陷。所以,在承认公司具有法人人格的前提下,对特定法律关系中的公司人格及股东有限责任加以否认,直接追索公司背后的股东责任的法人人格否认就在英美法系国家出现了。许多大陆法系国家随后陆续引进了该制度。我国 2005 年《公司法》引入了这一制度。该法第 20 条第 3 款对此作了明确规定。公司法人人格否认是对公司当事人之间利益失衡的一种救济,体现了公司实体正义原则。但是,我国《公司法》第 20 条第 3 款规定的法人人格否认的构成要件过宽,也容易造成该制度的滥用。在法律适用的过程中,仍然需要借助实体正义的理念做适当限制。

(二)程序法属性——程序正义

公司法需要体现程序正义的理念,这与公司法的程序法属性密切相关。程序不但不是实体权利的根据,还具有不同于实体权利的独立价值。[①] 罗尔斯把程序正义分为三种:第一种为“完善的程序正义”,其特征在于有一个决定什么结果是正义的独立标准和一种保证达到这一结果的程序。第二种为“不完善的程序正义”,其特征在于尽管有一种判断正确结果的独立标准,却没有可以保证达到它的程序。第三种为“纯粹的程序正义”,其特征在于不存在判定正当结果的独立标准,而是存在一种正确的或公平的程序。[②] 罗尔斯关于程序正义的这三种分类恰当地反映了程序正义的性质。程序正义总是被与通过程

---

① 参见[日]谷口安平:《程序的正义与诉讼》,王亚新、刘荣军译,中国政法大学出版社 2002 年版,第 65 页。

② 参见[美]约翰·罗尔斯:《正义论》(修订版),何怀宏、何包钢、廖申白译,中国社会科学出版社 2009 年版,第 66 ~ 68 页。

序而达到的结果正义联系起来考虑的。[①] 公司法的中心议题是调整公司内部的组织架构，规范公司的股东(大)会、董事会、监事会的职权与运行模式，规范公司决议的形成。这些都是围绕公司治理展开的，涉及公司董事会、股东会和监事会之间的关系，特别是公司决议的形成，与程序正义有着极为紧密的关联。

程序正义应当反映在我们所采取的程序之中。但在我国长期的法律实践中，存在"重实体轻程序"的传统，认为程序是为实体权利服务的，弥漫着程序工具主义的偏见。这种观点在公司法上并不可取。在公司法上，程序规则与实体规则具有同等重要的地位。[②] 公司法的核心问题是如何恰当地规范"公司治理"，而"公司治理"的核心问题是其运营程序。例如，对于有限责任公司股东会而言，不但涉及董事会、监事会的关系，更触及公司股东权利的实现。这需要基于程序正义的理念，才能恰当地从组织关系上规范其职权，并妥当设计股东会的召集、通知、召开、决议等程序性规范。但是，我国公司法有些制度没有很好地体现程序正义原则。例如，《公司法》第 101 条第 2 款规定的少数股东自行召集临时股东大会权利属于程序性权利，但该规定没有妥当均衡行动参与各方的程序性权利，缺少对该权利的程序性控制，极易出现该权利被滥用的现象。[③] 可见，应当从公司法的组织法属性出发加强程序正义的设计。

公司法在某些场合需要"突破常规"，给予程序上的"特别安排"以达到实现正义的目的。通常要成为民事权利主体，首先须是适于享有民事权利之社会存在；其次须经法律之认可。近现代民法所认可的

---

① 参见[日]谷口安平：《程序的正义与诉讼》(增补本)，王亚新、刘荣军译，中国政法大学出版社 2002 年版，第 2 页。

② 关于程序与实体并重的观点，有学者批评它是"重实体轻程序"的延伸。参见江伟主编：《民事诉讼法》(第 4 版)，高等教育出版社 2013 年版，第 22 页。

③ 参见卢文道、方俊：《我国上市公司控制权之争的最新态势与监管路径研究》，载《证券法苑》(第 13 卷)，法律出版社 2014 年版，第 19～21 页。

民事主体为自然人与法人。[①] 公司法是直接规范公司成为民事主体的法,对公司市场主体地位、公司的权利能力与行为能力等作出规范。在我国,民事权利主体通常局限于自然人、法人与非法人组织。[②] 但是,公司法基于公司正义的理念,有时需要突破这些规则,使法人的内部机构也有机会成为民事法律行为的主体。例如,我国《公司法》第53条第6项规定,监事会、不设监事会的公司的监事可以依照《公司法》第151条的规定对董事、高级管理人员提起诉讼。这是因为公司董事与高级管理人员往往是公司行为的决策者或者决定者,就他们对公司造成的损害,公司往往不愿意对其提出损害赔偿的主张。作为公司的专设监督机构,有义务对他们进行监督,必要时赋予他们提起诉讼的权利也就顺理成章了。在实践中,有的公司监事会已经在行使这样的权利,取得了较好的效果。例如,北京艺进娱辉科技投资股份有限公司监事会诉王莘等损害公司权益案就是适例。[③] 类似地,我国《公司法》第54条第2款规定,监事会、不设监事会的公司的监事必要时可以聘请会计师事务所等协助其公司经营情况异常,费用由公司承担。一般情况下,对外聘请会计师事务所是公司的职权,监事是无权聘请的,但是当公司经营情况出现异常时,法律赋予监事特别的权利。应当说,基于程序正义的考量,公司法赋予监事、监事会等特殊主体特别的民事权利能力是妥当的。

---

① 参见梁慧星:《民法总论》,法律出版社1996年版,第51~52页。

② 非法人组织,长期被称为"其他组织"。例如,我国《合同法》(1999年)第2条规定,其他组织也可以成为民事主体。在德国,法学界对把民事合伙归类为无权利能力的组织持批评态度,该国最高法院的判例逐渐认可其享有权利能力但又不是法人。参见[德]迪特尔·施瓦布:《民法导论》,郑冲译,法律出版社2006年版,第106~107页;[德]迪特尔·梅迪库斯:《德国民法总论》,邵建东译,法律出版社2000年版,第852~854页。

③ 一审:北京市海淀区人民法院民事裁定书,(2008)海民初字第23876号;二审:北京市第一中级人民法院民事裁定书,(2009)一中民终字第14727号。

(三)实体正义与程序正义的交织

实体正义与程序正义属于公司法的“一体两面”,两者在很多情况下是交织在一起的。有时实体正义包含程序正义,有时程序正义体现实体正义,两者很难截然分开。正是这种水乳交融的现象照映出公司法的完整属性。所以,公司法的制度设计上既要体现实体正义,也要体现程序正义。

股东代表诉讼是体现这一精神的适例。股东代表诉讼是公司利益受到损害,公司怠于提起诉讼时,股东为了公司利益而以自己名义提起的诉讼。在公司运营过程中,经常出现董事等公司管理人员违反勤勉义务与忠实义务损害公司利益的情形。对公司造成的损失,本应由公司法规定的机构代表公司对董事等提起诉讼。但是,由于利益冲突发生于董事自身与公司之间,董事们往往不会代表公司对自己提起诉讼。当存在大股东支配时,董事、监事、高级管理人员都在其操纵之下,很难形成有效的监督机制,董事等不可能提起诉讼追究相关人员的责任。所以,应该建立股东代表诉讼以维护公司利益。我国《公司法》第 151 条分 3 款对该制度作了明确规定。在股东代表诉讼的制度架构中,既规定了公司的实体利益,也规定了少数派股东实现公司实体利益时的程序性权利。可见,这一制度是实体正义与程序正义共同作用下的产物。在修正该制度时,也应当从实体权利与程序权利两方面进行完善。

三、公司正义与利益衡量

公司正义作为公司法的基本理念,似乎处于高高的云端,如何才能使其落地生根,在公司法的具体制度中得到实现呢?需要遵循分配正义与矫正正义的基本路径。这是因为分配正义与矫正正义的理念指引着对公司法所涉及的不同利益主体之间的权利、义务与责任的恰当配置、衡平与矫正。

但是,分配正义与矫正正义的具体实现,还需要按照利益衡量的方法,扎根到具体的利益关系中进行选择。法律是为解决社会现实中发生的纠纷而确定的基准。成为其对象的纷争无论何种意义上都是利益的对立和冲突。[①] 立法的本质就是利益衡量的过程。[②] 在立法没有堕落成权力恣意的地方,立法总是寻求公正的行为秩序,以合理地平衡各参与人的利益。[③] 所以,公司法在调整人们的行为时,需要紧扣不同利益主体之间的利益冲突,结合分配正义与矫正正义的基本原则,使财富和负担得以公正地分配,互相抵触的利益得到公正衡量,从而确定不同行为人之间的权利、义务与责任的设置。

(一)解析公司构造的工具:从法律关系到利益关系

在传统的民商事主体观念中,公司作为市场主体,具有法人资格,是一个实体。[④] 但从公司内部的视角看,公司其实是一个复杂的利益构造物。换言之,公司的本质并不在于公司本身,而在于公司各利害

---

① 参见梁慧星:《电视节目预告表的法律保护与利益衡量》,载《法学研究》1995 年第 2 期。

② 相对于司法裁判中的利益衡量而言,立法过程中的利益衡量被称为"第一次利益衡量"。参见梁上上:《利益衡量论》(第 3 版),北京大学出版社 2021 年版,第 134 页。

③ 参见[德]齐佩利乌斯:《法学方法论》,金振豹译,法律出版社 2009 年版,第 15 页。

④ 关于法人的性质,在 19 世纪有过激烈的争论。一种观点以 von Savigny 与 Windscheid 为代表,将法人视为某些自然人的拟制;另一种观点以 Otto von Gierke 为代表,将法人视为实在的团体人格。现在这种争论被认为是无益之争(参见[德]迪特尔·梅迪库斯:《德国民法总论》,邵建东译,法律出版社 2000 年版,第 822 ~ 823 页)。在德国,有人认为拟制说占据统治地位(参见[德]格茨·怀克、[德]克里斯蒂娜·温德比西勒:《德国公司法》(第 21 版),法律出版社 2010 年版,第 31 页)。在我国,有人则认为法人实在说为现代法人理论的通说(参见孔祥俊:《公司法要论》,人民法院出版社 1997 年版,第 127 页)。但本人认为,这是从两个不同的侧面对公司本质的不同认识,互相并不矛盾,可以根据不同的情境选择适用。

相关方行为的集合体。[①] 在此,我们需要打开公司这个“黑匣子”,并揭露隐藏在这“黑匣子”之中的各种利益关系。这些利益关系纵横交错、烦琐复杂,有些是同质利益之间的冲突,有些是异质利益之间的冲突。[②] 对处于不同法律关系中的不同主体的利益进行利益衡量时,需要结合具体的时空背景,比较哪一方当事人的利益更值得法律对其进行保护,从而进行制度设计,最后确定制度利益。[③] 这是一个分解、构建分配正义与矫正正义、实体正义与程序正义的过程,也是进行利益衡量与制度设计的过程,还是贯彻与实现公司正义的过程。

需要强调的是,在公司法上引入“利益关系”的概念具有重要意义。利益关系与法律关系是密切相关但性质不同的两个概念。法律关系中最为典型的是债权债务关系。这种法律关系的实质是人与人之间的法律纽带,[④]其法律构成是清晰的,由主体、客体与内容共同构成。法律关系的根本特点在于将生活关系限制在现实的某些部分。[⑤] 就一般的债权债务关系而言,法律关系的相对性通常将第三人排除在外。而利益关系是围绕当事人之间的利益冲突而产生的,当事人之间不一定“直接”构成传统意义上的法律关系。在现代社会,法律关系的概念仍然重要但面临重大挑战,使引入利益关系概念成为必要。在许多领域,需要突破“狭窄”的法律关系,将某些具有特定利益的人纳进来。例如,我国《民法典》第 535 ~ 537 条规定的“代位权”与第 538 ~ 541 条规定的“撤销权”就突破了合同法律关系的相对性原则。在公

---

① 参见[日]落合诚一:《公司法概论》,吴婷等译,法律出版社 2011 年版,第 49 页。

② 相对于相同性质之间的利益衡量,异质利益之间的衡量较为复杂。但是,并不意味着异质利益之间不能衡量。参见梁上上:《异质利益衡量的公度性难题及其求解——以法律适用为场域展开》,载《政法论坛》2014 年第 4 期。

③ 参见梁上上:《利益的层次结构与利益衡量的展开——兼评加藤一郎的利益衡量论》,载《法学研究》2002 年第 1 期。

④ 参见[德]卡尔·拉伦茨:《德国民法通论》,王晓晔等译,法律出版社 2003 年版,第 256 页。

⑤ 参见[德]迪特尔·梅迪库斯:《德国民法总论》,邵建东译,法律出版社 2000 年版,第 53 页。

司法上，由于公司成为各种利益的交汇平台，不同主体之间的利益冲突频繁，更需要引入利益关系的概念来解决各种类型的纠纷。例如，滥用法人独立人格的股东与债权人之间并不存在直接的法律关系，但存在利益关系。在这种场合，我们遵循的是法律情境主义的原则，法律制度需要与具体情境相联系是普遍存在的规律。[①] 所以，法律基于公司正义的理由，突破"法律关系"的束缚，对这些利益关系加以规范是妥当的。

(二)公司利益构造的解析

公司本质上仅仅是法律拟制的产物，是各种不同利益关系的构造物。由于这些利益关系较为多样复杂，难以对公司法中涉及的所有利益关系进行分析，这里选择几对最为重要的利益关系加以分析。这些利益关系已经足以体现公司作为利益构造物的特质。

1. 公司与管理层之间的利益衡量

公司与董事、经理等管理层之间的关系是公司治理中的核心问题。在这一关系中，公司作为法律关系的一方，与另一方当事人董事有所不同。公司本质上仅仅是法律拟制的产物。而董事则是公司帝国中真正意义上的王者，是公司的内部控制人。这就会造成所谓的代理成本，表现为公司与董事之间的信息不对称，以及董事的机会主义倾向，公司利益容易被董事侵害。

为此，法律赋予董事对公司负有注意义务与忠实义务。[②] 我国《公司法》第 147 条与第 148 条作了明确规定。但是，法律在规定董事对公司的注意义务时，需要贯彻公司正义原则，把握好注意义务的"伸

---

① 参见梁上上:《制度利益衡量的逻辑》，载《中国法学》2012 年第 4 期。

② 董事与公司之间关系的性质，在大陆法系与英美法系有不同的学说与制度基础。英美法系是从信托关系来推演董事对公司的注意义务与忠实义务的。而大陆法系是从民法中的委任关系来推演出董事对公司的注意义务，近来增加了忠实义务。可以说，对性质的不同认识并不影响董事对公司义务已经基本相同。

缩有度”。通常,注意义务要求公司董事以善意方式,并有理由相信是以公司最佳利益的方式从事经营活动,而且要求处于相同地位的人在类似环境中有理由相信这样做是合理的。[①] 但是,我们也不能对董事责任过于严格,不能做“事后诸葛亮”。所以,有的国家引入了商事判断规则以减免董事的责任。这既符合商事活动的基本规律,也符合公司正义的基本要求。

2. 股东与公司之间的利益衡量

股东与公司之间是投资关系,是公司内部的基本关系。股东对公司承担出资义务,相应地,其对公司依法享有资产收益、参与重大决策和选择管理者等权利。股权可以分为自益权与共益权。共益权为公司利益而行使,并不仅仅为股东自身的利益而行使。例如,临时股东(大)会召集请求权是股东共益权。自益权是为股东自身利益而行使的权利,主要是盈余分配请求权、异议股东的股权回购请求权与剩余财产分配请求权。但是,股东与公司之间基于不同的利益需求,往往会存在各种冲突。

异议股东的股权回购请求权是法律平衡了公司与股东之间利益冲突的结果。一方面,公司存在合并、分立等变更组织形式的切实需求;另一方面,部分股东对这些行为也可能存在不同意见,有的股东甚至要求逃离该公司。因此,大多数国家赋予股东对公司享有股权回购请求权。我国《公司法》第 74 条规定,属于所列举的三类情形之一的,对股东会该项决议投反对票的股东可以请求公司按照合理的价格收购其股权。但是,我国公司法关于异议股东回购请求权的规定并不完善。不但该制度所列举的适用事项过少,而且其规定的权利行使程序过于简单,可操作性不强,需要加以完善。

---

① Model Business Corporation Act §8.30(a)(b).

3. 公司与债权人之间的利益衡量

公司在运营过程中,需要开展各种经营活动,将与第三人产生不同的债权债务关系。这些债权债务关系可以是合同之债,也可以是侵权之债,分别接受合同法、侵权责任法的调整。但在公司运营过程中,也会涉及公司治理、公司组织变更等问题,需要从公司正义的角度通过公司法对债权人加以保护。

在公司的运营过程中,公司法对债权人的保护主要采用两个措施:一是避免公司亏损而加强履行债务的能力。《公司法》第 166 条第 1 款与第 2 款规定了公积金制度。公积金的主要目的是弥补亏损,这有利于保护债权人利益。二是防止向股东过度分红而弱化承担债务的能力。《公司法》第 166 条第 4 款与第 5 款规定了利润分配规则,防止公司的债务清偿能力受到减损。公司法设置这些措施的目的在于从公司内控机制的角度来加强债权人保护,是贯彻公司正义的体现。

当公司组织发生重大变更时,则需要对债权人采取特别的保护措施。主要有:两个以上的公司合并时,将对债权人的债权清偿带来影响。我国《公司法》第 173 条规定,公司合并时通知(公告)债权人的制度,以及债权人要求公司清偿债务或者提供相应担保的制度。当公司减资时,《公司法》第 177 条也有相同规定。当公司解散清算时,将对公司债权人产生根本性的影响。此时,公司法对债权的保护最为全面与彻底,要求设置清算组来进行清算。不论是清算组的设置,还是清算程序的顺利进行,都是以保护债权人利益为中心展开的。这些措施都是基于债权人与公司之间的力量对比、平衡公司与债权人之间利益的产物,是公司正义原则的体现。

4. 大股东与小股东之间的利益衡量

在公司内部,大股东与小股东之间也存在利益冲突。大股东处于公司的控制地位,而小股东则处于公司的边缘地位。大股东可以凭借其控制地位,通过各种手段实现自己利益的最大化,损害小股东的利益。从保护处于社会劣势地位的小股东利益出发,需要贯彻公司正义原则,对公司控制股东的行为进行必要干预或者赋予小股东必要权利救济。

我国《公司法》第 20 条第 1 款与第 2 款已经规定了股东不得滥用权利损害其他股东利益。如果公司股东滥用股东权利给其他股东造成损失的,则应依法承担赔偿责任。这是禁止权利滥用原则在公司法上的体现,也是公司正义原则的必然要求。但是,公司法仅仅规定禁止权利滥用还不足以保护中小股东的利益。受信义务原本是公司管理层对公司承担的义务。因为从公司运营的现实情况看,控制股东凭借其持有的优势股份在公司中安排其代理人,通过各种手段实现其自身利益,损害中小股东的利益,所以,可以借鉴其他国家经验,有必要赋予控制股东对中小股东的受信义务。

5. 股东与债权人之间的利益衡量

公司与债权人发生法律关系时,一般不会涉及股东。因为公司与股东已经相互独立,是两个不同的法律主体。公司具有法人资格,作为企业法人,有独立的法人财产,享有法人财产权。公司以其全部财产对公司的债务承担责任。有限责任公司的股东以其认缴的出资额为限对公司承担责任;股份有限公司的股东以其认购的股份为限对公司承担责任。但是,现实并不完全与理想一致,在某些特殊情形下,股东与公司之间还会以某种形式纠缠在一起。这需要从公司正义的理念出发,采取特殊措施对债权人加以保护。未出资股东对债权人的补充赔偿责任就是基于这样的安排而产生的。

在我国,未出资股东对债权人承担补充赔偿责任的规定有一个不断发展的过程。最早出现未出资股东的补充赔偿责任是 1994 年 3 月最高人民法院发布的《关于企业开办的其他企业被撤销或者歇业后民事责任承担问题的批复》(已失效)。该批复第 1 条规定,"……如果该企业被撤销或歇业后,其财产不足以清偿债务的,开办企业应当在该企业实际投入的自有资金与注册资金差额范围内承担民事责任”。可见,该规定有两个限制:一是时间上的限制,即只能适用于“该企业被撤销或歇业后”;二是主体的限制,即未实际出资到位的某一开办企业。2001年9月,最高人民法院在《关于对帮助他人设立注册资金虚假的公司应当如何承担民事责任的请示的答复》中指出,“如果确认上海鞍福物资贸易有限公司应当承担责任,可以判决并未实际出资的设立人承担连带清偿责任”。这一答复的缺陷在于,设立人与公司一起对债权人承担连带责任虽然可以有力地保护债权人利益,但是设立人与公司毕竟是两个不同法律关系的主体,在承担责任上没有前后顺序之分,对股东过于严苛。《最高人民法院关于适用〈中华人民共和国公司法〉若干问题的规定(三)》(以下简称《公司法司法解释(三)》)第13条第2款规定,“公司债权人请求未履行或者未全面履行出资义务的股东在未出资本息范围内对公司债务不能清偿的部分承担补充赔偿责任的,人民法院应予支持;未履行或者未全面履行出资义务的股东已经承担上述责任,其他债权人提出相同请求的,人民法院不予支持”。该条款是关于未出资股东对债权人承担补充赔偿责任的规定。该责任是一种独立的多数人之债的责任形态,不同于一般的连带责任。其本质特点在于,未出资股东对债权人承担的是“补充性”责任。这一责任形式较好地平衡了股东、公司与债权人之间的关系,恰如其分地体现了公司正义原则。①

6. 中介机构与债权人之间的利益衡量

在公司设立、股票、债券发行等公司行为中,往往需要中介机构进行资产评估、验资、验证等。以设立公司时的发行股份为例,发行股份的股款缴足后,必须经依法设立的验资机构验资并出具证明。从合同角度看,与中介机构建立验资法律关系的是公司发起人,只有中介机

---

① 需要注意的是,这里的“未履行或者未全面履行出资义务的股东”,既包括已到出资履行期而未履行出资的股东,也包括尚未到履行期的股东。

构与发起人之间才存在合同上的权利义务关系。公司债权人并不是委托合同关系当事人,不受合同法律关系的约束。但是,《公司法》第207条第3款明确规定,验资证明不实给公司债权人造成损失的,验资机构除能够证明自己没有过错的外,在其评估或者证明不实的金额范围内承担赔偿责任。可见,验资机构等中介组织对债权人承担责任突破了合同相对性原则。这是因为验资机构是由具有资质的专家组成的。这些专家工作内容高度专门化,具有与资格相符的专业知识与技能,具有高度的职业道德,与顾客存在信任关系。① 中介机构专家提供的信息不仅被委托人利用,也被第三人作为权威的信息加以传递与利用。债权人对专家所提供的信息产生了信赖,专家需要对债权人承担赔偿责任。② 但是,验资机构承担的责任是连带责任还是补充赔偿责任?《公司法》第207条第3款没有明确规定。颇具参考价值的是,我国2007年6月《最高人民法院关于审理涉及会计师事务所在审计业务活动中民事侵权赔偿案件的若干规定》第10条规定,会计师事务所承担与其过失程度相应的赔偿责任时,向利害关系人承担补充赔偿责任。应当说,如果让承担资产评估、验资或验证的机构承担所有的损失而不加限制的话,对承担资产评估、验资或验证的机构也是不公平的。③ 所以,验资机构等对债权人承担补充赔偿责任符合公司正义原则。

---

① 参见[日]能见善久:《论专家的民事责任——其理论架构的建议》,梁慧星译,载梁慧星主编:《民商法论丛》(第5卷),法律出版社1996年版。

② 关于会计师事务所等中介机构因提供错误信息而承担专家责任的责任性质在德国有不同的学说。德国普通法院所发展的判例法,主要是以契约责任为基础,并利用侵权责任的形式为补充,朝着积极认可专家的信息提供者责任的方向发展起来的。但学说尝试依照新的法律构成创设概括的责任要件,主要有信赖责任说与侵权责任说[参见[日]浦川道太郎:《德国的专家责任》,梁慧星译,载梁慧星主编:《民商法论丛》(第5卷),法律出版社1996年版]。在我国,对会计师事务所承担的责任性质也有大量的讨论,有违约责任说、侵权责任说与第三种责任说[参见蒋大兴主编:《公司法律报告》(第2卷),中信出版社2003年版,第3~247页]。

③ 参见桂敏杰、安建主编:《新公司法条文解析》,人民法院出版社2006年版,第479页;安建主编、全国人民代表大会常务委员会法制工作委员会编:《中华人民共和国公司法释义》(第2版),法律出版社2013年版,第323页。

(三)利益关系的层次与制度修正:以清算义务人责任为例

在公司内部,以利益关系为工具,可以体察到一个利益关系两端的利益权重与利益倾向。但是,现实世界是复杂的,利益关系也是不单纯的,呈现出多样性与变异性。有时,不同的利益关系之间存在交叉与重叠;有时,涉及的利益关系并不是双方当事人的关系,而是多方当事人之间的关系;有时,若干不同的利益关系基于某一特定因素而连接在一起,形成利益关系之束。面对这些复杂的利益关系,我们不能只进行单线条、平面式分析,而应该进行多层次解析与立体式建构。不论是对法律制度的多层次解析还是立体式建构,利益选择始终是核心问题,需要贯彻公司正义原则。这可以从有限责任公司股东的清算义务人责任的设计看出。

我国《公司法》第 183 条规定,有限责任公司的清算组由股东组成,逾期不成立清算组进行清算的,债权人可以申请人民法院指定有关人员组成清算组进行清算。① 《最高人民法院关于适用〈中华人民共和国公司法〉若干问题的规定(二)》(以下简称《公司法司法解释(二)》)第 18 条规定,有限责任公司的股东未在法定期限内成立清算组开始清算,导致公司财产贬值、流失、毁损或者灭失,债权人可以主张其在造成损失范围内对公司债务承担赔偿责任。从这些法律条款可以看出,与股份有限公司清算组的构成不同,有限责任公司清算组由公司股东构成,有限责任公司的股东是公司清算义务人。

相应地,最高人民法院指导案例 9 号上海存亮贸易有限公司诉蒋

---

① 该条文存在法律漏洞。当公司逾期不成立清算组进行清算时,其只规定"债权人"可以申请人民法院指定有关人员组成清算组进行清算。其实,有限责任公司股东、股份有限公司董事和控制股东也应有权申请法院组成清算组进行清算。

志东、王卫明等买卖合同纠纷案[1]从法律适用的角度对有限责任公司股东的清算义务人责任作了阐释。在该案中，终审法院裁决认为，“房恒福、蒋志东和王卫明作为拓恒公司的股东，应在拓恒公司被吊销营业执照后及时组织清算。因房恒福、蒋志东和王卫明怠于履行清算义务，导致拓恒公司的主要财产、账册等均已灭失，无法进行清算，房恒福、蒋志东和王卫明怠于履行清算义务的行为，违反了公司法及其司法解释的相关规定，应当对拓恒公司的债务承担连带清偿责任……无论蒋志东、王卫明在拓恒公司中所占的股份为多少，是否实际参与了公司的经营管理……”经法院确认的事实是，股东蒋志东和王卫明确实没有参加公司经营活动，而且也提起清算但无法启动。此时，让他们承担责任是否妥当呢？

我国公司法上的清算义务人的责任设计是否符合公司正义原则？应当说，我国公司法与司法解释的关于清算义务人责任的规定是存在问题的。从有限公司、股东与债权人三者之间的关系看，有限公司与债权人之间存在债权债务关系，有限公司与股东之间存在投资关系，但股东与债权人之间并不存在法律关系，股东无须对债权人承担法律责任。但是，股东与债权人之间存在利益关系。当股东利用其隐身于公司背后的特殊地位损害债权人利益时，股东与债权人之间就产生了利益冲突，债权人的利益理应获得优先保护。这是符合公司正义原则的。但是，如果股东并没有利用其地位损害债权人利益，或者根本无法利用其地位而损害债权人利益，法律强制性赋予其责任就有失公允。所以，有人认为，当股东蒋志东和王卫明没有参加公司经营活动，已经提起清算但无法启动的情况下，仍然让其承担责任是不妥当的。[2]

---

① 最高人民法院指导案例 9 号：上海存亮贸易有限公司诉蒋志东、王卫明等买卖合同纠纷案，最高人民法院审判委员会讨论通过，2012 年 9 月 18 日发布。房恒福、蒋志东和王卫明为常州拓恒机械设备有限公司的股东，所占股份分别为 40%、30% 和 30%。

② 参见李清池：《公司清算义务人民事责任辨析——兼评最高人民法院指导案例 9 号》，载《北大法律评论》（第 15 卷 · 第 1 辑）（2014），北京大学出版社 2014 年版，第 54 页。

可见,如果对多重关系中的利益相关者的责任缺乏层次性与类型化,就会导致权责失衡,违背公司正义原则。

综上所述,公司正义在公司法中的全面实现需要借助利益关系的概念。当然,这一概念与法律关系存在紧密的联系,是法律关系的适当扩展。正是利益关系的概念使公司正义变得具体而生动,把不同时空背景中出现的不同类型的利益冲突实实在在地呈现出来。它要求我们,严格遵循分配正义与矫正正义、实体正义与程序正义所确定的基本路径,利用利益衡量的方法,适当突破法律关系的束缚,恰如其分地确定利益相关方的权利、义务与责任。

四、公司正义对法律适用的指引

(一)公司正义原则对法律适用的指导

在现代社会中,一方面,法律非经解释难以适用;[①]另一方面,法律存在漏洞成为普遍现象。[②] 一般地,国家的立法与法适用应受实质正义的最高原则拘束,以及法官的法适用不仅要实现立法者的个别目的,也应实现绝对的法律价值。这种公共确信渐居支配地位。[③] 我国《公司法》自颁布以来,虽然经过多次修改,但是依然存在一些不完善的地方,需要通过法律解释或者弥补法律漏洞的方式来适应司法裁判的法律需求。在这一过程中,公司正义原则发挥着重要的指引功能与评价功能。公司正义的内涵具有相当的模糊性,但恰恰是模糊性特点也给其司法适用带来了灵活性,使公司法更能有效地适应现代生活的

---

① 参见梁慧星:《电视节目预告表的法律保护与利益衡量》,载《法学研究》1995 年第 2 期。

② 参见梁上上:《利益衡量的界碑》,载《政法论坛》2006 年第 5 期。

③ 参见[德]弗朗茨·维亚克尔:《近代私法史——以德意志的发展为考察重点》,陈爱娥、黄建辉译,上海三联书店 2006 年版,第 572 页。

快速变化。

公司正义原则会渗透到每一种法律解释方法的运用,但比较明显的是对限缩性解释与扩张性解释的影响。限缩性解释在公司法中的典型例子是《公司法》第151条第3款“他人”的解释。在这一条款中,“他人”的字面含义极广,债务人等第三人都包括在内。但是,如果股东可以向违约的债务人提起诉讼,那么公司法人的独立人格就不复存在,不仅给第三人带来诉讼上的无尽烦恼,也会对公司的经营活动造成不当干扰。显然,这违背了公司正义原则。所以,应当对“他人”作限制性解释,将其解释为“控制股东、公司清算时的清算人等”,从而缩小“他人”字面含义的范围。扩张性解释的妥当例子是《公司法》第216条第2项对“控制股东”的规定。以股东持股比例为标准,控股股东应指其出资额占有限责任公司资本总额50%以上或者其持有的股份占股份有限公司股本总额50%以上的股东。但是,仅以持股比例为判断标准,不能反映社会实际情况,还应该包括“出资额或者持有股份的比例虽然不足百分之五十,但依其出资额或者持有的股份所享有的表决权已足以对股东会、股东大会的决议产生重大影响的股东”。可见,《公司法》第216条第2项采取的是扩张性解释。

就法律漏洞而言,法官在公司正义原则的指引下,往往采取类比推理等方法来弥补其漏洞。[①] 由于法官欠缺关于待决法律问题的规范,需要参考其他调整类似问题的法律规范。在此,法官的出发点是,待决利益状态与法律已经规定的某个利益状态非常相似,以致立法对没有规定的事实情况也会作出相应的规定。[②] 法律上之所以允许类推,主要是基于正义的思想。[③]

---

① 填补法律漏洞的方法不限于类推适用,还有反向推理、目的性限缩、目的性扩张等。

② 参见[德]伯恩·魏德士:《法理学》,丁小春、吴越译,法律出版社2003年版,第381页。

③ 参见杨日然:《法理学》,台北,三民书局2005年版,第116页。

在美国的公司法适用中，由于判例的广泛适用，类比推理是很常见的。例如，早在20世纪20年代，Cardozo大法官在著名的Meinhard v. Salmon[①]案中，就把合伙企业中合伙人之间的受信义务类推适用到了闭锁公司，认为作为控制股东对其他股东也负有受信义务。又如，在Donahue案[②]中，原告euphemia Donahue是被告Rodd Electrotype公司的小股东。1970年，Rodd Electrotype公司与原公司的董事、经理、控制股东Harry C. Rodd签订了购买45股（每股800美元）公司股权的合同。Harry C. Rodd是公司现任董事Charles H. Rodd、Frederick I. Rodd的父亲，三人均为本案被告。1965年至1969年，公司曾经多次以每股40～200美元的价格向原告购买其所持股权。原告认为，控制股东Harry与公司之间的股权转让合同是把公司财产违法转移给了控制股东，Hodd父子违反了对小股东的受信义务，损害了其对公司转让股权的平等机会。原告请求法院判决公司以每股800美元的价格购买其所持股权。Massachusetts最高法院认为，闭锁公司与合伙企业具有本质相似性，相互信任是根本基础，就像合伙人之间存在受信义务一样，股东之间也存在受信义务。该受信义务的判断标准也与合伙人相同，是"最大善意与忠诚"（utmost good faith and loyalty）。法院认为，原告有权获得救济，即相同机会。具体救济方法为，或者要求Harry Hodd退还所得价款及利息，或者Rodd Electrotype公司以相同价格购买其所持股权。在美国公司法中，在公司正义原则的指导下，采取类比推理的方法解决纠纷的案例很多。

我国也有类推适用的大量案例。最高人民法院指导案例15号"徐工集团工程机械股份有限公司诉成都川交工贸有限责任公司等买

① Meinhard v. Salmon, 249 N. Y. 458, 164 N. E. 545(1928).

② Donahue v. Rodd Electrotype Co., Massachusetts Supreme Judicial Court, 1975, 367 Mass. 578, 328 N. E. 2d 505.

卖合同纠纷案"[①]是这方面的适例。在该案中,法院生效判决认为:"川交工贸公司与川交机械公司、瑞路公司人格混同。一是三个公司人员混同。三个公司的经理、财务负责人、出纳会计、工商手续经办人均相同,其他管理人员亦存在交叉任职的情形,川交工贸公司的人事任免存在由川交机械公司决定的情形。二是三个公司业务混同。三个公司实际经营中均涉及工程机械相关业务,经销过程中存在共用销售手册、经销协议的情形;对外进行宣传时信息混同。三是三个公司财务混同……因此,三个公司之间表征人格的因素(人员、业务、财务等)高度混同,导致各自财产无法区分,已丧失独立人格,构成人格混同。"从本质上看,三个公司的行为违背了法人制度设立的宗旨,违背了诚实信用原则,其行为本质和危害结果与《公司法》第20条第3款规定的情形相当。如果不予债权人保护,是违背公司正义原则的。二审法院维持一审判决,判决川交机械公司、瑞路公司应当对川交工贸公司的债务承担连带清偿责任。可见,该案是对《公司法》第20条第3款法人人格否认的扩张性适用。

(二)对不正义行为的规范有利于实现公司正义

从司法适用的经验看,从反面来对不正义行为加以规范,不但是一种方便的途径,而且可以促进公司正义的实现。罗尔斯指出,"某种法律和制度,不管它们如何有效率和安排有序,只要它们不正义,就必须加以改造或废除"[②]。司法实践进一步表明,虽然对公司正义的具体内容进行界定会存在一定的困难,但是从"不正义"的角度对具体情形进行判断是相对容易的。这是因为,在社会共同体中,应得(desert)

---

① 最高人民法院指导案例15号,最高人民法院审判委员会讨论通过,2013年1月31日发布。一审:江苏省徐州市中级人民法院民事判决书,(2009)徐民二初字第0065号;二审:江苏省高级人民法院民事判决书,(2011)苏商终字第0107号。

② [美]约翰·罗尔斯:《正义论》(修订版),何怀宏、何包钢、廖申白译,中国社会科学出版社2009年版,第3页。

观念能够为有关美德与非正义的判断提供基础。[①] 在这方面,林承恩与李江山等损害公司利益纠纷案[②]是妥当的例子。

在该案中,原告认为,被告股东李江山利用实际控制香港新纶公司及该公司在内地设立的全资子公司华通公司等机会,伙同他人采取非正当手段,剥夺了本属于香港新纶公司的商业机会,从而损害了该公司及其作为股东的合法权益。但最高人民法院指出,被告李江山、涂雅雅、华通公司在本案中的行为,不但不应被认定为侵权行为,反而应当定性为为避免香港新纶公司违约而采取的合法补救行为,更是各方为维护其自身权益而采取的正当经营或者交易行为。林承恩无权在自己拒绝继续投资、放弃投资项目且拒绝承担任何经济和法律责任的情况下,要求李江山停止继续经营内地投资项目。最高人民法院终审判决最终驳回了原告的诉讼请求。从本案可以看出,原告撤资等不当行为在先,其不当行为造成了公司困境,违反了公司正义原则,当然不能从后来的公司机会中获取不当利益。

(三)适用公司正义原则应结合利益衡量

在现代社会,法律需要解释,法律漏洞需要弥补。法律解释与法官造法本质上并非截然不同。解释几乎可以没有中断地过渡到开放的法的续造阶段。[③] 不论是公司法的解释,还是公司法的漏洞弥补,往往需要在公司正义原则的指引下完成。法官在利用公司正义原则对案件进行裁判时应该利用利益衡量方法,妥当分析不同利益主体之间的利益构成,谨慎评估判决结果对当事人利益的不同影响,紧密结合

---

① 参见[美]阿拉斯戴尔·麦金太尔:《追寻美德:道德理论研究》(第2版),宋继杰译,凤凰出版传媒集团、译林出版社2011年版,第319页。

② 最高人民法院民事判决书,(2012)民四终字第15号。

③ 参见[德]卡尔·拉伦茨:《法学方法论》,陈爱娥译,商务印书馆2003年版,第247页。

公司法等相关法律的具体条文做仔细说理与充分论证,作出妥当判决,避免滥用权力损害当事人利益。

例如,在最高人民法院指导案例 15 号中,该案所涉及的核心问题是关联公司(兄弟公司)之间是否适用法人人格否认。在该案中,法官综合运用了《民法通则》第 4 条[①]、《公司法》第 3 条第 1 款与第 20 条第 3 款。关于法人人格否认,我国《公司法》第 20 条第 3 款明确规定:"公司股东滥用公司法人独立地位和股东有限责任,逃避债务,严重损害公司债权人利益的,应当对公司债务承担连带责任。"可见,法人人格否认是发生于股东与公司之间,是基于否认公司的人格而直接追究股东的责任。如果严格适用该法律条款,本案是难以适用法人人格否认使其他关联公司——兄弟公司来承担责任的。但是,本案与《公司法》第 20 条第 3 款所确立的法人人格否认的基本精神是完全一致的。结合《民法通则》第 4 条与《公司法》第 3 条第 1 款,可以得出:公司人格独立是其作为法人独立承担责任的前提。当关联公司的财产无法区分、丧失独立人格时,就丧失了独立承担责任的基础。本案中,三个公司虽在工商登记部门登记为彼此独立的企业法人,但实际上相互之间界限模糊、人格混同,其中川交工贸公司承担所有关联公司的债务却无力清偿,又使其他关联公司逃避巨额债务,严重损害了债权人的利益。这样,法院在对当事人具体利益进行深入分析的基础上,参照《公司法》第 20 条第 3 款的规定判决川交机械公司、瑞路公司对川交工贸公司的债务应当承担连带清偿责任。这是符合公司正义的。

---

① 《民法通则》第 4 条 民事活动应当遵循自愿、公平、等价有偿、诚实信用的原则。《民法典》将该条分解为三个条文加以规定,分别为第 5 条、第 6 条和第 7 条。

五、公司正义对公司自治的制衡

虽然我国公司法并没有明文规定公司自治原则,但是公司自治是公司的天性,其必然成为公司法的基本原则。但在实践中,该原则已经演变为法院不能对公司自治范围内的事项进行司法审查。鉴于这一极端化理解对法律适用造成了较为严重的误导,需要运用公司正义原则进行制衡。

(一)对公司自治的误解:法院不能干预公司自治事项

人们普遍认为,自从公司成立之日起,公司自治就扮演着重要角色。公司自治意味着公司经营由公司自主决定,公司的行为意思由公司自由作出,但公司要对自己的行为负责。对于公司自治范围内作出的法律行为,法律赋予其效力,对其加以保护,并赋予其强制执行力。公司自治的主要方式是基于公司章程的自治。[①] 公司章程是公司的宪章,其规定了公司的基本结构与公司运营的基本方式。[②] 但是,公司自治并不限于公司章程的自治,也可以借助其他方式进行公司自治。例如,借助公司股东(大)会、董事会决议进行自治。从对外关系上讲,合同自由本质上也是公司自治的一种方式。可见,公司自治在公司法中无处不在。

公司自治作为公司法的基本原则,不论是在公司立法中还是在公司法适用中,都扮演着极为重要的角色。它可通过公司的自主决策权

---

① 参见王保树、崔勤之:《中国公司法原理》(第 3 版),社会科学文献出版社 2006 年版,第 50 页。

② 我国《公司法》在第 24 条与第 81 条对有限责任公司与股份有限公司的公司章程应该载明的事项分别作了规定。

利与采取行动的权利，实现自己利益，并适当排斥国家政府等其他主体的介入。但是，在司法实践中，公司自治的理解与适用也存在“极端化”倾向。换言之，当某一公司以公司自治为名利用各种手段实现自身利益最大化时，即使损害了他人利益并产生了纠纷，司法机关在适用公司法时，往往以该纠纷“属于公司自治的范围”为由而采取“绝不干预”政策，放任弱势群体利益受到该公司的不当损害。这方面的典型案例是胡克案。①

在该案中，河南思维自动化设备有限公司（以下简称河南思维公司）于 1998 年 4 月 29 日成立以来未分配利润，截至 2004 年 12 月底，该公司未分配利润（历年）期末数为 10, 381 多万元，资本公积金、盈余公积金的期末数分别为 3480 多万元、6335 多万元。2005 年 3 月，公司发起人胡克提起诉讼，请求判令该公司向其分红。河南省高级人民法院作出一审判决，以 2004 年年底未分配利润期末数为基数，按照 25% 的持股比例，胡克应分配到 25, 953, 169. 91 元。② 河南思维公司不服，向最高人民法院提起上诉。最高人民法院经审理后认为，“在河南思维公司董事会、股东会未就公司利润分配作出决议之前，胡克以股东身份直接向人民法院起诉请求分配公司利润，其诉讼请求本院不予支持。由于公司是否分配利润以及分配多少利润属公司董事会、股东会决策权范畴，原审判决认定思维公司有巨额利润而长期拒不向股东分配损害了占股比例较小的股东的利益，并据此迳行判决公司向股东分配利润，不符合公司利润分配的法律规定，应当予以纠正”。

最高人民法院对胡克案的判决不无疑问。该判决的理由是，公司盈余分配属于公司的自我“决策权”范围，法院不能予以干预。显然，

---

① 最高人民法院民事判决书，（2006）民二终字 110 号，载最高人民法院民事审判第二庭编：《最高人民法院商事审判指导案例 · 公司卷》，中国法制出版社 2011 年版，第 293 ~ 298 页。为便于精确分析，本书未对最高人民法院判决作出改动。

② 但是该院认为，胡克要求对资本公积金和盈余公积金作为公司盈余分配的主张，缺乏法律依据，该院不予支持。

公司自治成为法院不介入公司内部事务的借口,是对公司自治的僵化理解。最高人民法院对胡克案作出判决时,“仅仅”以属于公司自治范围为由不予支持是错误的,需要给出更为充分的其他理由。所以,该判决是违反公司正义的,是不妥当的。①

(二)公司正义对公司自治的制衡

1. 立法上,公司正义对公司自治划定范围

公司自治是公司法的基本价值,但公司正义也是公司法的基本价值,与公司自治处于相同地位。公司自治不能突破公司正义的底线,需要接受公司正义的制约。换言之,公司自治不是无限制的,其只能存在于特定的法律范围之内,并且具有一定的限度。这种范围与限度的界限通常由强制性规范划出。强制性规范意味着该规范不可以被法律关系当事人现有的或者计划中的协议排除或者修改。②

在规范公司自治的具体实践中,法律对其进行限制的方式主要有:其一,直接规定某一行为违反法律,排除公司自治的存在。例如,根据我国《刑法》第 140 条的规定,公司不得在产品中掺杂、掺假,以假充真,以次充好或者以不合格产品冒充合格产品,否则会科以刑罚。又如,《公司法》第 203 条规定,公司不依法提取法定公积金的,可以处以 20 万元以下的罚款。其二,某一行为虽然属于公司自治的事项,但法律对该行为的内容做了限制。例如,《公司法》第 21 条规定,公司的控股股东、实际控制人、董事、监事、高级管理人员不得利用其关联关系损害公司利益。违反规定给公司造成损失的,应当承担赔偿责任。其三,某一行为虽然属于公司自治的事项,但是法律对该行为做了程序上的控制。例如,《公司法》第 16 条第 1 款规定,公司为他人提供担

---

① 参见梁上上:《论股东强制盈余分配请求权——兼评“河南思维自动化设备有限公司与胡克盈余分配纠纷案”》,载《现代法学》2015 年第 2 期。

② 参见[德]迪特尔·施瓦布:《民法导论》,郑冲译,法律出版社 2006 年版,第 37 页。

保的，依照公司章程的具体规定，需要由董事会或者股东会、股东大会作出决议。

2. 在法律适用中，公司正义对公司自治进行司法审查

司法裁判是正义的最后一道防线，必然要求法院对所谓的“公司自治行为”是否符合公司正义原则进行审查。这可以从“合同自由与合同正义”的关系中得到借鉴。在合同法中，当事人可以选择合同签订的对象、可以商议合同条款的内容、可以对违约责任等作出自由约定。而且，其约定具有相当于法律的效力，当事人应该遵守。① 但是，这不意味着法律对合同不加规范，更不意味着法院不能对合同进行司法审查。相反，在具体的合同纠纷中，法院需要对合同效力进行审查，作出合同有效还是无效的判决，只有不违反法律、行政法规强制性规定的合同才获得法律的保护。事实上，在现代合同法中，合同正义是与合同自由并列的原则，合同自由正遭受着合同正义的广泛制约。② 有人早已恰当地指出，国家不再是中立的旁观者，必须扮演积极的角色，通过立法、司法解释以及典型案例，使合同自由与合同正义相调和，获得最大限度的实现。③ 应当说，“合同自由与合同正义”的关系同样适用于“公司自治与公司正义”之间的关系。有人指出，像篮球规则一样，告诉你何时由谁取得发球权，何时必须在边线发球，规则的目的在于让所有球员都能把投、跑、跳、传的体能技巧发挥到极致，而唯一不变的精神就是公平。④ 法院对公司行为进行审查是其固有权利，是其天职所在，属于审判权的正当行使。所以，在法律适用中，公司自

① 《法国民法典》第1134条第1款规定：依法成立的契约，对缔约该契约的人，有相当于法律之效力。参见《法国民法典民事诉讼法典》，罗结珍译，国际文化出版公司1997年版，第263页。

② 参见［日］大村敦志：《近30年来日本的民法研究》，渠涛译，载《清华法学》2012年第3期。

③ 参见王泽鉴：《债法原理》（第1册），中国政法大学出版社2001年版，第76页。

④ 参见苏永钦：《走入新世纪的私法自治》，台北，元照出版有限公司2002年版，第20页。

治不能排除法院基于公司正义原则对公司行为进行司法审查。

法院基于公司正义原则对公司行为进行审查时，可以分为两种情况进行考察：

（1）当公司行为违反法律、行政法规的强制性规定时，法律、行政法规对具体行为的法律效力、法律后果等已经有明确的规定，法院根据具体的法律规定作出裁判即可。

（2）当公司行为没有违反法律、行政法规的强制性规定时，法院基于公司正义原则对公司行为进行审查的，应当对公司自治有足够的尊重，对公司自治范围内的行为有相当程度的容忍，只有在明显违反公司正义时才可以加以干预。

什么明显违反公司正义原则？可以从合同法关于违反合同正义的规范中获得启示。合同正义属于平均正义，以双务合同为其主要适用对象，强调一方给付与他方的对待给付之间应该具有等值性。[①] 合同当事人的行为违反合同正义时，法院给予干预是需要的。例如，《民法典》第 151 条规定，一方利用对方处于危困状态、缺乏判断能力等情形，致使民事法律行为成立时显失公平的，受损害方有权请求人民法院或者仲裁机构予以撤销。该制度经历了漫长的发展过程。早期罗马法奉行的是形式主义。合同的效力根据在于固定程式的完成。只要完成了规定的仪式，不管合同内容是否显失公平，都具有法律效力。但在罗马帝国的不动产买卖与不动产分割中出现了显失公平制度的雏形。[②] 目前，许多国家都在合同法中确立了这一制度。可见，订立时显失公平的合同违反了合同正义原则的，法律应该加以规范，是人类共通的准则。又如，《民法典》第 585 条第 2 款规定，约定的违约金低

---

① 参见崔建远：《合同法》，北京大学出版社 2013 年版，第 16 ~ 17 页；韩世远：《合同法总论》，法律出版社 2004 年版，第 39 页。

② 参见［意］斯奇巴尼选编：《债 · 契约之债》，丁玫译，中国政法大学出版社 1992 年版，第 37 ~ 38 页。

于造成的损失的,人民法院或者仲裁机构可以根据当事人的请求予以增加;约定的违约金过分高于造成的损失的,人民法院或者仲裁机构可以根据当事人的请求予以适当减少。应当说,违约金的数额过高或过低时允许调整是适宜的。违约金协议潜存着滥用自由与私罚的不公平基因,大陆法系诸国或地区的立法为此皆确立了将过分高于实际损失的违约金减少的规则。[①] 违约金的数额与损失额应大体一致是合同正义的体现,是合同法追求的理想之一。[②] 从合同法的这些规定可以看出,法院在适用合同正义原则对当事人行为进行判断时,具有两个基本特征:一是采取实质判断方法,是从实质正义的角度对形式主义作出修正;二是损害程度是决定是否适用正义原则的主要判断标准。只有当损害程度达到"显失公平"时,才会启动救济程序。

法院在审查公司行为是否违反公司正义原则时,关键之处在于:首先,树立最小干预的观念。对公司自治进行干预的正当性来源在于公司正义。但是,即使对公司自治的干预具有正当性,也应当考虑干预的形式。因为公司自治虽然不再具有绝对性,但依然作为基本原则而存在,仍然发挥着重要作用。公司正义是对该原则的纠偏,应该限制在恰当的程度与范围之内。其次,法院在审查所谓的公司行为是否违反公司正义原则时,应该做类型化处理。明显违反公司正义的行为很难作抽象概括或者笼统描述,在不同的法律行为中存在不同的判断标准。相较于合同法,公司法更为复杂。在公司构造中,存在公司、董事等管理层、大股东、小股东、中介机构、债权人等不同主体,形成了具有不同层次的利益关系。在法律适用过程中,需要对这些处于不同法律关系中的不同主体的利益状态做仔细的梳理、归类,并划分出不同层次,做区别处理。法院应该根据具体法律环境与行为时空对某一具体行为是否违反公司正义作出判断。最后,对公司正义应当采取弹性

---

① 参见朱广新:《合同法总则》(第2版),中国人民大学出版社2012年版,第609页。
② 参见韩世远:《合同法总论》,法律出版社2004年版,第774页。

标准。由于现实生活的复杂性,法院需要对具体的法律规范做适应性解释。公司正义的模糊性恰好可以提供弹性标准。一个随个案情况变化的标准,这可能给法律适用会带来一定的困难,但可以获得较为满意的裁判结果。

六、结论

我国应该借鉴合同正义的经验,在公司法中引进公司正义原则。公司正义是与公司自治相并列的基本原则。正像缺少合同正义原则会导致合同法困境一样,缺少公司正义原则,不但会使许多公司法规则无法解释,也会使大量的疑难案件无法裁判。它应该以“法理阐释”的方式存在,无须在公司法总则中作出明文规定。

公司正义既包括分配正义,也包括矫正正义;既包括实体正义,也包括程序正义。在公司法中,程序正义与实体正义同样重要,没有程序正义就无法真正实现实体正义。公司是多方参与者不同利益交汇的平台,利益主体之间的关系往往会超越法律关系。在公司法中,作为分析工具的“法律关系”往往成为被突破的对象,引入“利益关系”的概念才能厘清公司各参与方的利益纠葛。公司法需要沿着分配正义与矫正正义、实体正义与程序正义的两种不同路径,结合利益衡量方法,对不同主体之间的利益关系作出剖析,并在公司的一般规则与衡平之间达成正义,最终作出恰如其分的规范。

公司正义原则不但有利于对公司立法进行指导,也有利于公司法的司法适用。公司正义原则与公司自治原则一样,从来都不能绝对地、僵硬地适用,需要发挥其积极方面,抑制其消极方面。公司正义的含义具有模糊性,有利于公司正义的弹性适用,具有积极作用。为此,需要法官借助法律解释方法来妥当地适用现有法律条文,也需要法官借助利益衡量等方法来填补法律漏洞,创造性地适应社会对法律的需求。特别需要强调的是,公司自治是公司法的基本原则,但在实践中存在被滥用的风险。没有制约的公司自治会导致不正义。就像合同正义原则可以对合同自由加以制衡一样,法官也需要借助公司正义原则对公司自治进行适当干预。但是,法律对公司事务的审查通常不能过于积极,而是应该采取谨慎而节制的态度。

第二章 公司人格否认

公司独立人格与股东有限责任是公司法大厦的基石,对公司法具有极为重大的价值。美国学者巴特尔(N. M. Butler)曾说,有限责任公司是当代最伟大的发明,其产生的意义甚至超过了蒸汽机和电的发明。[①] 但是,经济生活中频频出现股东滥用公司独立人格与股东有限责任损害债权人利益的现象,公司人格否认(刺破公司面纱,Piercing the Corporate Veil)于19世纪末20世纪初在英美法系的司法实践中出现。英美法上揭开公司面纱的实践对大陆法系国家也产生了广泛的影响。例如,德国学者提出了"直索责任",日本学者则提出了"形骸理论",以回应司法审判中出现的公司人格否认案件。我国在2005年《公司法》中引进该制度,成为世界上第一个在成文法中规定该制度的国家。公司人格否认根源于公司正义的根本

---

① See N. M. Butler, *Limited liability and the Corporation*, edited by Tony Orhnial, Croom Helm, London Comberra, 1982, p. 42.

价值,对传统的公司独立人格理论与民事诉讼制度作出很大的突破,在法律适用的过程中也面临各种困难,但作为公司人格制度的必要补充,依然保持着持久的生命力。同样,存在诸多理论问题与实践问题亟待解决。

一、公司人格否认的法律机理

(一)法人独立人格的意义

1. 公司的独立人格

我国《公司法》第3条第1款规定,公司是企业法人,有独立的法人财产,享有法人财产权。公司以其全部财产对公司的债务承担责任。

公司具有法人地位,具有独立的人格。[①] 这种独立的法人人格使其能够区别于其成员而独立存在。法人地位是民事主体权利义务的归属点。公司独立人格意味着公司具有权利能力与行为能力,依法独立享有民事权利和承担民事义务。它可以以自己的名义独立实施法律行为,从事经营活动,并独立承担民事责任。

公司作为独立法人,必须有自己独立的财产,享有法人财产权,包括物权、知识产权、债权和对外投资的股权等。公司有自己独立的财产是公司能够自主经营、自负盈亏,对外独立承担责任的物质基础。

---

① 这里需要注意的是,公司作为民事主体,在不同的国家有不同的范围,其法律地位并不相同。中国、美国的公司种类仅为有限公司(相当于美国的封闭公司)与股份公司(相当于美国的公开公司),没有所谓的无限公司与两合公司,但另设普通合伙企业与有限合伙企业。德国、法国、我国台湾地区等国家或地区公司法的公司种类为:有限公司、股份公司、无限公司(相当于普通合伙企业)、两合公司(相当于有限合伙企业)。以上企业类型,均具有民事主体地位。但就法人地位而言,中国、美国与德国基本相同,只有有限公司与股份公司具有法人地位,而所谓的无限公司(普通合伙企业)、两合公司(有限合伙企业)不具有法人地位;而我国台湾地区、日本等则认可所有公司类型的法人地位。总之,在不同国家或地区,法人的概念并不相同。参见梁上上:《中国的法人概念无需重构》,载《现代法学》2016年第1期。

公司享有法人财产权才能体现公司的法人人格。

公司作为独立法人,独立承担民事责任。公司承担民事责任的范围是其拥有的全部财产,其财产不足以清偿到期债务时,将面临破产。公司的财产包括股东在公司设立时所认缴的出资。股东已经向公司缴纳的出资,在公司成立后将无权抽回。股东已向公司认缴的出资,承诺出资期限届满而仍然未实际缴纳的,则构成股东对公司的债务,公司应当追回。

2. 股东有限责任

股东对公司承担有限责任。股东有限责任,是指股东以认缴的出资额为限对公司债务承担责任。我国《公司法》第 3 条第 2 款明确规定,有限责任公司的股东以其认缴的出资额为限对公司承担责任;股份有限公司的股东以其认购的股份为限对公司承担责任。

股东有限责任与公司独立人格是一体两面,互为因果。[①] 因为公司具有独立人格,对其债务独立承担责任,所以股东以其出资额为限对公司承担责任。反之亦然。当公司发生债务时,股东并不直接对债权人负责,而是由公司以自己的全部财产对公司债务承担责任。股东对公司债务所承担的责任体现为股东对公司的出资,股东必须以其全部出资,也仅仅以其出资为限对公司债务承担责任。也就是说,股东在依照有关法律、公司章程的规定履行了出资义务后,对公司将不再承担责任。

股东有限责任是公司制度的基石。它是公司法的根本性原则。[②] 股东有限责任具有以下重要意义:(1)有利于股东控制风险,鼓励投资。它将股东责任限制在其认缴的出资额之内,使投资者能够进行风

---

① 这里指的是中国,因为公司与法人的外延基本相同。但在其他国家,可能会有不同的景象。

② Frank H. Easterbrook & Daniel R. Fischel, *Limited liability and the Corporation*, 52 the University of Chicago Law Review 89(1985).

险控制,从而促进公众投资。特别是当股东不愿意或者没有能力参与公司经营时,尤其如此。而且,这也有利于股东进行多项投资,有效地分散风险,从总体上减少商业风险。(2)有利于实现公司所有与经营相分离的治理结构。股东是公司的最终所有者,其应否实际参与公司的经营管理在很大程度上与对公司承担责任的形式有关。在承担无限责任的场合,投资者为避免承担不可预测的风险,通常要求实际参与公司的管理,难以形成所有与经营的分离。相反,在承担有限责任的场合,由于投资风险的确定性与有限性,使没有意愿或者无能力参与经营管理的股东也可以参加投资。股东形成公司的股东会,股东会不是公司的经营机构。股东选举董事组成董事会,董事会是公司的经营决策机构,掌管公司的经营活动。(3)有利于证券市场的形成,促进股份流转。由于投资风险不受其他投资者偿债能力的影响,投资者无须在意公司中其他投资者的情况。这有利于扩大投资者的范围,大大增强市场流动性,形成高效的证券市场。证券市场机制既有利于发现股份价格,也有利于股份流转,由此带来的市场压力还有利于促进公司治理机制的改进。需要指出的是,股东有限责任的这些功能是从整体功能的角度来说的。从实际情况看,有的功能与公司形式(有限责任公司/股份有限公司)有关,有的也可能受制于其他因素难以完全发挥。

(二)法人人格否认的引入:衡平正义的体现

公司的法人人格与公司股东享有有限责任制度的保护是密切相连的。公司具有法人资格,意味着公司拥有独立于其成员的人格。股东恰恰是利用公司的独立人格的"面纱",将自己隐藏在公司背后,只在自己出资的范围内对公司承担责任。[①] 然而,股东享受有限责任的

① 参见梁上上:《中国的法人概念无需重构》,载《现代法学》2016 年第 1 期。

“庇护”,并不意味着消灭了其投资风险,而只是将这些风险转嫁给公司及其公司债权人。在实际生活中,有的公司股东通过各种途径控制公司,为获取高额利润或逃避债务,常常擅自挪用公司财产,或者与自己财产混同、账目混同或者业务混同,从中渔利。有的股东为达到非法目的,设立壳公司从事违法活动,但又利用有限责任与公司人格逃避法律制裁。在这些情况下,公司已经失去了独立地位,其独立地位变成了股东滥用权利的工具。此时,公司股东的目的是将公司行为的社会成本外部化,转嫁给公司的利益相关者。为此,当股东滥用公司独立人格,滥用有限责任原则时,法律就需要突破公司的独立人格,揭开其独立人格的面纱,直接突破股东有限责任的保护,使其承担连带责任或者补充赔偿责任。正如在 Rosenberg v. DVI Receivables, XIV, LLC 案①中法院所指出的,刺破公司面纱是一项衡平法规则,可以基于正义解除公司形式的保护。法律拟制人格意味着公司是一个法律实体,使其与股东相分离,以实现方便与正义,也意味着当正义或者公共政策有要求时,可以否定其人格。总之,刺破公司面纱是衡平正义的体现。

中国的法人人格否认制度的基本精神与英美等国是完全一致的,都是基于公司正义原则而作出的突破,旨在矫正法人人格与股东有限责任在特定法律事实发生时对债权人保护的失衡现象。早在公司法明文规定法人人格否认之前,我国司法实践中对该类案件就是以正义为指引来完成判决的。例如,在厦门永昌荣食品有限公司与厦门市电力投资发展总公司等上诉案②中,福建省高级人民法院指出,“谢得财作为两公司的控制股东,利用人格及财产混同来逃避其债务,违背了法人制度设置的宗旨,也不符合诚信原则及公平正义之理念,作为相

---

① Rosenberg v. DVI Receivables, XIV, LLC, United States District Court, E. D. Pennsylvania. August 28, 2019, 400 F. Supp. 3d 236.

② 福建省高级人民法院民事判决书,(2004)闽民终字第615号。

对人电力公司也无法区分其三者之间人格及财产,因此谢得财及其独资设立的喜洋洋公司和永昌荣公司应共同对喜洋洋公司的债务承担连带清偿责任"。所以,从公司人格否认的产生历史看,公司正义是公司人格否认产生的根本原因。

(三)公司人格否认理论的体系性重构

1. 英美法关于公司人格否认的主要理论

公司人格否认是公司法对法人人格和股东有限责任的突破。公司人格否认是从英美等国的判例中发展起来的。从英美国家的判例看,刺破公司面纱的主要理论为:[①](1)欺诈理论(fraud)或者虚假陈述(misrepresentation)。欺诈理论是"刺破公司面纱"传统理论,以至于有些学者认为,基于欺诈理论的公司人格否认才是标准的"刺破公司面纱"规则。虽然欺诈与刺破公司面纱在范围上并不完全对等,但两个术语基本可以互换使用。[②] 虚假陈述可以误导债权人与公司发生交易或者业务往来。(2)不合法(illegality)或者不正义(injustice)理论。在美国的一些州中,比如新泽西州,欺诈并不是刺破公司面纱的必要条件,而是采取更为宽泛的不合法或者不正义理论,特别是在侵权案件中经常使用。(3)另一个自我(alter ego)或者代理(agency)理论。有的案件中,只要公司是个人股东或者母公司的另一个自我就可以刺破公司面纱。另一个自我,就是公司与股东或者母公司实质上是同一个人的两个方面。其判断标准不是基于欺诈或者不正义的问题,而仅仅要求个人股东或者母公司对该公司行使控制或者支配。(4)单一商

---

① 参见[英]保罗·戴维斯、[英]莎拉·沃辛顿:《现代公司法原理》,罗培新等译,法律出版社 2016 年版,第 211～220 页;朱慈蕴:《公司法原论》,清华大学出版社 2011 年版,第 44～45 页;施天涛:《公司法论》(第 3 版),法律出版社 2014 年版,第 34～40 页;黄辉:《现代公司法比较研究——国际经验及对中国的启示》,清华大学出版社 2011 年版,第 111～113 页;林少伟:《英国现代公司法》,中国法制出版社 2015 年版,第 131～141 页。

② 参见黄辉:《现代公司法比较研究——国际经验及对中国的启示》,清华大学出版社 2011 年版,第 111 页。

业体理论(single business enterprise)。根据该理论,公司形式的滥用或者欺诈不是“刺破公司面纱”的必要条件,只要关联公司之间的关系足够紧密,无论是姐妹公司(兄弟公司)还是母子公司,都可以将它们视为一个商业体,使它们相互承担债务责任。

对于英美国家判例中呈现的理论,可以简要分析如下:(1)“刺破公司面纱”是从判例中发展起来,至今依然没有在英美国家的公司法中对其进行规定,所以没有统一的规范基础。(2)这些理论是不同判例中出现的不同理论。由于不同判例的具体事实不同,适用“刺破公司面纱”的场景不同,法官在进行说理时,采取的理论自然有所区别。(3)这些理论的说理侧重点有所差异。例如,欺诈理论是从主观方面来加以论证的,而代理理论与单一商业体理论则更强调客观方面的描述。(4)这些理论的抽象程度有所不同。例如,不正义理论较为抽象,而另一个自我理论则较为具体,其本身就是对具体案件事实的描述。

2. 公司人格否认理论的体系性重构

我认为,需要对这些不同理论进行整理,进而形成“刺破公司面纱”的理论体系。该理论体系可以分为两个层次。

其一,居于较高层次或者抽象层次的是,公司正义原则。公司正义是公司法立法与司法中必须加以贯彻的整体性要求,所有“刺破公司面纱”的案件都体现了对公司正义原则的违背。例如,在 In re Draw Another Circle 案①中,美国特拉华地区破产法院认为,根据特拉华法律,“刺破公司面纱”通常是由几个因素与整体上的不公平或者不正义所共同决定的。又如,在 State of New Jersey, Dept. of Environ. Protection v. Ventron 案中,新泽西州最高法院认为,“刺破公司面纱”的目的是防止公司进行欺诈、实施犯罪或者其他逃避法律的行为,损

① In re Draw Another Circle, United States Bankruptcy Court, D. Delaware. June 13, 2019, 602 B. R. 878.

害正义。[①]

特别需要注意的是,英美国家的一些案件直接引用"不正义"理论来进行判案。也就是说,将其视为与欺诈理论等不同的理论,适用其独立的构成要件来进行审判。例如,在美国的 Jack LaLanne Fitness Centers, Inc. v. Jimlar, Inc. 案[②]中,法院直接将不正义作为否定公司人格的理由。又如,在澳大利亚的 Harrison v. Repatriation Commission 案中,特别行政法庭认为,鉴于申请人与公司之间的关系,重复计算将不公平地减少申请人的退伍福利,有违法律正义,因此同意了申请人的请求。[③] 其实,早在 1926 年,卡多佐大法官就抱怨说,公司人格否认的所有问题依然被包裹在隐喻的迷雾中,真正妥当的测试标准(tests)应该是"诚实与正义"(honesty and justice)。[④] 这些现象表明,正义原则对公司人格否认案件具有特别重要的价值。

大陆法系国家是在正义理论的指引下从英美法系国家引入公司人格否认的。在德国,将"刺破公司面纱"作为直索责任的一种。[⑤] 在法律体系上,司法判例以违反忠实义务的行为、权利滥用或者违反诚实信用原则来论证支持直索责任。[⑥] 在日本,公司人格否认是以公司形骸化理论出现的,其背后的法理就是权利滥用理论。1969 年 2 月

---

① State of New Jersey, Dept. of Environ. Protection v. Ventron, 94 N. J. 473, 500 – 01, 468 A. 2d 150 (1983).

② Jack LaLanne Fitness Centers, Inc. v. Jimlar, Inc., United States District Court, D. New Jersey. May 2, 1995, 884 F. Supp. 162, 32 Fed. R. Serv. 3d 832.

③ Harrison v. Repatriation Commission (Unreported, Administrative Appeal Tribunal, Barbour SM, 19 October 1996). 转引自黄辉:《现代公司法比较研究——国际经验及对中国的启示》,清华大学出版社 2011 年版,第 111 ~ 113 页。

④ Berkey v. Third Avenue Ry. Co., 244 N. Y. 84, 155 N. E. 58, 50 A. L. R. 599(1926).

⑤ 广义的直索责任包括股东依据一般民法规则对公司债务承担责任的情形,即基于债务承担、保证、担保、庇护声明、缔约过失责任、法律表象或者根据《德国民法典》第 823 条第 1 款和第 2 款或者第 826 条规定承担侵权责任。参见[德]托马斯 · 莱塞尔、[德]吕迪格 · 法伊尔:《德国资合公司法》(第 6 版),高旭军等译,上海人民出版社 2019 年版,第 600 页。

⑥ 参见[德]托马斯 · 莱塞尔、[德]吕迪格 · 法伊尔:《德国资合公司法》(第 6 版),高旭军等译,上海人民出版社 2019 年版,第 601 页。

27日,日本最高法院(民集23卷2号511页)在判决中指出,在法人人格完全沦为形骸或者是为逃避法律责任滥用法人人格的情况下,依然承认该主体的法人人格是不恰当的。[①] 我国2005年《公司法》引入公司人格否认。该法第20条第3款对公司人格否认作出明文规定,该规定是基于“禁止权利滥用原则”的指引。从表面上看,大陆法系似乎没有使用“正义”这样的词句。严格来说,正义是法律的基本价值,[②] 而诚实信用原则与禁止权利滥用是行为规范。[③] 正义更为抽象,诚实信用与禁止权利滥用较为具体,两者的位阶是不同的,正义处于更高的地位。可以说,诚实信用与禁止权利滥用是正义的具体化,它们都是在正义的指引下发生作用的。由于大陆法系国家一般都有《民法典》,《民法典》中通常规定所谓的“诚实信用”“禁止权利滥用”等基本行为规范,往往适用这些基本原则来解决问题。不过,即使不直接使用“正义”等用语,其背后的根本法理仍然是正义。例如,日本学者认为,公司人格否认的目的是使事件得到公正解决。[④] 德国也是如此。

其二,处于较低层次或者具体层次的是,分别从主观与客观方面对“刺破公司面纱”进行剖析。欺诈理论探究的是行为人的主观方面,滥用控制而表现出来的另一个自我、单一商业体则是行为人的客观方面。某一公司行为或者状态是否构成“刺破公司面纱”,是需要从主客观相结合进行判断的。在因欺诈或者虚假陈述被刺破公司面纱的场合,欺诈表现为多种方式。最为明显的是,公司对行为性质、履行能力

---

① 参见[日]山本为三郎:《日本公司法精解》,朱大明等译,法律出版社2015年版,第18页。

② 自由、秩序、正义与效率是法律的四大基本价值。参见梁上上:《异质利益衡量的公度性难题及其求解——以法律适用为场域展开》,载《政法论坛》2014年第4期。

③ 诚实信用原则、禁止权利滥用原则、不得违反公序良俗、不得损害社会公共利益是行为规范的基本原则。参见梁上上:《异质利益衡量的公度性难题及其求解——以法律适用为场域展开》,载《政法论坛》2014年第4期。

④ 参见[日]山本为三郎:《日本公司法精解》,朱大明等译,法律出版社2015年版,第17页;[日]落合诚一:《公司法概论》,吴婷等译,法律出版社2011年版,第68页。

或者资金状况做虚假陈述。稍微不明显的是,企业误导债权人相信当其不能履行时可以求助于其他公司。例如,经理明确声明母公司将对子公司的债务进行支持;或者母子公司之间存在极易混淆的名称,使债权人相信他是与母公司在进行交易。在这些场合中,债权人无法对潜在风险进行准确评估,公司从事超出风险范围行为的可能性在增加。[①] 这是符合侵权的行为构成的。从侵权行为的构成要件看,不管是欺诈理论还是代理理论或者单一体理论,强调的是某一侧面,并不是完整的构成要件体系。总之,正义原则与具体规则密切相关,公司正义原则指导下形成主客观相结合的规则体系,主客观方面的构成要件是公司正义原则的具体化。

(四)滥用法人人格否认的控制:法人人格否认的再平衡

公司人格否认的适用是一把"双刃剑"。用得好,其制度效用就可以得到发挥,可以遏制股东滥用公司独立人格地位和股东有限责任;用得不好,则可能伤及作为公司制度基石的法人独立地位和股东有限责任。所以,需要防止滥用法人人格否认,实现再平衡,主要的控制措施有:

1. 内容控制。其一,对公司人格否认行为做严格界定。由于公司人格否认是对公司独立人格地位与股东有限责任的例外性否定,所以应该对公司滥用独立人格进行较为严格的界定。虽然公司法对公司人格否认有明确规定,但该规定是原则性规定,在适用过程中需要不断地具体化。针对《公司法》第 20 条第 3 款规定的滥用行为,最高人民法院在 2019 年发布的《全国法院民商事审判工作会议纪要》(以下简称《九民纪要》)中将实践中常见的情形归纳为人格混同、过度支配与控制、资本显著不足。法院在审理案件时,需要根据查明的案件事

---

① Frank H. Easterbrook & Daniel R. Fischel, *the Economic Structure of Corporate Law*, Harvard University Press, 1991, p. 58 – 59.

实进行综合判断,审慎适用。其二,避免与其他不当交易行为混淆。公司逃避债务的方式多种多样,有的行为符合公司人格否认,有的行为则符合其他法律规定。符合其他法律规定的,应该适用其他法律,不能适用公司人格否认。例如,在宜兴市工业设备安装有限公司与上海天坛国际贸易有限公司等建设工程施工合同纠纷案①中,江苏省高级人民法院认为:"如果债权人的债权之上已经设立了保证、质押等债的担保,债权人的债权基本能够通过债的担保而获得救济,则没有适用法人人格否认的必要。……宜兴安装在本案中已主张工程价款优先受偿权,且本院对其主张亦予以了支持,而工程价款优先受偿权具有法定抵押权的性质,宜兴安装完全可以通过行使优先权使自己的本案债权获得救济。故宜兴安装援引法人人格否认制度,主张双林集团与上海天坛公司对海鸥可可的债务承担连带责任,缺乏事实和法律依据,本院不予支持。"

2. 程序控制。一方面,否定公司人格只能通过诉讼程序完成。立法者认为,由于法人人格否认涉及对作为公司法基石的公司法人独立人格和股东有限责任的修正,如运用不当,将可能导致公司经常处于不稳定状态,有违创立公司制度的本意,严重影响社会经济秩序,妨碍社会投资,所以必须由受损害的债权人申请法院作出裁判,不能由当事人自行决定。② 另一方面,在债权人对公司提起民事诉讼的过程中,公司人格否认应该根据债权人的请求而适用,法院不得主动援用。③

3. 裁判效力范围的控制。公司人格否认不是全面、彻底、永久地否定公司的法人资格,而只是在具体案件中依据特定的法律事实、法

---

① 江苏省连云港市中级人民法院民事判决书,(2012)连民初字第0118号;江苏省高级人民法院民事判决书,(2015)苏民终字第0069号。

② 参见桂敏杰、安建主编:《新公司法条文解析》,人民法院出版社2006年版,第52页。

③ 参见最高人民法院民事审判第二庭编著:《〈全国法院民商事审判工作会议纪要〉理解与适用》,人民法院出版社2019年版,第147页。

律关系,突破股东对公司债务不承担责任的一般规则,例外地判令其承担连带责任(补充赔偿责任)。人民法院在个案中否认公司人格的判决的既判力仅仅约束该诉讼的各方当事人,不当然适用于涉及该公司的其他诉讼,不影响公司独立法人资格的存续。如果其他债权人提起公司人格否认诉讼,已生效判决认定的事实可以作为证据使用。

二、公司人格否认的规范模式

关于法人人格否认的规范模式,大致可以分为:

(一)公司人格否认的判例法模式

公司人格否认最先产生于19世纪末20世纪初的美国,是随着一系列相关的判例发展起来的。在美国,最著名的特拉华州公司法与美国示范公司法都没有在法律条文中规定法人人格否认。英国也未在公司法中规定该制度。在大陆法系,德国、法国与日本均未在商法典或者公司法中规定该制度,而是通过判例来发展该制度。总之,在国外公司立法中大多是利用判例与学说来发展公司法人人格否认制度的。

(二)公司人格否认的成文法模式

中国是世界上第一个在成文法中规定"公司法人人格否认"的国家。我国于2005年12月对《公司法》作出修订时引入该制度。该法第20条第3款明确规定,"公司股东滥用公司法人独立地位和股东有限责任,逃避债务,严重损害公司债权人利益的,应当对公司债务承担连带责任"。2017年《民法总则》将《公司法》的规定扩展到全部营利法人。该法第 83 条第 2 款规定，营利法人的出资人不得滥用法人独立地位和出资人有限责任损害法人的债权人利益。滥用法人独立地位和出资人有限责任，逃避债务，严重损害法人的债权人利益的，应当对法人债务承担连带责任。[①] 2020 年 5 月，《民法典》第 83 条第 2 款的文字保持不变，未作修改。

我国台湾地区"公司法"于 2013 年 1 月引进"揭穿公司面纱原则"，明定于第 154 条第 2 款，[②]但仅适用于股份有限公司。其"立法"理由指出，按揭穿公司面纱之原则，系源于英、美等国判例法，其目的在防免股东滥用公司之法人地位而脱免责任导致债权人之权利落空，求偿无门。为保障债权人权益，引进揭穿公司面纱。[③] 该"公司法"于 2018 年 8 月修订时，将法人人格否认的范围扩大到有限责任公司。其"立法"理由是，考量与股份有限公司股东同属负有限责任之有限公司股东，亦有利用公司之独立人格及股东有限责任而规避其应负责任之可能，爰一并纳入规范，以资周延。[④] 至此，不论是股份有限公司还是有限责任公司都可以适用法人人格否认。

（三）成文法模式的问题与克服

与外国采取判例来发展法人人格否认的规范模式不同，我国采取

---

① 关于在《民法总则》中复制公司法上法人人格否认规范的做法，有许多学者提出批评意见。这是因为法人人格否认仅仅是公司独立人格制度的补充。复制《公司法》相关内容的做法，与《民法总则》所承载的私法"体系化"和"科学化"功能相悖。同时，也可能成为《公司法》制度创新的障碍，亦会造成规范适用上的冲突。参见薛波：《公司法人格否认制度"入典"的正当性质疑——兼评〈民法总则〉"法人章"的立法技术》，载《法律科学》2018 年第 4 期。

② 我国台湾地区"公司法"第 154 条第 2 款规定，股东滥用公司之法人地位，致公司负担特定债务且清偿显有困难，其情节重大而有必要者，该股东应负清偿之责。

③ 我国台湾地区《"公司法"部分修正条文对照表》（2013 年 1 月），载 gcis. nat. gov. tw，2020 年 6 月 16 日访问。

④ 我国台湾地区《"公司法"部分修正条文对照表》（2018 年 8 月），载 gcis. nat. gov. tw，2020 年 6 月 16 日访问。

成文法模式。2005 年《公司法》修订过程中,围绕移植公司人格否认制度的立法形式曾经存在分歧意见。有的意见认为不应在公司法中规定该制度,有的意见认为应该确立该制度。最后,2005 年《公司法》规定了该制度。[①] 应当说,我国不是判例法国家,在法律中确定某一制度是成文法国家的立法惯有思维,我国许多学者也高度肯定这一立法模式。[②]

与其他法律(如物权法、合同法)的法律条款不同,对于我国《公司法》第 20 条第 3 款关于"公司人格否认"条款的理解与适用,需要注意:(1)由于《公司法》第 20 条第 3 款已经对法人人格否认作出明确规定,所以在法律适用过程中应该更强调对法律条文的解释与阐述。其法理基础是防止股东滥用权利,损害公司正义。(2)从体系定位看,我国《公司法》将其规定在第一章"总则"中,这与法人人格否认属于公司人格的例外性制度的定位似有不符。但是,从《公司法》第 20 条条文内容的编排看,第 1 款为股东依法行使权利原则与禁止权利滥用原则,第 2 款规定股东滥用权利给公司或者其他股东造成损失时承担赔偿责任,第 3 款规定滥用公司人格时的责任。这样的内部构成,逻辑安排上是妥当的。但是,要基于法人人格否认是法人制度的例外性、补充性安排的法理,要谨慎适用,避免损害公司法人制度。(3)公司法的规定较为原则,缺少对行为模式的具体刻画,这给司法审判实践带来困难,可能会使法官无所适从,难以统一裁判标准。(4)需要最高人民法院司法解释对法人人格否认具体行为作出进一步刻画。《公司法》引进法人人格否认制度时,立法者有意只作原则规定,由最高人民

---

① 参见桂敏杰、安建主编:《新公司法条文解析》,人民法院出版社 2006 年版,第 53 页。

② 参见朱慈蕴:《公司法人格否认:从法条跃入实践》,载《清华法学》2007 年第 2 期;刘俊海:《揭开公司面纱制度应用于司法实践的若干问题研究》,载《法律适用》2011 年第 8 期。

法院根据审判实践的情况作出具体规定。[①] 立法的目的在于适用，只有把行为或者状态描述清楚，才能让法官有机会准确适用法律。法人人格否认制度尤其明显，因为该制度与一般的合同行为、侵权行为有很大不同，天生就是难以描述。可以说，《公司法》第 20 条第 3 款的规定只是原则性规定，需要借助最高人民法院司法解释等加以类型化、具体化。最高人民法院于 2019 年颁布实施的《九民纪要》对公司人格否认的主要形态作了规定，但是仍然有进一步完善的空间。（5）借鉴美国等判例法国家的经验，适时发布权威性的指导案例，指引司法裁判。英、美等主要国家的司法实践提醒我们需要更多关注法人人格否认的判例指导。在公司法领域，其实美国各州都有自己的公司法，并不是纯粹的判例法国家，甚至可以说是成文法国家。但是，它仍然通过判例来发展法人人格否认制度，这反映出判例制度的独特价值。这种独特价值在于能够针对具体案情具体分析，不拘泥于条条框框，综合运用案件背后的法理，作出妥当的判决。

三、当事人的诉讼地位

（一）公司人格否认诉讼的原告

公司债权人是公司人格否认案件中的原告。自愿之债是债权人与公司之间存在合意，是自愿达成交易而产生的债务，如合同之债。非自愿之债则不存在自愿或者合意的基础，如侵权之债。不论是自愿之债的债权人还是非自愿之债的债权人，都可以成为原告。

---

① 参见安建主编、全国人民代表大会常务委员会法制工作委员会编：《中华人民共和国公司法释义》（最新修正版），法律出版社 2013 年版，第 48 页。

(二)公司人格否认诉讼的被告

被告是公司股东。公司股东有消极股东与积极股东之分。消极股东是不参与公司经营管理的股东;积极股东是实际参与公司的经营管理或者能够对公司决策产生重大影响的股东。公司人格否认案件中的股东只能是积极股东。也就是说,是滥用公司法人独立地位和股东有限责任,逃避债务,严重损害公司债权人利益的股东。如果股东没有实施这些行为,就不能成为被告,不能让无辜的股东成为被告。但是,随着公司人格否认范围的扩大,姐妹公司或者兄弟公司也可能成为被告。

(三)公司人格否认诉讼中的公司地位

法院在审理公司人格否认纠纷案件时,应当根据不同情形确定当事人的诉讼地位。

1. 债权人对债务人公司享有的债权已经由生效裁判确认,其另行提起公司人格否认诉讼,请求股东对公司债务承担连带责任的,应列股东为被告,公司为第三人。之所以列公司为第三人,主要考虑到便于全面查清事实。因为公司是第一顺位的债务人,股东是否滥用公司人格独立地位和股东有限责任,公司较为清楚。

2. 债权人对债务人公司享有的债权提起诉讼的同时,一并提起公司人格否认诉讼,请求股东对公司债务承担连带责任的,列公司和股东为共同被告。从民事诉讼法的原理看,债权人与公司之间诉讼的争点是债权债务关系,而债权人与股东之间诉讼的争点是公司人格是否应当被否定的问题。从表面看,这两者涉及不同的法律问题,是两个不同的法律关系,属于不同性质的案件,不符合民事诉讼合并审理的条件。但从本质上看,允许债权人以债权债务关系起诉公司,同时一并以公司人格否认为由起诉股东对公司债务承担连带责任,有利于方便原告诉讼,也有利于提高诉讼效率。需要注意的是,虽然股东与公司可以成为共同被告,但是两者属于两个不同的案件,每个案件的构成要件都不相同,需要作出不同的诉讼判项。在判决主文中,应当将债权人对债务人公司所拥有的确定债权单独作为一个判项。在这判项之后,再判决股东对公司债务承担连带责任。

3. 债权人对债务人公司享有的债权尚未经生效裁判确认,直接提起公司人格否认诉讼,请求公司股东对公司债务承担连带责任的,人民法院应当向债权人释明,告知其追加公司为共同被告。债权人拒绝追加的,人民法院应当裁定驳回起诉。《九民纪要》第 13 条作出这样规定的基本理由是,公司人格否认案件是以公司债务确定且公司不能清偿为前提。如果公司能够清偿债务,就没有必要否定其人格,让股东对公司债务承担连带责任。如果债权人对公司债权没有经过生效法律文书确认,那么就可能出现公司不欠债权人债务的情况,或者公司自身可以偿还所负债务。在这两种情况下,债权人都没有必要提起公司人格否认之诉。所以,在债权未经生效法律文书确认的情况下,债权人直接提起公司人格否认诉讼,要求股东对公司债务承担连带责任,不符合《公司法》第 20 条第 3 款的规定。所以,债权人提起诉讼的,法院应当向债权人释明,追加公司为被告。债权人拒绝追加的,裁定驳回起诉。

四、公司人格否认的行为模式及其重构

(一)以资本显著不足为由否定公司人格

1. 资本显著不足

传统理论认为,资本显著不足是否定公司人格的常见形态。在美国,汤普森(Robert B. Thompson)教授曾经对美国各州近 2000 个案例

进行统计分析,列举了法院在审理这类案件时所提到的“揭开公司面纱”的理由竟然达到85项。其中,以资本显著不足(包括公司设立时的资本显著不足与设立后的显著不足)为由成功“揭开公司面纱”的比例高达73.3%。[①] 在公司法人人格否认制度引进中国后,公司资本显著不足成为否定公司人格的常见情形。[②]

什么是公司资本显著不足?有三种不同的观点。第一种观点是,资本显著不足仅仅是指公司成立时的资本显著不足。[③] 第二种观点是,既包括公司设立时的资本显著不足,也包括公司设立后的资本显著不足。公司成立时资本显著不足,是指在登记机关登记的股东实缴资本数额与公司经营所隐含的风险相比明显不匹配。公司设立后的资本显著不足,是指公司设立后在经营过程中,股东实际投入公司的资本数额与公司经营所隐含的风险相比明显不匹配。《九民纪要》的征求意见稿就是采取这种观点。第三种观点是,公司设立时不会发生资本显著不足,只存在设立后的资本显著不足。正式公布的《九民纪要》第12条采取的是第三种观点,放弃了前一种观点。

在审判实践中,以公司资本显著不足为由否定公司人格追究股东责任时,需要注意:第一,不匹配必须达到“明显”的程度。这是因为股东实际投入公司的资本数额与公司经营所隐含的风险相比的判断,主观性很强。只有达到一般人都认为是“明显”的不匹配程度,才能否定公司人格。第二,在判断是否明显不匹配时,还应当考虑持续时间。

---

① Robert B. Thompson, *Piercing the Corporate Veil: An Empirical Study*, 76 Cornell Law Review, p. 1044 – 1045 (1991).

② 参见蔡立东:《公司人格否认论》,载梁慧星主编:《民商法论丛》(第2卷),法律出版社1994年版;赵旭东主编:《公司法学》,高等教育出版社2012年版,第11页;施天涛:《公司法论》(第3版),法律出版社2014年版,第35页。

③ 参见赵旭东主编:《公司法学》,高等教育出版社2012年版,第11页;朱锦清:《公司法学》(上),清华大学出版社2017年版,第174页;[德]托马斯·莱塞尔、[德]吕迪格·法伊尔:《德国资合公司法》(第6版),高旭军等译,上海人民出版社2019年版,第611~612页。

只有“明显不匹配”的程度达到一定的持续时间，才能认为是公司股东故意为之。如果只是短期经营方面的原因，就不能否定公司人格。第三，公司主观过错明显。通常认为，股东利用较少资本从事力所不及的经营，表明其没有从事公司经营的诚意，实质是恶意利用公司独立人格和股东有限责任把投资风险转嫁给债权人。[①]

2. 资本显著不足在实践中的重大误解

从中国的司法实践看，以资本显著不足为由否定公司人格的情形存在重大误解。其实，所谓的“资本显著不足”并不是“真正的”资本显著不足。根据张素华教授筛选出的31份以资本显著不足为由否定公司人格的相关法律文书，除了“低于注册资本的法定低限额”外，法院认定资本显著不足的表现形式至少还有三种，即公司股东（或者发起人）未能依照公司章程充分履行出资义务、公司资本规模不合理，以及股东抽逃出资。[②]

但是，这三种情况都不是真正意义上的“资本显著不足”，分别讨论如下：

（1）公司股东未能依照公司章程充分履行出资义务而导致公司人格否认。我认为，在这种情况下，股东对债权人承担的责任是补充赔偿责任。对此，我国《公司法司法解释（三）》第13条第2款明确规定，公司债权人请求未履行或者未全面履行出资义务的股东在未出资本息范围内对公司债务不能清偿的部分承担补充赔偿责任的，人民法院应予支持。需要注意的是，未出资股东对债权人是在未出资本息范围内承担责任，仍然未脱离股东有限责任的范围，与法人人格否认时所承担的责任完全不同。

---

① 参见最高人民法院民事审判第二庭编著：《〈全国法院民商事审判工作会议纪要〉理解与适用》，人民法院出版社2019年版，第156页。

② 参见张素华、吴亦伟：《资本显著不足不应适用于公司法人人格否认》，载《中南大学学报（社会科学版）》2018年第1期。

(2)公司资本规模不合理[①]而导致的公司人格否认。但我认为,资本规模不合理,无关公司财产独立。其实,资本规模是否合理的预见义务应该由债权人来承担。一个理性的债权人与他人进行交易时,应当对交易相对人的资产情况以及偿债能力进行充分考虑,如果债权人预期交易相对人不能清偿债务,就不能与其进行交易。如果债权人仍然与之交易,就应当自己承担不能获得清偿的结果。例如,在中国银河投资管理有限公司与合肥非凡投资咨询有限责任公司、深圳市沃原投资咨询有限公司、深圳市莽原投资发展有限公司、罗雄华、马丽萍追偿权纠纷上诉案中,非凡公司的注册资本为 100 万元,开展经营上亿元规模的股票投资等业务。安徽省高级人民法院认为,合肥非凡投资咨询有限责任公司由深圳市沃原投资咨询有限公司和合肥金达利娱乐有限公司共同出资设立,出资已经到位,并通过验资,没有出资不实或不足的情形。而公司作为具有独立意志的经营实体,有权自主决定资金借贷规模及投向,故合肥非凡投资咨询有限责任公司借贷规模与注册资本额的大小不是否认其法人人格的依据。[②] 所以,资本规模不合理与公司责任不独立是两个不同的概念,不是导致法人人格否认的理由。

(3)股东抽逃出资而导致公司人格否认。但我认为,抽逃出资不应该纳入"法人人格否认"的范围进行裁判。公司人格否认与股东抽逃出资是两个不同的法律制度,分别由《公司法》第 20 条第 3 款与第 35 条进行规范。我国《公司法》第 35 条明确规定,公司成立后,股东不得抽逃出资。《公司法司法解释(三)》专门对股东抽逃出资作出规制,进一步细化抽逃出资的具体行为。该解释第 12 条列

① 公司资本规模不合理,包括"股东投入公司的股权资本与公司从债权人筹措的债权资本之间明显不成比例"以及"股东出资显著低于该公司从事的行业性质、经营规模、雇工规模和负债规模所要求的股权资本的情况"。参见张素华、吴亦伟:《资本显著不足不应适用于公司法人人格否认》,载《中南大学学报(社会科学版)》2018 年第 1 期。

② 安徽省高级人民法院民事判决书,(2011)皖民二终字第 00111 号。

举了抽逃出资行为的四种主要情形,即制作虚假财务会计报表虚增利润进行分配,通过虚构债权债务关系将其出资转出,利用关联交易将出资转出,以及其他未经法定程序将出资抽回的行为。与此同时,该解释第14条第2款对抽逃出资股东的法律责任作出规定,公司债权人请求抽逃出资的股东在抽逃出资本息范围内对公司债务不能清偿的部分承担补充赔偿责任、协助抽逃出资的其他股东、董事、高级管理人员或者实际控制人对此承担连带责任的,人民法院应予支持。例如,在申请再审人源润控股集团股份有限公司与被申请人上海浦东发展银行股份有限公司天津分行等借款合同纠纷案①中,最高人民法院认为,源润公司先将5000万元存入通泰公司账户,在相关会计师事务所出具验资报告后于3日内又直接或间接地全部收回。该种将资金转入公司账户验资后又转出的行为,损害公司和债权人利益,为抽逃出资行为,应承担相应责任。可见,抽逃出资行为与法人人格否认之间没有必然关系,属于两种不同的法律制度,应该适用不同的法律条款。

(二)以人格混同为由否定公司人格

1. 人格混同的判断基准

人格混同是导致否定公司人格的常见事由。那么,如何认定公司人格与股东人格是否存在混同呢?公司人格与股东人格是否存在混同,最根本的判断标准是公司是否具有独立意思和独立财产。这是因为公司作为营利性法人,是独立的民商事主体,具有独立于股东的意思,以及独立于股东的财产。如果公司不具有独立于股东的意思,就意味着其已经形骸化。公司作为独立的民事主体,必须拥有自己的财产。如果没有独立的财产,就无法独立承担责任。

---

① 最高人民法院民事判决书,(2011)民提字第89号。

2. 人格混同的判断因素

公司人格与股东人格是否混同主要是从独立意思与独立财产进行判断的。在公司人格否认的案件中,认定人格混同时考虑的主要因素为:

其一,财产混同。

公司人格与股东人格混同,最主要的表现是公司的财产与股东的财产混同且无法区分。《九民纪要》第 10 条明确规定,在认定是否构成人格混同时,应当综合考虑以下因素:

(1)股东无偿使用公司资金或者财产,不作财务记载的。股东出资成立公司后,其出资的财产就转化为公司的财产,相应的财产权利归属于公司,公司财产独立于股东。股东无偿使用公司财产或者资金,不作财务记载的,是认定公司与股东人格混同的重要因素。该纪要征求意见过程中,有人建议删除"不作财务记载"的表述。但纪要制定者认为,如果公司作了财务记载,那么就证明股东与公司之间的法律关系是借贷或者借用,而法律并不禁止股东与公司之间的借贷或者借用活动。在作出财务记载的情况下,恰恰是证明股东与公司之间是两个独立的主体。所以,该建议没有被采纳。[①]

我认为,应该删除"不作财务记载"的表述。这是因为股东无偿使用公司资金或者财产就可能构成人格混同,不管其是否作出财务记载。所谓的财务记载恰恰能够证明股东与公司之间互相独立的观点,是对法人人格否认的误解。法人人格否认的实质恰恰就是"名实不分"或者"有名无实",需要对股东与公司之间的关系作实质审查,破除股东借用公司之名(或者形式)来损害债权人利益。凡是无偿使用公司财产或者资金的,不论该财产或者资金记载于谁的名下,都有可能发生法人人格否认。所以,应该删除"不作财务记载"的表述。

---

① 参见最高人民法院民事审判第二庭编著:《〈全国法院民商事审判工作会议纪要〉理解与适用》,人民法院出版社 2019 年版,第 150 页。

(2)股东用公司的资金偿还股东的债务,或者将公司的资金供关联公司无偿使用,不作财务记载的。与第1项规定不同,本项规定不是本人使用,而是偿还股东自己的债务,或者供股东的关联公司使用。两者表现形式不同,但实质相同。同理,也应该删除"不作财务记载"的表述。

(3)公司账簿与股东账簿不分,致使公司财产与股东财产无法区分的。这种情况表明,公司没有独立的财产,也没有独立的意志,是公司形骸化的表现。

(4)股东自身收益与公司盈利不加区分,致使双方利益不清的。这种情况会导致公司财产与股东财产无法区分,使公司成为股东赚钱的工具,是公司没有独立财产,没有独立意志的表现。

(5)公司的财产记载于股东名下,由股东占有、使用的。《九民纪要》制定者提供的典型例子是,公司出钱购买车辆或者房屋,登记于股东名下,由股东占有、使用,应否定公司人格。[①] 不过在这一例子中,仅仅就这一事实能否被认定为公司人格否认,值得怀疑。

需要指出的是,这一规定与"股东无偿使用公司资金或者财产,不作财务记载的"是重复的。前述"(1)股东无偿使用公司资金或者财产,不作财务记载的",指的是"公司"不作财务记载。虽然公司不作财务记载,但是"股东"有可能作出财务记载。换言之,前例中公司的这些财产记载于股东名下由股东占有、使用。所以,应当删除第5项规定。

(6)人格混同的其他情形。这是常见的兜底条款,是为避免出现以上五种人格混同的常见情形之外,可能出现的其他情形。

其二,其他混同因素。

财产混同是人格混同的主要表现。但在出现人格混同时,往往会

---

① 参见最高人民法院民事审判第二庭编著:《〈全国法院民商事审判工作会议纪要〉理解与适用》,人民法院出版社2019年版,第150页。

同时出现以下混同现象:公司业务和股东业务混同;公司员工与股东员工混同,特别是财务人员混同;公司住所与股东住所混同。人格混同的多因素叠加现象,在其他国家的法人人格否认中同样存在。例如,在美国,“刺破公司面纱”的考虑因素很多,各州有不同的因素清单,清单长短不一。综观各州清单,以下因素似乎是共同之选:(1)资本不足;(2)没有遵守各州公司的形式要件;(3)公司被完全控制或者支配,以至于没有自己的独立身份;(4)一个商业体被过度地分拆为很多公司;(5)与属于股东的资产混同;(6)公司与股东的银行账户和会计记录没有分开;(7)没有定期举行股东(大)会或者董事会会议;(8)利用公司形式从事欺诈和其他不合法、不正义的行为。① 总之,人格混同是对多种行为的整体描述,而不是对单一行为的描述。

3. 适用人格混同的注意事项

(1)人格混同是各种因素的综合性认定,核心因素相同,但其他因素在具体案件中可以适度加以增减。换言之,法院在审理案件时,关键要审查财产混同是否构成人格混同,而不要求同时具备其他方面的混同,其他方面的混同往往只是人格混同的补强。

(2)人格混同所指向的是“整体性状态”,而不是某一具体的“单一行为”。例如,在上海第一屋百货礼品有限公司等与董某某债权人利益责任纠纷上诉案中,法院明确指出,公司股东只有与公司在财产、业务、人员或者场所存在广泛的、持续的混同,才能认定股东与公司人格高度混同。② 相反,如果只是一次性的股东干预公司的行为,不能被认定为滥用。例如,公司欠债权人5000万元债务,公司控制股东从公司无偿拿走500万元,公司没有做财务记载,而且仅此一笔。那么,是否应该否定公司法人人格,让控制股东对公司的5000万元

① 参见黄辉:《现代公司法比较研究——国际经验及对中国的启示》,清华大学出版社2011年版,第113页。

② 参见上海市第二中级人民法院民事判决书,(2012)沪二中民四(商)终字第910号。

债务承担连带责任呢？对此，不能否定公司人格，不应该适用《公司法》第 20 条第 3 款的规定，而应该适用其他法律规定来追究控制股东的责任。

(三)以过度支配与控制为由否定公司人格

1. 过度支配与控制中的纵向否认

纵向的过度支配与控制，是指公司控制股东对公司过度支配与控制，操纵公司的决策过程，使公司完全丧失独立性，沦为控制股东的工具或躯壳，严重损害公司债权人利益的情形，应当否认公司人格，由滥用控制权的股东对公司债务承担连带责任。[①] 如果公司被某一股东控制，就不再具有独立意思，其所谓的公司形式就沦为控制股东的工具。相应地，其财产独立难以实现，将严重损害债权人利益，需要否定公司人格。

《九民纪要》第 11 条将股东过度支配与控制公司的常见情形列举为：

(1)母子公司之间或者子公司之间进行利益输送的。这里的"子公司"，是指母公司的全资子公司或者母公司的控股公司。这里的"输送利益"，是指利益输送没有合同依据，之所以要输送利益，纯粹是因为某一股东滥用公司控制权的结果。既然母子公司之间或者子公司之间互相输送利益，表明无论是母公司还是子公司，都没有独立的意思，也没有独立的财产，所以应当否定母公司和子公司的人格，让滥用控制权的股东对母公司或者子公司的债务承担连带责任。[②]

(2)母子公司或者子公司之间进行交易，收益归一方，损失却由另一方承担的。公司之间的收益或者损失本应按照交易规则由相应各

---

① 参见《九民纪要》第 11 条第 1 款。

② 参见最高人民法院民事审判第二庭编著：《〈全国法院民商事审判工作会议纪要〉理解与适用》，人民法院出版社 2019 年版，第 151 页。

方按照实际情况来享有或者承担。如果某一公司的控制股东为防止损失,按照其意愿在母子公司之间或者子公司之间任意分配收益或者损失,让收益永远归属于一方,让损失永远归属于另一方。在这种安排下,损失接收公司是没有独立人格的,也没有独立财产来承担责任。这对于损失接收公司的债权人是极为不利的。为此,需要否定损失接收公司的独立人格,让滥用控制权的股东对母公司或者子公司债务承担连带责任。

(3)先从原公司抽走资金,然后再成立经营目的相同或者类似的公司,逃避原公司债务的。这是常见的“金蝉脱壳”。之所以能够发生这种情况,是因为原公司的某一控制股东滥用公司控制权。为此,该控制股东应该对债权人承担连带责任。

存在的疑问是,新设公司是否要承担连带责任?我认为,《九民纪要》对这类行为的描述并不明确。如果新公司是控制股东所设,为原公司的另一个自我,实际为同一公司,其与原公司为兄弟公司,可能构成横向的公司人格否认,需要对原公司的债权人承担连带责任。如果新公司为原公司所设,是原公司的另一个自我,则可能构成逆向的公司人格否认,需要对原公司债权人承担连带责任。

(4)先解散公司,再以原公司场所、设备、人员及相同或者相似的经营目的另设公司,逃避原公司债务的。这也是常见的“金蝉脱壳”。需要注意的是,这里的解散是不规范的,没有经过清算程序。[①] 这种滥用公司控制权的行为直接损害债权人利益,控制股东应该对公司债务承担连带责任。同样,该新设公司也可能需要对原公司债权人承担连带责任。

(5)过度支配与控制的其他情形。这是兜底条款,防止遗漏所列举行为之外的其他过度支配与控制行为。

---

① 参见最高人民法院民事审判第二庭编著:《〈全国法院民商事审判工作会议纪要〉理解与适用》,人民法院出版社 2019 年版,第 153 页。

2. 过度支配与控制中的横向否认

横向的过度支配与控制，是指控制股东或实际控制人控制多个子公司或者关联公司，滥用控制权使多个子公司或者关联公司财产边界不清、财务混同，利益相互输送，丧失人格独立性，沦为控制股东逃避债务、非法经营，甚至违法犯罪工具的，可以综合案件事实，否认子公司或者关联公司法人人格，判令承担连带责任。[①]

横向的公司人格否认不同于传统的公司人格否认。传统的公司人格否认是纵向的人格否认。其通过否定公司的人格，否定股东以其认缴的出资额为限对公司承担有限责任，而让股东对公司债务承担连带责任。《公司法》第 20 条第 3 款规定的就是传统的纵向人格否认。相反，横向的人格否认不是否定公司股东的有限责任，而是对控制股东控制下的子公司或者关联公司互相否定人格，互相承担连带责任。这种类型的公司人格否认，我国《公司法》并没有规定。但实践中，这种形式的公司人格混同经常出现。例如，在中国信达资产管理公司成都办事处与四川泰来装饰工程有限公司等上诉案[②]中，最高人民法院认为，"装饰公司、房屋公司、娱乐公司股权关系交叉，均为关联公司，实际均为沈氏公司出资设立，沈华源作为公司的董事长，同时身兼三公司的法定代表人，其利用对三公司的控制权，将装饰公司贷款大量投入娱乐公司中国酒城项目……致使贷款人也无法区分三者间的人员及财产。装饰公司、房屋公司、娱乐公司还存在同一地址办公、联系电话相同、财务管理人员在一段时期内相同的情况。上述事实表明，装饰公司、房屋公司、娱乐公司表面上是彼此独立的公司，但各公司之间已实际构成了人格混同。其行为，违背了法人制度设立的宗旨，违反了诚实信用和公平原则，损害了债权人利益。因此，原审法院判令装饰公司的债务应由娱乐公司和房屋公司承担连带清偿责任并无不

① 《九民纪要》第 11 条第 2 款。

② 最高人民法院民事判决书，(2008)民二终字第 55 号。

当”。可见,横向的公司人格否认的本质与纵向的公司人格否认是完全一致的,都是滥用公司人格,对公司正义的侵害,应该加以规制。为此,《九民纪要》对这种类型的公司人格否认作出规范,以指导司法裁判,统一裁判尺度。

3. 不能认定为过度控制的行为

过度支配与控制经常发生在母子公司之间或者子公司之间,导致否定公司人格。但是,母公司对子公司的控制程度,严重者为事无巨细的日常控制,宽松者则体现为子公司的真正独立。在这两个极端之间,控制的程度各不相同。母公司制定经营指引并要求子公司一体遵循,并不必然使母公司成为子公司的影子董事。① 通常下列行为是公司集团内部的正常行为,不能否定公司人格:(1)一家公司拥有另一家公司的多数或者全部股份。单纯的持股并不构成“刺破公司面纱”。这是公司的正常投资活动。(2)公司之间具有共同的董事或者高级管理人员。单纯的人事连锁不构成“刺破公司面纱”。这是企业集团正常的经营手段。(3)公司合并财务或者税务报表。(4)母公司维持中央现金管理。这是正常的,但需要谨慎地保持分开记账,并且一旦发生经营需要,子公司可以随时取得现金。(5)母公司为所有的子公司提供中央会计和法律服务,并公平合理地或者按照比例收取费用。(6)母子公司具有共同的办公室或者在一起办公,只要这种安排是合理的,并保持着独立的身份,如独立签字等。(7)子公司的董事会成员由母公司指派的人构成,并且听从母公司的指示。这是正常的,只要母公司在具体的经营管理上没有控制子公司的运作。②

---

① 参见[英]保罗·戴维斯、[英]莎拉·沃辛顿:《现代公司法原理》,罗培新等译,法律出版社2016年版,第228页。

② 参见施天涛:《公司法论》(第3版),法律出版社2014年版,第40~41页。

(四)公司人格否认行为模式的重构:资产显著不足 + X

1. 对仅以资本显著不足为由否定公司人格的质疑

公司资本显著不足作为否定公司人格的常见事由成为通说后,在我国的司法实践中,也相应地将其作为公司法人人格否认的当然事由。张素华教授做过统计分析,截至 2016 年 12 月 31 日,在中国裁判文书网上以“公司人格否认”为检索词共获得 235 份裁判文书,以“资本显著不足”为检索词可获得其中的 63 份,剔除不相关的案例,以“资本显著不足”为由适用公司法人人格否认制度的裁判文书合计 39 份,占比 16.6%。其中,有 31 份裁判文书是在承认“资本显著不足是公司法人人格否认的当然事由”这一大前提下作出的,比例高达 79.5%。①

但是,仅以资本显著不足为由否定公司人格是不妥当的。理由如下:

第一,这是由公司人格否认的本质决定的。公司人格否认的实质是对有限责任公司或者股份有限公司独立人格的否认,从而否认其独立责任并追究股东对公司债务的连带责任。相反,公司资本显著不足本身并不证明公司人格独立的丧失,也不表明股东对公司独立人格和股东有限责任的滥用。

第二,公司资本多寡不是否定公司人格的理由,否定公司人格的基本理由在于其公司财产独立性的丧失。我国理论界与实务界长期以来的观念是,公司的注册资本是对债权人最低限度的担保。与此相关,形成的错觉是公司能否独立承担责任取决于资本的多寡。公司成立时出资多少是股东之间的约定,是股东(公司)自治的产物。2013 年《公司法》修正后,废除了最低资本额的要求,进一步说明资本多少与公司经营效果之间不存在必然的联系,不一定会损害债权人利益。

---

① 参见张素华、吴亦伟:《资本显著不足不应适用于公司法人人格否认》,载《中南大学学报(社会科学版)》2018 年第 1 期。

例如,在捷佳贸易有限公司与汕头市广大轻工材料有限公司、林木喜借款合同纠纷再审案中,最高人民法院认为,虽然汕头市广大轻工材料有限公司存在注册资本低于其从事的交易数额以及多次更名等行为,但是上述行为均不违反法律规定,不能由此认定汕头市广大轻工材料有限公司及其股东存在欺诈进而否定汕头市广大轻工材料有限公司的法人人格并追究其股东责任。[①] 从这一案例可以看出,公司财产的独立才是最重要的,一旦公司财产的独立性遭到破坏,其责任财产就会不当减少,从而损害债权人利益。所以,只有发生公司财产与股东财产混同等情形时,公司财产的独立性才会丧失。

第三,从公司人格否认在国外的形成与发展情况看,仅仅以资本显著不足难以否定公司人格。在公司人格否认制度发源地的美国,法院很少单独以资本显著不足为由揭开公司面纱。[②] 例如,在 Consumer's Co-op of Walworth County v. Olsen 案[③]中,法官认为,"资本显著不足虽然很重要,但是并不是揭开公司面纱的充分理由。为了揭开公司面纱,除了资本显著不足外,还需要有未能遵循公司形式的证据或者其他能够充分表明控制的证据"。另外,在大陆法系的德国,长期以来学界至少在极端的案件中要求对出资不足,即相较于公司的经营规模,公司自有资金太少,承担直索责任。[④] 但是,负责公司法案件审理的联邦最高法院第二民事裁判庭起初对此问题不置可否。在新近的判例中,该庭明确否定了公司法上由于出资不足而导致的直索责任,而是

---

① 参见最高人民法院民事裁定书,(2011)民申字第 1220 号。

② 参见朱慈蕴:《公司法人格否认法理研究》,法律出版社 1998 年版,第 141 页。

③ Consumer's Co-op of Walworth County v. Olsen, 142 Wis. 2d 465, 419 N. W. 2d 211, 215 (1988).

④ 参见[德]托马斯·莱塞尔、[德]吕迪格·法伊尔:《德国资合公司法》(第 6 版),高旭军等译,上海人民出版社 2019 年版,第 611 页。

依据《德国民法典》第826条[①]、第830条[②]的规定对相关案件进行裁判。特别是2008年4月作出的Gamma案的判决是引领性判决。在该案中,德国联邦最高法院认为,《德国有限责任公司法》并没有规定股东超出法定最低初始资本金之外向公司提供其经营目的所需要的资金的义务;且不承认违反该义务的情况下导致基于出资不足的直索责任。[③] 有人还指出,通过对《德国有限责任公司法》第13条第2款[④]进行限缩解释从而推导出因出资不足而导致直索责任是不可能的。[⑤]可以说,仅以出资不足为由否定公司人格是不妥当的。

公司责任的独立性取决于资产的独立性而非资本的多寡,不能将资本显著不足作为公司法人人格否认的典型形态。其实,早在2004年,我国王保树教授并没有将资本显著不足视为法人人格否认的情形。他主编的《中国公司法修改草案建议稿》第23条第3款规定,公司股东滥用公司法人人格与股东有限责任,使公司法人人格与股东人格混同,或将公司用于非法目的的,应对公司的债务承担连带责任。可见,这里并不包括"资本显著不足"的情形,仅将法人人格否认限制在法人人格与股东人格混同、将公司用于非法目的两种情形。[⑥] 总之,

---

① 《德国民法典》第826条规定,以违反善良风俗的方式故意加损害于他人的人,有义务向该他人破产损害。参见《德国民法典》(第4版),陈卫佐译,法律出版社2015年版,第318页。

② 《德国民法典》第830条规定,二人以上以共同实施的侵权行为引起损害的,每一个人对损害负责任。不能查明两个以上参与人中孰以其行为引起损害的,亦同。教唆人和辅助人,与共同行为人相同。参见《德国民法典》(第4版),陈卫佐译,法律出版社2015年版,第318页。

③ 参见[德]托马斯·莱塞尔、[德]吕迪格·法伊尔:《德国资合公司法》(第6版),高旭军等译,上海人民出版社2019年版,第612~613页。

④ 《德国有限责任公司法》第13条第2款规定,对于公司债务,只以公司财产对公司债权人负责。参见《德国商事公司法》,胡晓静、杨代雄译,法律出版社2014年版,第32页。

⑤ 参见[德]托马斯·莱塞尔、[德]吕迪格·法伊尔:《德国资合公司法》(第6版),高旭军等译,上海人民出版社2019年版,第613页。

⑥ 参见王保树主编:《中国公司法修改草案建议稿》,社会科学文献出版社2004年版,第119~121页。

不能将资本显著不足作为否定公司人格的典型形态。

2. 不能仅以人格混同或者过度控制为由否定公司人格

债权人对公司要进行人格否认,是因为其债权受到严重损害,无法获得清偿。相反,如果股东与公司之间存在人格混同,或者股东对公司存在过度支配与控制,但是公司拥有足够的资产,债权人的债权可以获得清偿,那么就不需要采取"否定公司人格"的方式了。所以,仅以人格混同或过度支配为由提起否认公司人格诉讼的,不应该获得支持。

3. 公司人格否认行为模式的重述:资产显著不足 + X

我国理论界与实务界将资产不足、人格混同与过度控制并列,作为三种常见的否定公司人格的情形并不妥当。在这方面,作为《九民纪要》发布者的最高人民法院的态度是矛盾的。一方面,该纪要第12条明确指出,由于资本显著不足的判断标准有很大的模糊性,特别是要与公司采取"以小博大"的正常经营方式相区分,因此在适用时要十分谨慎,应当与其他因素结合起来综合判断。另一方面,该院认为,在资本显著不足的场合,很可能同时出现"人格混同""过度支配与控制"。在审判时,要看具体案件与否定公司人格的三种典型情形哪一种更吻合,用最相近的情形处理。[①] 在这里,最高人民法院认为三种典型形态是相互独立的,应选择某一种典型形态在审判中加以说理。最高人民法院的"选择论"是不合适的。

我认为,公司人格否认适用模式应该表述为"资产显著不足 + X"模式。基于公司人格否认的根本特性,资产显著不足是适用公司人格否认的前提。只有资产显著不足,才有适用公司人格否认的空间。但是,不能仅仅以资产显著不足为由就否定公司人格。资产显著不足之外,还需要加上人格混同或者过度支配与控制等其他因素,即"资产显

① 参见最高人民法院民事审判第二庭编著:《〈全国法院民商事审判工作会议纪要〉理解与适用》,人民法院出版社2019年版,第157页。

著不足+人格混同/过度控制”[1],才能否定公司人格。

比较有意思的是,德国有人认为,法院在出资不足的构成要件外还需要故意以及违反善良风俗的要件。[2] 对此,其认可出资不足不能单独作为裁判公司人格否认的理由,需要与其他相结合的观点是妥当的。但是,将“其他因素”指向故意与违反善良风俗是不值得借鉴的。这是因为,我们所说的出资不足与其他情形相结合中的“其他因素”,指的是人格混同、过度支配与控制等情形,是从滥用公司人格的客观方面来说的。相反,法人人格否认中的“故意与违反善良风俗”是从主观方面来说的,是与客观方面并列的另一构成要件。总之,我认为资本显著不足本身不能构成否定公司人格的典型情形,必须要与其他情形(如人格混同)相结合才能否定公司人格。

五、股东对公司债务承担连带责任抑或补充赔偿责任

我国《公司法》第20条第3款明确规定公司人格否认的法律效果是股东应当对公司债务承担连带责任,但是理论界与实务界对此处的“连带责任”存在三种不同的观点。第一种观点认为,连带责任是指股东与公司之间存在共同的连带责任,据此债权人可以选择向公司与股东之间的任何一人提起清偿之诉,而且任何被诉者必须清偿公司的全部债务。第二种观点认为,这里的连带责任仅仅是指股东必须对公司债务承担无限清偿责任,即所谓的“无限责任说”。第三种观点认为,这里的股东仅在对公司造成不利的范围内对债权人承担补偿责任,即

---

① 需要注意的是,在股东新设公司逃避约定义务或者法定义务的场合,该表述可能需要调整为“违反约定或法定义务+X”模式。

② 参见[德]托马斯·莱塞尔、[德]吕迪格·法伊尔:《德国资合公司法》(第6版),高旭军等译,上海人民出版社2019年版,第614页。

所谓的"补偿责任说"。[①] 对这三种不同的观点,应该从三个层面来回答。

(一)连带责任的解释没有太多空间

1. 从文义解释看,我国《公司法》第 20 条第 3 款关于股东对公司债务承担连带责任的规定是非常明确的。成文法上的文字及其蕴含的文义是任何解释的"起点",这是由适用法律的本质决定的。立法者是通过使用法律条文来传递其信息的。在很多场合,法律条文的文义可能是模糊的或者多义的,但《公司法》第 20 条第 3 款的规定是非常清晰的。连带责任的内涵也是清晰的,是指二人以上依法承担连带责任的,权利人有权请求部分或者全部连带责任人承担责任。[②] 连带责任在法律上有明确而固定的含义与内容,无须过多的解释。

2. 从立法历史看,立法者采取连带责任的态度是有据可查的。立法解释(历史解释),是指探求立法者或者准立法者于制定法律时所作的价值判断及其所欲实现的目的,以探知立法者的意思的解释方法。[③] 2005 年修订《公司法》引进法人人格否认制度时,关于如何追究股东的责任,有三种不同观点:第一种观点认为,应当直接追究股东的责任;第二种观点认为,应当先追究公司责任,股东承担补充清偿责任;第三种观点认为,基于公司已经失去法人人格的现实,应当追究公司与股东的共同责任。最后,我国公司法采用了第三种观点,规定股东对公司债务承担连带责任。[④] 而且,我国《民法总则》第 83 条第 2 款仍然规定营利法人的出资人对法人债务承担连带责任。其立法理由完

---

① 参见朱慈蕴:《公司法人格否认制度理论与实践》,人民法院出版社 2009 年版,第 164 ~ 165 页。

② 我国《民法典》第 178 条第 1 款。

③ 参见梁慧星:《民法解释学》,中国政法大学出版社 1995 年版,第 219 页。

④ 参见桂敏杰、安建主编:《新公司法条文解析》,人民法院出版社 2006 年版,第 53 ~ 54 页。

全照搬公司法的立法理由。[①] 2020 年的《民法典》也没有变动。可见，即使在多年后，立法者也无意改变股东连带责任的规范。

3. 从司法实践看，法院对股东承担连带责任的判决也是常态。例如，2009 年实施的上海市高级人民法院民事审判第二庭《关于审理公司法人人格否认案件的若干意见》第 13 条规定，法院经审理认为公司法人人格应予否认的，由股东对公司债务承担连带责任。股东以债权人先行起诉公司，其仅就公司不能清偿部分承担补充责任为由提出抗辩的，法院不予支持。可见，在连带责任与补充责任之间，法院是明确选择连带责任的。

总之，我国《公司法》第 20 条第 3 款关于股东对公司债务承担连带责任的内容是清晰的，对连带责任作出不同于《民法典》规定的解读是不可取的。

(二) 股东对公司债务承担连带责任并不合理

虽然《公司法》第 20 条第 3 款的内涵是清晰的，但是该款关于连带责任的规定是不妥当的，具体理由如下。

1. 股东对公司债务不应承担连带责任

在法人人格否认的场合，股东与公司原本是独立的民事主体，往往是债权人无法从公司获得清偿，转而向股东请求承担责任。在对公司债务的清偿顺序上，是存在顺位的。这种清偿顺位的责任形态与连带责任是存在显著区别的。什么是连带责任呢？我国《民法典》第 178 条第 1 款规定，二人以上依法承担连带责任的，权利人有权请求部分或者全部连带责任人承担责任。连带责任的主要特征为：(1) 连带责任是法定责任，连带责任之间不能约定改变责任的性质，对于内部责任份额的约定不发生对外效力。(2) 连带责任对外是一个整体的责

---

① 参见李适时主编：《中华人民共和国民法总则释义》，法律出版社 2017 年版，第 251 页。

任,每一主体都需要对受损人承担全部责任。被请求承担全部责任的主体,不得因自己的过错程度而只承担自己的相应责任。(3)连带责任赋予受损人更多的选择权,他可以请求一个或者数个连带责任人承担全部或者部分责任。可见,连带责任的固有特征与股东在法人人格否认时对债权人承担责任的方式并不符合。

2. 股东对公司承担的责任形式应为补充赔偿责任

什么是补充责任？补充责任是指在责任人的财产不足以承担其应负的民事责任时,由相关的人对不足部分予以补充的责任。①

我国关于补充责任的立法起源于1995年《担保法》第17条关于一般保证的法律规定。该法第17条第1、2款规定,当事人在保证合同中约定,债务人不能履行债务时,由保证人承担保证责任的,为一般保证。一般保证的保证人在主合同纠纷未经审判或者仲裁,并就债务人财产依法强制执行仍不能履行债务前,对债权人可以拒绝承担保证责任。② 此后,最高人民法院陆续颁布了许多涉及补充责任的司法解释。1997年《最高人民法院关于审理存单纠纷案件的若干规定》第8条第2款对金融机构的补充赔偿责任作了规定。2003年12月《最高人民法院关于审理人身损害赔偿案件适用法律若干问题的解释》第6条规定了安全保障义务人的补充赔偿责任,第7条规定了学校、幼儿园等教育机构的补充赔偿责任。2007年6月《最高人民法院关于审理涉及会计师事务所在审计业务活动中民事侵权赔偿案件的若干规定》第10条规定了会计师事务所的补充赔偿责任。2009年《侵权责任法》第37条与第40条延续了这些规定,并在第34条规定了劳务派遣单位的补充责任。这样,我国已经形成了较为广泛的补充责任规范。从立法资料可以看出,这些补充责任的法律规范是立法者有意为之,

① 魏振瀛主编:《民法》,高等教育出版社2000年版,第48页。

② 《担保法》关于一般保证的补充责任的规定在《民法典》中得到沿用,《民法典》第687条有相同规定。

并非无心插柳。例如，《侵权责任法》的立法者清晰地认为，补充责任是我国特有的法律制度，国外无论是成文法还是判例中都没有这一制度。[①] 可见，我国立法者引入补充责任对某些特殊行为加以规范的思路是一贯的、明确的。

补充赔偿责任的本质特征在于责任顺位性。它是一种与连带责任、按份责任相对应的新型责任。[②] 补充责任的顺位补充性使其根本不同于连带责任。这可以从一般保证与连带保证的对比中看出来。在保证方式中，存在一般保证与连带保证之区分。根据 1995 年《担保法》第 17 条第 2 款的规定，一般保证的保证人在主合同纠纷未经审判或者仲裁，并就债务人财产依法强制执行仍不能履行债务前，对债权人可以拒绝承担保证责任。[③] 而该法第 18 条第 2 款规定，连带责任保证的债务人在主合同规定的债务履行期届满没有履行债务的，债权人可以要求债务人履行债务，也可以要求保证人在其保证范围内承担保证责任。[④] 可见，两种保证方式的根本区别在于责任承担的顺位性。由此推知，补充责任与连带责任的根本区别也在于责任承担的顺位性。在司法实践中，法院对连带责任与补充责任的区别也是非常清晰

---

① 参见全国人大常委会法制工作委员会民法室编：《侵权责任法立法背景与观点全集》，法律出版社 2010 年版，第 669 页。

② 参见张新宝：《我国侵权责任法中的补充责任》，载《法学杂志》2010 年第 6 期；张景良、黄砚丽：《关于侵权补充责任形态的若干思考》，载《人民司法·应用》2012 年第 15 期；梁上上：《未出资股东对公司债权人的补充赔偿责任》，载《中外法学》2015 年第 3 期。

但是有人认为，补充责任是不真正连带责任的一种特殊情形（参见杨立新：《侵权行为法》，复旦大学出版社 2005 年版，第 230 页；陈现杰主编：《中华人民共和国侵权责任法条文精义与案例解析》，中国法制出版社 2010 年版，第 130 页）。我认为，这种观点并不可取。典型的不真正连带责任是财产保险中的保险人、造成保险事故的第三人对被保险人承担的责任。其实，不真正连带责任的实质是就单一法益而发生的对数个不同的债务人之请求权。由于不真正连带责任这一概念存在难以界定的困难，本身面临巨大的存在危机（参见史尚宽：《债法总论》，中国政法大学出版社 2000 年版，第 672 页），借用不当概念去解释一个全新概念是不妥的。所以，应该认可补充责任是一种的独立责任形态，使其与连带责任、按份责任相并列。

③ 《民法典》第 687 条第 2 款延续了 1995 年《担保法》第 17 条第 2 款。

④ 《民法典》第 688 条第 2 款延续了 1995 年《担保法》第 18 条第 2 款。

的。例如,在申请再审人源润控股集团股份有限公司与被申请人上海浦东发展银行股份有限公司天津分行等借款合同纠纷案[①]中,最高人民法院认为,股东源润公司抽逃出资,减少公司资本,损害公司和债权人利益,应当在其抽逃范围内对公司债务不能清偿部分承担补充赔偿责任。浦发银行在提起本案诉讼时请求判令源润公司承担连带偿还责任。原审判决判令源润公司对通泰公司债务承担的补充给付责任与连带偿还责任相比,补充赔偿责任的承担人享有在对主债务人进行强制执行之前拒绝承担责任的抗辩权,故其责任轻于连带偿还责任,故原审判决事项并未超出原告请求范围。总之,补充责任与连带责任的根本区别在于责任承担的顺位性。

在法人人格否认的场合,股东对公司债务承担补充赔偿责任,是由两方面因素来塑造的。一方面,是由公司法人人格否认的本质特征决定的;另一方面,是由补充责任的固有特性决定的。具体而言,股东对公司债权人承担的赔偿责任的特性是:(1)责任的例外性。就责任产生的原因而言,债权债务关系原本发生于公司与债权人之间,本来不涉及股东的责任。只有当股东滥用公司法人人格损害债权人利益时,为保护债权人才使该滥权股东承担责任。这种责任承担方式已经突破了公司自己责任的原则,是基于某种特殊的利益衡量使滥权股东负有特别责任。(2)责任的补充性。就责任承担的顺序而言,公司是真正的债务人,处于第一顺位,而股东处于补充的位置。这意味着债权人只有在公司不能清偿其债务时,才能就不能清偿的部分向滥用公司法人人格的股东承担赔偿责任。(3)责任的无限性。根据《公司法》第3条第2款的规定,股东以其认缴的出资额为限对公司承担缴纳出资的责任。但是,当股东因为滥用公司人格而承担责任时,并不以其认缴的出资额为限承担责任,而是承担无限责任。

---

① 最高人民法院民事判决书,(2011)民提字第89号。

总之，连带责任与补充责任是两种性质不同的责任形态，不能混同。

3. "不能清偿债务"与破产程序的关系

有人认为，"失去清偿能力"是适用法人人格否认的前置程序。① 由于"失去清偿能力"是破产法中通用的概念，所以导致两种不同的观点。一种观点认为，只有在破产程序中才能启动公司人格否认；②另一种观点认为，只要符合法人人格否认的要件就可以启动公司人格否认。③

我认为，只有在破产程序中才能启动公司法人人格否认的观点是不妥当的。这是因为：

(1)《公司法》第20条第3款没有规定，提起公司法人人格否认之诉必须要在破产的场合才能适用。

(2)这是公司法人人格否认的本质决定的。在公司法人人格否认的场合，要求股东对公司债权人承担直接的清偿责任，并不以否定公司法人资格为前提，这意味着在公司依然享有法人资格的情况下，剥夺的仅仅是股东有限责任的特权，要求他们对公司债务承担无限清偿责任。

(3)公司不能清偿到期债务时，债权人可以提起破产申请，也可以提起法人人格否认之诉。根据《企业破产法》第7条第2款的规定，债务人不能清偿到期债务，债权人可以向人民法院提出对债务人进行重整或者破产清算的申请。根据《公司法》第20条第3款的规定，债权人也可以选择提起法人人格否认之诉。至于选择哪一种方式保护自己的权利，由债权人自己决定，属于其意思自治的范畴。当然，选择的结果会导致债权人获得清偿的效果是不同的。在破产清算的场合，全

---

① 参见高旭军：《我国公司人格否认制度适用研究：以与德国比较为视角》，法律出版社2014年版，第155页。

② 参见高旭军：《我国公司人格否认制度适用研究：以与德国比较为视角》，法律出版社2014年版，第160页。

③ 参见石少侠：《公司人格否认制度的司法适用》，载《当代法学》2006年第5期。

体债权人之间平等受偿。但在法人人格否认的场合,债权人是个别清偿,而且还是对股东的个别清偿,其债权获得清偿的概率是相对较高的。所以,债权人需要关心自己的权利,否则其权利可能会受到损害。

(4)应准确理解“不能清偿债务”。在股东对公司债权人的补充赔偿责任中,股东是在公司不能清偿债务的情况下对债权人承担的责任。什么是“不能清偿债务”呢?在补充赔偿责任中,不能清偿公司债务是指在公司与债权人之间的债务纠纷未经审判或者仲裁,并就债务人财产依法强制执行仍不能履行债务的情形。[①] 可见,“不能清偿债务”的判断标准有二:一是公司债务纠纷经过审判或者仲裁;二是债权人经申请强制执行仍然不能获得清偿。这种场合的责任设计,是因为股东与公司毕竟属于两个不同的主体,并不是债权债务关系的直接参与人,其责任承担有先后之别。相反,《最高人民法院关于适用〈中华人民共和国企业破产法〉若干问题的规定(一)》(以下简称《破产法司法解释(一)》)第2条规定,债权债务关系依法成立,债务履行期限已经届满,债务人未完全清偿债务的,应当认定为债务人不能清偿到期债务。这种场合的制度设计,涉及债权债务关系的当事人,并不涉及第三方民事主体。所以,“不能清偿债务”在不同场合下可能具有不同含义,不能混同。

(三)对《公司法》第20条第3款的修改建议

在现阶段,适用《公司法》第20条第3款时,需要充分运用法律解

---

① 可以参考《民法典》第687条。

《民法典》第687条 当事人在保证合同中约定,债务人不能履行债务时,由保证人承担保证责任的,为一般保证。

一般保证的保证人在主合同纠纷未经审判或者仲裁,并就债务人财产依法强制执行仍不能履行债务前,有权拒绝向债权人承担保证责任,但是有下列情形之一的除外:(1)债务人下落不明,且无财产可供执行;(2)人民法院已经受理债务人破产案件;(3)债权人有证据证明债务人的财产不足以履行全部债务或者丧失履行债务能力;(4)保证人书面表示放弃本款规定的权利。

释方法,应该将“连带责任”解释为“补充赔偿责任”。这不是作者的创造,而是有先例可循。我国《合伙企业法》第 2 条第 2 款明确规定,普通合伙企业由普通合伙人组成,合伙人对合伙企业债务承担无限连带责任。与此同时,该法第 38 条规定,合伙企业对其债务,应先以其全部财产进行清偿。该法第 39 条再次明确,合伙企业不能清偿到期债务的,合伙人承担无限连带责任。立法资料表明,当企业债务发生后,合伙企业应当先以合伙共有的财产承担债务。与此相应,其债权人也只能先向合伙企业提出求偿要求,在合伙企业财产偿还完毕前,债权人不得就其债权直接向合伙企业的任一或者多个合伙人求偿。[①]在实践中,许多法院也是这样判决的。例如,在南通双盈贸易有限公司诉镇江市丹徒区联达机械厂、魏恒聂等六人买卖合同纠纷案中,江苏省高级人民法院认为,“合伙企业债务的承担分为两个层次:第一顺序的债务承担人是合伙企业,第二顺序的债务承担人是全体合伙人。由于债权人的交易对象是合伙企业而非合伙人,合伙企业作为与债权人有直接法律关系的主体,应先以其全部财产进行清偿。因合伙企业不具备法人资格,普通合伙人不享受有限责任的保护,合伙企业的财产不足清偿债务的,全体普通合伙人应对合伙企业未能清偿的债务部分承担无限连带清偿责任。因而,1997 年《合伙企业法》第 39 条[②]所谓的‘连带’责任,是指合伙人在第二顺序的责任承担中相互之间所负的连带责任,而非合伙人与合伙企业之间的连带责任。本案中,对于联达厂欠双盈公司的货款,联达厂应先以其全部财产进行清偿。联达厂的财产不足清偿该债务的,卞跃等合伙人对不能清偿的部分承担无限连带清偿责任。原审判决对联达厂与卞跃等合伙人的责任顺序未

---

① 参见李飞主编:《中华人民共和国合伙企业法释义》,法律出版社 2006 年版,第 58 页。

② 1997 年《合伙企业法》第 39 条规定:“合伙企业对其债务,应先以其全部财产进行清偿。合伙企业财产不足清偿到期债务的,各合伙人应当承担无限连带清偿责任。”2006 年该法修订时,将该条款分拆为第 38 条与第 39 条,内容未做任何变更。

作区分,应予纠正”[①]。可见,普通合伙企业的合伙人对合伙企业债务尚且有清偿顺序之分,股东对公司债务也应当有先后之别。所以,可以类推适用《合伙企业法》的规定,将《公司法》第 20 条第 3 款的连带责任解释为“补充赔偿责任”。

从长远看,应该对《公司法》第 20 条第 3 款进行修改,将“公司股东……应当对公司债务承担连带责任”修改为“公司股东……应当对公司债务承担补充赔偿责任”。这样,可以一劳永逸地解决法律适用上的难题。

六、对指导案例 15 号的评析

公司法人人格否认在我国的司法实践中已经有一些典型案例出现。特别是,最高人民法院 2013 年发布的指导案例 15 号。该案例将公司人格否认扩大适用于兄弟公司,引起了学界与实务界的广泛关注。

(一)指导案例 15 号的基本情况

指导案例 15 号　徐工集团工程机械股份有限公司诉成都川交工贸有限责任公司等买卖合同纠纷案[②]

基本案情

原告徐工集团工程机械股份有限公司(以下简称徐工机械公司)诉称:成都川交工贸有限责任公司(以下简称川交工贸公司)拖欠其货

① 南通双盈贸易有限公司诉镇江市丹徒区联达机械厂、魏恒聂等六人买卖合同纠纷案,载《最高人民法院公报》2011 年第 7 期。

② 最高人民法院审判委员会讨论通过,2013 年 1 月 31 日发布。

款未付，而成都川交工程机械有限责任公司（以下简称川交机械公司）、四川瑞路建设工程有限公司（以下简称瑞路公司）与川交工贸公司人格混同，三个公司实际控制人王永礼以及川交工贸公司股东等人的个人资产与公司资产混同，均应承担连带清偿责任。请求判令：川交工贸公司支付所欠货款10,916,405.71元及利息；川交机械公司、瑞路公司及王永礼等个人对上述债务承担连带清偿责任。

被告川交工贸公司、川交机械公司、瑞路公司辩称：三个公司虽有关联，但并不混同，川交机械公司、瑞路公司不应对川交工贸公司的债务承担清偿责任。

王永礼等人辩称：王永礼等人的个人财产与川交工贸公司的财产并不混同，不应为川交工贸公司的债务承担清偿责任。

法院经审理查明：川交机械公司成立于1999年，股东为四川省公路桥梁工程总公司二公司、王永礼、倪刚、杨洪刚等。2001年，股东变更为王永礼、李智、倪刚。2008年，股东再次变更为王永礼、倪刚。瑞路公司成立于2004年，股东为王永礼、李智、倪刚。2007年，股东变更为王永礼、倪刚。川交工贸公司成立于2005年，股东为吴帆、张家蓉、凌欣、过胜利、汤维明、武竞、郭印，何万庆2007年入股。2008年，股东变更为张家蓉（占90%股份）、吴帆（占10%股份），其中张家蓉系王永礼之妻。在公司人员方面，三个公司经理均为王永礼，财务负责人均为凌欣，出纳会计均为卢鑫，工商手续经办人均为张梦；三个公司的管理人员存在交叉任职的情形，如过胜利兼任川交工贸公司副总经理和川交机械公司销售部经理的职务，且免去过胜利川交工贸公司副总经理职务的决定系由川交机械公司作出；吴帆既是川交工贸公司的法定代表人，又是川交机械公司的综合部行政经理。在公司业务方面，三个公司在工商行政管理部门登记的经营范围均涉及工程机械且部分重合，其中川交工贸公司的经营范围被川交机械公司的经营范围完全覆盖；川交机械公司系徐工机械公司在四川地区（攀枝花除外）的唯一经销商,但三个公司均从事相关业务,且相互之间存在共用统一格式的《销售部业务手册》、《二级经销协议》、结算账户的情形;三个公司在对外宣传中区分不明,2008年12月4日重庆市公证处出具的《公证书》记载:通过因特网查询,川交工贸公司、瑞路公司在相关网站上共同招聘员工,所留电话号码、传真号码等联系方式相同;川交工贸公司、瑞路公司的招聘信息,包括大量关于川交机械公司的发展历程、主营业务、企业精神的宣传内容;部分川交工贸公司的招聘信息中,公司简介全部为对瑞路公司的介绍。在公司财务方面,三个公司共用结算账户,凌欣、卢鑫、汤维明、过胜利的银行卡中曾发生高达亿元的往来,资金的来源包括三个公司的款项,对外支付的依据仅为王永礼的签字;在川交工贸公司向其客户开具的收据中,有的加盖其财务专用章,有的则加盖瑞路公司财务专用章;在与徐工机械公司均签订合同、均有业务往来的情况下,三个公司于2005年8月共同向徐工机械公司出具《说明》,称因川交机械公司业务扩张而注册了另两个公司,要求所有债权债务、销售量均计算在川交工贸公司名下,并表示今后尽量以川交工贸公司名义进行业务往来;2006年12月,川交工贸公司、瑞路公司共同向徐工机械公司出具《申请》,以统一核算为由要求将2006年度的业绩、账务均计算至川交工贸公司名下。

另查明,2009年5月26日,卢鑫在徐州市公安局经侦支队对其进行询问时陈述:川交工贸公司目前已经垮了,但未注销。又查明徐工机械公司未得到清偿的货款实为10,511,710.71元。

裁判结果

江苏省徐州市中级人民法院于2011年4月10日作出(2009)徐民二初字第0065号民事判决:一、川交工贸公司于判决生效后10日内向徐工机械公司支付货款10,511,710.71元及逾期付款利息;二、川交机械公司、瑞路公司对川交工贸公司的上述债务承担连带清偿责任；三、驳回徐工机械公司对王永礼、吴帆、张家蓉、凌欣、过胜利、汤维明、郭印、何万庆、卢鑫的诉讼请求。宣判后，川交机械公司、瑞路公司提起上诉，认为一审判决认定三个公司人格混同，属认定事实不清；认定川交机械公司、瑞路公司对川交工贸公司的债务承担连带责任，缺乏法律依据。徐工机械公司答辩请求维持一审判决。江苏省高级人民法院于2011年10月19日作出(2011)苏商终字第0107号民事判决：驳回上诉，维持原判。

裁判理由

法院生效裁判认为：针对上诉范围，二审争议焦点为川交机械公司、瑞路公司与川交工贸公司是否人格混同，应否对川交工贸公司的债务承担连带清偿责任。

川交工贸公司与川交机械公司、瑞路公司人格混同。一是三个公司人员混同。三个公司的经理、财务负责人、出纳会计、工商手续经办人均相同，其他管理人员亦存在交叉任职的情形，川交工贸公司的人事任免存在由川交机械公司决定的情形。二是三个公司业务混同。三个公司实际经营中均涉及工程机械相关业务，经销过程中存在共用销售手册、经销协议的情形；对外进行宣传时信息混同。三是三个公司财务混同。三个公司使用共同账户，以王永礼的签字作为具体用款依据，对其中的资金及支配无法证明已作区分；三个公司与徐工机械公司之间的债权债务、业绩、账务及返利均计算在川交工贸公司名下。因此，三个公司之间表征人格的因素(人员、业务、财务等)高度混同，导致各自财产无法区分，已丧失独立人格，构成人格混同。

川交机械公司、瑞路公司应当对川交工贸公司的债务承担连带清偿责任。公司人格独立是其作为法人独立承担责任的前提。《中华人民共和国公司法》(以下简称《公司法》)第三条第一款规定："公司是企业法人，有独立的法人财产，享有法人财产权。公司以其全部财产对公司的债务承担责任。”公司的独立财产是公司独立承担责任的物质保证,公司的独立人格也突出地表现在财产的独立上。当关联公司的财产无法区分,丧失独立人格时,就丧失了独立承担责任的基础。《公司法》第二十条第三款规定:“公司股东滥用公司法人独立地位和股东有限责任,逃避债务,严重损害公司债权人利益的,应当对公司债务承担连带责任。”本案中,三个公司虽在工商登记部门登记为彼此独立的企业法人,但实际上相互之间界限模糊、人格混同,其中川交工贸公司承担所有关联公司的债务却无力清偿,又使其他关联公司逃避巨额债务,严重损害了债权人的利益。上述行为违背了法人制度设立的宗旨,违背了诚实信用原则,其行为本质和危害结果与《公司法》第二十条第三款规定的情形相当,故参照《公司法》第二十条第三款的规定,川交机械公司、瑞路公司对川交工贸公司的债务应当承担连带清偿责任。

(二)对指导案例15号的评析

对于指导案例15号,有的学者指出该指导案例与原判决确认的案件事实、裁判要旨有出入。[①] 对此,本书仅以指导案例所确认的事实与裁判要旨,结合不同学者的意见,简要评析如下:

1. 指导案例15号呈现了人格混同的典型形态,弥补了成文法的缺陷。从英美法系国家的经验看,它们是通过判例来实现对公司人格否认的规范。这从侧面说明通过成文法对公司人格否认进行规制是存在很大难度的,需要在具体案件中对案件事实进行详细描述才能更好地呈现公司人格否认的具体形象。我国《公司法》第20条第3款规定了公司人格否认的构成要件,但是缺少人格否认的行为模式。该案例为我国的司法实践描绘了公司人格否认的典型形象,将财产混同、

---

① 参见吴建斌:《指导案例15号裁判思路评析》,载王保树主编:《中国商法年刊》,法律出版社2013年版;王军:《人格混同与法人独立地位之否认——评最高人民法院指导案例15号》,载《北方法学》2015年第4期。

人员混同、业务混同等公司状态与人格混同联系起来，有利于弥补成文法的缺陷。

2. 指导案例15号拓宽了公司人格否认的范围，是对《公司法》第20条第3款的重大突破。该案例是典型的横向公司人格否认案例，案情与《公司法》第20条第3款的适用案型是明显不同的，主要差异体现在：(1)滥用公司人格的主体不同。《公司法》第20条第3款规范的对象是公司股东，而指导案例15号规制的对象是债务人的兄弟公司。(2)被告之间的关系不同。指导案例15号的被告是受同一股东控制，但他们之间并不存在交叉持股的关系。相反，《公司法》第20条第3款规定的是股东与公司之间的关系，是纵向的公司人格否认，而指导案例15号是横向的公司人格否认。这是对《公司法》第20条第3款的重大突破。这种突破具有重大价值，是指导案例的根本使命所在。如果指导案例只是简单地解释现有非常清晰的法律条文，就没有任何意义，或者谈不上任何指导意义。

3. 指导案例15号是公司人格否认核心要素的重述。该案例指出，被告行为违背了法人制度设立的宗旨，违背了诚实信用原则，其行为本质和危害结果与《公司法》第20条第3款规定的情形相当，故参照《公司法》第20条第3款的规定，川交机械公司、瑞路公司对川交工贸公司的债务应当承担连带清偿责任。应当说，该案例采取类推适用是妥当的。这是因为该案例是横向的公司人格否认，而《公司法》第20条第3款规范的是纵向的人格否认，法院无法直接适用。这里存在法律漏洞。[①] 但是，指导案例15号紧紧抓住了公司人格否认的核心要

① 关于《公司法》第20条第3款是否存在法律漏洞，有两种不同的观点。第一种观点认为，该条款不存在法律漏洞。参见王军：《人格混同与法人独立地位之否认——评最高人民法院指导案例15号》，载《北方法学》2015年第4期。第二种观点认为，该条款存在法律漏洞。参见韩强：《法教义学在商法上的应用——以最高人民法院指导案例15号为研究对象》，载《北大法律评论》(第15卷·第1辑)(2014)，北京大学出版社2014年版。我支持第二种观点。这是因为法律漏洞是指法律对特定案件类型缺乏适当的规范。指导案例15号是横向的公司人格否认，显然不在《公司法》第20条第3款的射程范围之内。

素,即行为本质与危害结果,这与《公司法》规范的情形是相当的。从公司人格否认的法律适用看,虽然法律条文的文义很重要,但是更看重的是行为本质与危害后果。所以,以行为本质、危害结果为基础,类推适用《公司法》第 20 条第 3 款是妥当的。

有人认为,本案无须适用公司法,只需适用合同法就可以。其理由为:三被告曾向原告书面说明、书面请求将所有债权债务、销售量均计算在川交工贸公司名下,并经原告同意,所以可以按照合同法上的债务承担来处理。[①] 我认为,虽然该案被告川交机械公司、瑞路公司的债务已经转让给川交工贸公司,但是该案的关键问题在于川交工贸公司无力清偿债务,合同法上的债务承担制度已经难以保护原告利益,需要向其他二被告寻求救济,只能借助公司法上的公司人格否认制度才能使其救济得到实现。

七、逆向公司人格否认

逆向公司人格否认是一种与传统公司人格否认方向相反的人格否认。逆向公司人格否认可以分为内部逆向人格否认与外部逆向人格否认。内部逆向人格否认是指公司股东请求法院否认公司人格,使该股东有资格对第三人提起诉讼或者使公司财产免于对第三人承担责任。外部逆向人格否认是指股东的债务人向法院提起诉讼否定公司人格,使公司对股东债务承担责任。

在国外,有一些逆向公司人格否认的案例。具有广泛影响的案例是 Gilford Motor Co. v. Horne 案。[②] 在该案中,Horne 与 Gilford 公司缔结合同,约定 Horne 离开公司后不得引诱公司的客户。但是,Horne 离

① 参见朱锦清:《公司法学》(上),清华大学出版社 2017 年版,第 216 页。

② Gilford Motor Co. v. Horne (1933),1 Ch. 935 Court of Appeal, England and Wales.

开公司后,以其妻子名义开设了一家公司,拉走了 Gilford 的客户。法院认为,Horne 试图通过公司形式逃避不得引诱客户的合同限制。这家公司是虚假的,实际上是 Horne 的别名或者化名。原先合同中的限制性条款对他与新设公司都是有效的。为此,新设公司的面纱被逆向刺破,需要对 Horne 债务承担责任。

在我国,是否存在逆向公司人格否认的法律规范存在争议。《最高人民法院关于审理与企业改制相关的民事纠纷案件若干问题的规定》(以下简称《企业改制司法解释》)第 6 条规定,企业以其部分财产和相应债务与他人组建新公司,对所转移的债务债权人认可的,由新组建的公司承担民事责任;对所转移的债务未通知债权人或者虽通知债权人,而债权人不予认可的,由原企业承担民事责任。原企业无力偿还债务,债权人就此向新设公司主张债权的,新设公司在所接收的财产范围内与原企业承担连带民事责任。该解释第 7 条还规定,企业以其优质财产与他人组建新公司,而将债务留在原企业,债权人以新设公司和原企业作为共同被告提起诉讼主张债权的,新设公司应当在所接收的财产范围内与原企业共同承担连带责任。有人认为,《企业改制司法解释》第 6 条与第 7 条就是逆向公司人格否认的规定。[①] 我认为,这是公司投资的规定。逆向公司人格否认与传统的公司人格否认一样,也存在资产不足清偿债务、滥用公司独立人格等问题,而该司法解释的相关规定并没有对逆向公司人格否认的构成要件等作出规制,所以该规定并不是逆向公司人格否认的规定。在中国工商银行股份有限公司抚顺分行与抚顺铝业有限公司、抚顺铝厂、抚顺新抚钢有限公司借款合同纠纷上诉案[②]中,最高人民法院认为,反向公司人格否

① 参见朱锦清:《公司法学》(上),清华大学出版社 2017 年版,第 224 ~ 225 页。

② 中国工商银行股份有限公司抚顺分行与抚顺铝业有限公司、抚顺铝厂、抚顺新抚钢有限公司借款合同纠纷上诉案,载吴庆宝主编:《权威点评最高法院公司法指导案例》,中国法制出版社 2010 年版,第 197 ~ 208 页。

认要求新设公司与原企业承担连带责任的前提是当事人恶意逃债。铝业公司性质为法人独资，抚顺铝厂享有铝业公司100%的股权。在这一过程中，抚顺铝厂的责任财产并未减少，只是资产形态发生了变化。抚顺铝厂设立铝业公司的行为是一投资行为，抚顺铝厂对作为投资的资产的权益并没有改变其作为原企业对外债务的担保的性质，不会因此种行为而实质降低其偿债能力。抚顺铝厂作为独立的企业法人应以其全部法人财产对其自身债务承担责任，其全部法人财产既包括留在抚顺铝厂的财产，也包括抚顺铝厂的债权和对外投资所形成的财产权益。所以，这一投资行为不适用《企业改制司法解释》第7条，铝业公司不会因为抚顺铝厂的投资行为而对抚顺铝厂的债务承担连带责任。

在我国，已经有法院判决逆向公司人格否认成立的案例。沈阳二建诉惠天公司、新东方供热公司建设工程施工合同纠纷案[①]就是典型案例。在该案中，惠天公司拖欠沈阳二建工程款。惠天公司与新东方供热公司系母子公司，虽名为两个独立承担民事责任的主体，实际上存在多种情形的混同，如人事安排、经营业务、资金财产存在持续混同的情形，表现在：新东方供热公司董事长杨兆生同时又是惠天公司的董事，就涉诉工程对外发包时无论是在新东方供热公司成立之前或成立之后，惠天公司代理人文军均在合同发包方处署名。在合同履行方面，自惠天公司与沈阳二建订立合同最初时间2003年7月至惠天公司最后一笔付款时间2008年1月，前后长达4年之久，惠天公司与新东方供热公司不存在划分母子公司与沈阳二建交易的持续的明确界限，从而导致沈阳二建对惠天公司与新东方供热公司在请求给付工程欠款上难以区分。沈阳市中级人民法院认为，可以认定惠天公司与新东方供热公司母子公司之间存在人格混同情形，根据《公司法》第20

① 参见陈林、贾宏斌：《反向刺破公司面纱——公司法人格否认规则的扩张适用》，载《人民司法·案例》2010年第14期。

条第1款、第3款之规定,可对二者适用反向刺破公司面纱法理,判令惠天公司和新东方供热公司共同承担偿还欠款责任。

需要注意的是,尽管司法实践确实存在对逆向公司人格否认的需求,但是由于其对公司人格制度具有极大破坏力,这类案例极为少见。[①] 我国法院也应该谨慎适用逆向公司人格否认。

八、结论

公司人格否认与公司人格独立互为对立性要素,使当事人之间的法律关系呈现出反思性平衡,于是法律的正义价值得到了完整的、动态的实现,有效地解决了长期困扰西方经济的"公司问题"。[②] 我国于2005年率先在《公司法》第20条第3款作出原则性规定,《九民纪要》进一步细化了这一规定。为减少对公司独立人格的冲击,其适用应当极为谨慎。

1. 公司人格否认的理论重述。公司人格否认是基于公司正义原则对滥用公司独立人格和股东有限责任的衡平性调整。其理论体系可以分为:抽象层次的公司正义原则与具体层次的主客观方面的理论描述。国外所谓的另一个自我、单一商业体等理论是具体层面上的学说,不能与"不正义"原则并列,是"不正义"的具体体现。

2. 公司人格否认适用模式为"资产显著不足(有时为违反约定或法定义务)+X"。基于公司人格否认的根本特性,资产不足是适用公司人格否认的前提。只有资产不足,才有适用公司人格否认的空间。但是,不能仅以资产不足为由就否定公司人格。资产不足之外还需要

---

① 参见施天涛:《公司法论》(第3版),法律出版社2014年版,第42~43页。

② 参见蔡立东:《公司人格否认论》,载梁慧星主编:《民商法论丛》(第2卷),法律出版社1994年版,第322页。

加上人格混同或者过度支配与控制等因素，即资产不足 + 人格混同/过度控制，才能否定公司人格。我国理论界与实务界将资产不足与人格混同等并列，作为常见的否定公司人格的情形并不妥当。另外，不论是人格混同还是过度控制，都是对多种行为的整体性描述，而不是单一行为的描述。单一行为并不构成公司人格否认。

3. 我国《公司法》第 20 条第 3 款关于“股东对公司债务承担连带责任”中的“连带责任”，应解释为补充赔偿责任，并建议在《公司法》修正时将“连带责任”修改为“补充赔偿责任”。

4. 指导案例 15 号采取类推方法对《公司法》第 20 条第 3 款作了突破，将公司人格否认扩展适用于兄弟公司值得肯定，符合人们对指导案例弥补法律漏洞的期待。

5.《九民纪要》第 10 ~ 12 条关于公司人格否认的规定，不论是行为描述还是责任追究都存在一些漏洞，需要完善。

6.《企业改制司法解释》第 6 条与第 7 条并不是对逆向公司人格否认的规定。相比传统的公司人格否认，法院在适用逆向公司人格否认时更应谨慎。

第三章 股东派生诉讼

在公司运营过程中,董事会是处理公司事务最为重要的机构,董事是执行公司事务的人。由于公司董事并不是公司本身,会存在代理成本,可能损害公司利益,从而导致股东利益受损。那么股东是否可以为了公司的利益,对董事提起诉讼呢?通常公司作为法人,其具有独立的主体地位,股东与其是两个独立的主体,股东是无法行使该权利的。但是,为了防止董事、监事和高级管理人员滥用职权,损害公司和股东利益,特别是防止董事、监事不能为了维护公司利益而向侵权的董事、监事或者经理提起诉讼,基于中国股东派生诉讼的具体司法实践,并借鉴美国等其他国家或者地区的经验,在2005年《公司法》修订时,增设了股东派生诉讼(股东代表诉讼)制度。这一制度突破了一系列民商法与民事诉讼法的传统制度,是为了实现公司正义而作出的典型制度创新。

一、股东派生诉讼产生的基本逻辑:基于公司正义

股东派生诉讼(derivative proceeding),也称为股东代表诉讼,是指当董事、监事、高级管理人员等主体侵害公司权益,而公司怠于追究其责任时,符合法定条件的股东可以自己名义为公司利益对侵害人提起诉讼。

股东代表诉讼制度是在英美判例法的基础上发展起来的。英国1843年的Foss v. Harbottle案对股东代表诉讼具有深远的影响,特别是该案确立的适格原告原则与多数决原则。美国最早的案例为1832年的Robinson v. Smith案,在该案中,法院认为尽管公司财产受到损害应以公司名义起诉,但任何过错不能仅仅因为形式上的要求而得不到纠正。1855年,美国联邦最高法院在Dodge v. Woolsey一案中承认允许个别小股东代表公司提起诉讼的重要性。但是,英、美两国的股东派生诉讼遵循各自不同的轨迹,并未形成相互影响的局面。[①] 中国在20世纪90年代出现了股东派生诉讼的案件。[②] 目前,股东派生诉讼制度已经被大多数国家的商事立法所确认,成为防止控制股东、母公司、董事和高级管理人员等滥用权利,维护公司利益、保护中小股东利益的一项重要制度。

从本质上说,股东派生诉讼是对原有法律诉讼结构的重大挑战。传统民事诉讼的基本架构,对该制度的产生造成了法律障碍,需要加以突破。

---

① 参见林少伟:《股东代表诉讼:世界与中国》,华中科技大学出版社2019年版,第184页。

② 早在1994年11月4日,最高人民法院应江苏省高级人民法院的请示,针对张家港市涤纶长丝厂诉香港吉雄有限公司一案,作出了《关于中外合资经营企业对外发生经济合同纠纷,控制合营企业的外方与卖方有利害关系,合营企业的中方应以谁的名义向人民法院起诉问题的复函》。该复函明确表示,张家港市涤纶长丝厂可在合营企业董事会不作起诉的情况下行使诉权,人民法院依法应当受理。

(一)民事诉讼的法律障碍

在公司的实际运营过程中,董事与公司的利益并不始终保持一致,可能存在董事损害公司利益的情况。当董事、监事、经理执行公司职务时违反法律、行政法规或者公司章程的规定,给公司造成损害时,其应当承担赔偿责任。由谁来行使该损害赔偿请求权呢?公司行使该权利是最为妥当的。不过,可能由于造成损害的董事在公司居于领导地位,公司不愿或者无法行使该权利。此时,股东基于自身利益或者公司利益可能会站出来,对董事提起诉讼。但是,由股东来行使该权利是存在法律障碍的。

1. 股东作为原告的法律障碍

在股东对董事提起诉讼的案件中,股东作为原告适格吗?一般地,原告是指为了保护自己的民事权益,以自己的名义向人民法院提起诉讼,从而引起民事诉讼发生的人。[①] 我国《民事诉讼法》第 122 条规定,起诉必须符合"原告是与本案有直接利害关系的公民、法人和其他组织"的条件。[②] 按照民事诉讼法的理论,原告与被告之间应该存在一种直接的法律关系,正是因为这种法律关系的冲突才使他们成为原告与被告。但在该类股东对董事提起诉讼的案件中,原告与被告之间并不存在这种法律关系。其实,能够引起诉讼的法律关系应当是董事与公司之间的债权债务关系,而不是股东与董事之间的纠纷。根据公司法人制度理论,股东出资后,一旦公司成立,公司就具备了法人资格。具有法人资格,就具有自己独立的财产,并具有权利能力和行为能力,能够独立地承担民事责任。法人具有独立的人格是我国法律长期坚持的制度。早在 1986 年《民法通则》第 36 条第 1 款就明确规定,法

---

① 参见刘家兴主编:《民事法学》,法律出版社 1998 年版,第 429 页。

② 2007 年与 2012 年,我国《民事诉讼法》做了重大修改。但关于原告资格的规定没有修改,只是法律条文的序号发生了变化,由原来的第 108 条修改为第 119 条,2021 年《民事诉讼法》修正时,该条再修改为第 122 条。

人是具有民事权利能力和民事行为能力,依法独立享有民事权利和承担民事义务的组织。2017 年颁布的《民法总则》第 57 条也作了相同规定。可见,公司与第三人在交易活动过程中产生的权利和义务,由公司享有与履行,与出资的股东并没有直接的关系。因此,公司与董事等第三人之间的纠纷应该由公司自己来处理,作为出资人的股东并不能直接干涉。显然,在被告董事与公司之间的纠纷中,股东不具备原告的资格。这就导致了股东作为原告的当事人适格问题。

此外,股东也没有因取得"诉讼实施权"而取得原告资格。从大陆法系民事诉讼理论的传统观念看,民事诉讼涉及的是私权。所以,除有例外情况外,私人是否处分自己的私权,如何处分自己的私权,都是他的自由。大陆法系民事诉讼法理论中的当事人适格理论与诉讼实施权理论,坚持他人的诉讼权利必须建立在合法授权或者法律明确规定的基础之上。[①] 如果他对诉讼没有诉讼实施权,那么他就不是适格的当事人。如果强制行使他人的诉权,不仅是对他人权利的不尊重,而且有可能侵犯他人权利。例如,各大陆法系国家或地区均将无权代理作为违法行为,并在法律中明文加以禁止。总之,不能用不正当的方法行使权利,只能用正当的方法来行使权利。按照当事人适格的一般理论,当事人适格是当事人针对具体的诉讼,可以以自己的名义起诉或者应诉的权能。有了这种权能,当事人才能进行诉讼。没有这种权能的人就不是正当的当事人。[②] 在股东对董事提起诉讼的案件中,公司并没有授权股东,股东也没有取得"诉讼实施权"。所以,该类案件的适格原告似乎是也只能是公司本身,而不是股东。

---

① 张卫平:《诉讼架构与程式——民事诉讼的法理分析》,清华大学出版社 2000 年版,第 371 页。

② 在民事诉讼法学界,当事人适格属于诉讼(成立)要件还是权利保护要件有争议。如果属于诉讼要件,则以诉不合法而裁定驳回原告的诉。如果属于权利保护要件,则以诉无理由而判决驳回原告的诉讼请求。参见张卫平:《诉讼架构与程式——民事诉讼的法理分析》,清华大学出版社 2000 年版,第 470 页。

2. 公司作为第三人的法律障碍

在民事诉讼法上，依据第三人参加诉讼的根据，可将诉讼第三人分为两种：有独立请求权的第三人和无独立请求权的第三人。

那么，在股东对董事提起诉讼的案件中公司是有独立请求权的第三人，还是无独立请求权的第三人呢？有独立请求权的第三人是指在他人的诉讼开始后，对他人之间的诉讼标的提出独立请求权的诉讼参加人。[①] 对他人之间的诉讼标的有独立请求权，这是有独立请求权的第三人参加诉讼的根据。他在诉讼中既不同意原告的主张，也不同意被告的主张，而是有自己独立的主张；他认为无论是原告胜诉，还是被告胜诉，都将损害他的利益；他参加诉讼，是将本诉讼的原告、被告作为其参加诉讼的被告，自己则居于参加诉讼的原告的诉讼地位，在诉讼中，其享有原告的诉讼权利，承担原告的诉讼义务。[②] 股东对董事提起诉讼的案件与一般案件不同，公司虽然有自己的利益，但是其利益与原告股东的利益是一致的，该类案件的原告胜诉，并没有损害其利益。此外，公司参加诉讼，没有自己的独立主张。这也意味着公司并不必然将原告股东作为被告来处理。所以，在现行法律框架内，把公司作为有独立请求权的第三人并不合适。那么，公司是无独立请求权的第三人吗？无独立请求权的第三人，是指对他人正在进行诉讼的诉讼标的不能主张独立的请求权，但其与案件的处理结果有法律上的利害关系，为了维护自己的利益而参加到诉讼中去的诉讼参加人。[③] 所谓与案件的处理结果有法律上的利害关系，是指第三人与诉讼当事人中的诉讼标的有牵连关系，法院对本诉讼的诉讼标的处理有可能涉及该法律关系。显然，答案也是否定的。虽然公司与本诉讼中的原告存在一个实体上的法律关系，但是该法律关系只是出资人与公司之间的投资关

① 参见刘家兴主编：《民事法学》，法律出版社 1998 年版，第 430 页。
② 参见刘家兴主编：《民事法学》，法律出版社 1998 年版，第 430 页。
③ 参见刘家兴主编：《民事法学》，法律出版社 1998 年版，第 430 页。

系。该投资关系与争议中的债权债务关系并没有直接的关系,该法律关系(债权债务关系)的争议并不是另一个法律关系(投资关系)上所存在的问题而引起。也就是说,不存在所谓的“牵连关系”。所以,公司作为无独立请求权的第三人参加诉讼也是不合适的。总之,在现行的《民事诉讼法》框架内,公司作为第三人参加诉讼存在法律上的障碍。

(二)股东派生诉讼的突破:基于公司正义

股东代表诉讼要在诉讼法上得到实施,需要在传统的民事诉讼理论上作出突破。在民事诉讼法上出现这种法律难题的原因,在于民事诉讼法以及学说是把多方当事人诉讼作为例外而把两个当事人(一个原告、一个被告)的诉讼作为诉讼的原形或者基本出发点来看待和处理的。事实上,制定法关注的总是商业社会的一般情况,都是以一般情况作为模型来制定的。所以,总有许多情形在法律制定时是没有办法作出预测的,一些权利在法律中没有加以规定是常有的事情。借用当今社会的流行语来说,社会总是存在“没有被法律格式化”的情形,能够被法律加以格式化的“仅仅是社会生活的一部分”。从某种意义上说,所有的法律都是阉割社会的结果。面对如此生机勃勃、错综复杂的社会,始终存在“法律不入之地”,始终存在“被法律遗忘的角落”。所以,在现行的理论框架下难以解决这一问题。

我们认为,只要是正当的权利被侵犯,就应该得到救济。这是因为:(1)公司权利应该得到尊重,不能无故被侵害。这是正常生活秩序得以展开的基础,一个权利得不到尊重的社会,必然是一个混乱不堪的无序社会。所以,1986年《民法通则》第5条早就规定,公民、法人的合法的民事权益受法律保护,任何组织和个人不得侵犯。(2)董事履行职务不能违反法律,也不能滥用权利。禁止违法行为与禁止权利滥用是法治国家的基本原则。例如,《瑞士民法典》第2条规定,“任何人都必须以诚实、信用的方式行使其权利和履行其义务。显系滥用权利时,不受法律保护”[①]。《日本民法典》第1条也规定,“行使权利及履行义务时,应遵守信义,诚实实行;不许滥用权利”。我国法律也不例外,《民法典》第132条规定,民事主体不得滥用民事权利损害国家利益、社会公共利益或者他人合法权益。显然,在股东派生诉讼的场合,董事执行公司职务的行为是违法的。(3)董事不能从他人的损害中获得利益。在该类股东派生诉讼案件中,董事往往会从违法行为中获得利益,损害公司利益。如果这样的损害得不到赔偿,那么法律的公平正义也无法实现。所以,董事不能从中得到好处,公司应该得到救济。

为实现“易腐权利”的救济,我们不必固守民事诉讼法上的这一陈规。正如英国威格拉姆法官在Foss v. Harbottle案中所言,公司遭受损害时,如果股东除了提起派生诉讼而没有其他救济措施,则其他技术性规则在正义面前黯然失色。[②] 既然民事诉讼法的理论与制度设计存在漏洞,就应该加以完善,可以对涉及该类案件的当事人进行角色上的重新分配和定位:公司股东可以成为原告,董事以及监事、高级管理人员可以成为被告,公司可以成为第三人。[③] 所以,我国公司法于2005年修订时,引入股东派生诉讼制度,允许股东成为原告。[④]《最高人民法

---

① 《瑞士民法典》,于海涌、赵希璇译,法律出版社2016年版,第5页。

② Foss v. Harbottle,[1847]2 Hare 461,492.

③ 参见梁上上:《控股股东侵权案的法律障碍与制度创新》,载《法学》2002年第7期。

④ 《公司法》(2005年)第152条　董事、高级管理人员有本法第一百五十条规定的情形的,有限责任公司的股东、股份有限公司连续一百八十日以上单独或者合计持有公司百分之一以上股份的股东,可以书面请求监事会或者不设监事会的有限责任公司的监事向人民法院提起诉讼;监事有本法第一百五十条规定的情形的,前述股东可以书面请求董事会或者不设董事会的有限责任公司的执行董事向人民法院提起诉讼。

监事会、不设监事会的有限责任公司的监事,或者董事会、执行董事收到前款规定的股东书面请求后拒绝提起诉讼,或者自收到请求之日起三十日内未提起诉讼,或者情况紧急、不立即提起诉讼将会使公司利益受到难以弥补的损害的,前款规定的股东有权为了公司的利益以自己的名义直接向人民法院提起诉讼。

他人侵犯公司合法权益,给公司造成损失的,本条第一款规定的股东可以依照前两款的规定向人民法院提起诉讼。

公司法于2013年修正时,只将该法律条文的序号改为“第151条”,但是内容没有做任何修改。

院关于适用〈中华人民共和国公司法〉若干问题的规定(四)》(以下简称《公司法司法解释(四)》)第24条第1款明确规定,符合《公司法》第151条第1款规定条件的股东,依据《公司法》第151条第2款、第3款规定,直接对董事、监事、高级管理人员或者他人提起诉讼的,应当列公司为第三人参加诉讼。[①]

(三)股东派生诉讼有赖于相关主体之间的利益衡量

在股东派生诉讼的制度构建及其运作过程中,要注意股东、董事(含高级管理人员等公司负责人)、公司三方主体之间的利益平衡。首先,股东派生诉讼本身是基于公司正义原则,对传统民事诉讼结构的重大变革,是对董事损害公司利益的阻止,是对公司利益的维护。其次,在股东派生诉讼的具体展开过程中,需要充分尊重公司的自由意志,防止股东滥用该诉讼权利。既要股东防止董事损害公司利益,也要防止股东损害董事利益。为此,要构建良好的股东派生诉讼的激励机制。激励不足会使公司股东怠于提起股东派生诉讼,使其形同虚设,股东派生诉讼的补偿作用无法实现,威慑作用也无从谈起,而激励过度,则可能会带来股东派生诉讼被滥用的不良后果。[②] 最后,与股东派生诉讼的程序属性相关,在诉讼展开过程中,不但要注意设置股东、董事与公司在诉讼结构中恰如其分的位置,还要注意程序的前后衔接,防止衔接过程中出

---

① 《公司法司法解释(四)》明确公司为第三人之前,关于公司的地位有不同的学说,主要有:(1)第三人说。参见梁上上:《控股股东侵权案的法律障碍与制度创新》,载《法学》2002年第7期。(2)共同诉讼原告说。该观点主张,公司应作为原告方与已起诉股东共同进行诉讼。参见甘培忠:《论股东派生诉讼在中国的有效适用》,载《北京大学学报(哲学社会科学版)》2002年第5期。(3)名义被告说。该观点主要借鉴英美立法例,技术较为方便。参见杨路:《股东代表诉讼提起权》,载《人民司法》2003年第4期。(4)诉讼参加人说。该观点主张,我国现行法律框架内无法解决公司诉讼地位问题,公司应该被作为股东代表诉讼中不可或缺的当事人,以“诉讼参加人”的身份参加诉讼。参见罗培新:《股东派生诉讼若干问题探讨》,载《学术交流》1999年第3期。

② 参见朱芸阳:《全球化与本土化互动中的股东派生诉讼》,法律出版社2015年版,第207~208页。

现权利空档与权利滥用，切实平衡股东、董事与公司之间的利益。

二、股东派生诉讼的适格原告

（一）股东作为适格原告

1. 股东作为原告的限制

在股东派生诉讼中，为了防止股东滥诉，许多国家或地区的法律对起诉股东的资格作出限制。但是，限制的方式在不同国家有所不同。例如，《美国示范商事公司法》第7.41节规定的适格股东需要符合两个条件：一是需要享有同期所有权，二是能够公正地、充分地代表公司利益。又如，有的国家的股东资格限制可以分为两方面：一是持股比例的要求，二是持股时间的要求。

2. 我国法律对股东作为原告的限制

在我国，针对有限责任公司与股份有限公司的不同，法律分别对允许起诉的股东资格作出规定。有限责任公司股东没有资格限制，任何股东都可以提起派生诉讼。但是，我国公司法对股份有限公司股东提起诉讼的资格作了限制。这是因为与有限责任公司不同，股份有限公司的股份转让较为自由，特别是上市公司，其存在一个公开交易市场，股东可以随时买进或卖出公司股票。为此，需要对股东资格作出限制，否则容易出现派生诉讼的滥用。我国现行法对股份有限公司股东提起代表诉讼规定了限制性条件：(1)持股比例单独或者合计需达到1%以上。(2)持股时间需达到连续180日以上。根据《最高人民法院关于适用〈中华人民共和国公司法〉若干问题的规定（一）》（以下简称《公司法司法解释（一）》）第4条规定，这里的180日以上连续持股期间，应为股东向人民法院提起诉讼时，已期满的持股时间。

但是，《证券法》对投资者保护机构提起股东派生诉讼的资格作了特别规范。该法第94条第3款规定,发行人的董事、监事、高级管理人员执行公司职务时违反法律、行政法规或者公司章程的规定给公司造成损失,发行人的控股股东、实际控制人等侵犯公司合法权益给公司造成损失,投资者保护机构持有该公司股份的,可以为公司的利益以自己的名义向人民法院提起诉讼,持股比例和持股期限不受《公司法》规定的限制。

3. 同期所有权规则与持续所有权规则

有的国家公司法规定了同期所有权规则(contemporary ownership rule)。例如,《美国示范商事公司法》第7.41节规定,原告在其指控的不当行为发生时需为公司的股东。① 另外,美国法律研究院的《公司治理原则》第7.02(a)条也有类似的规定。在美国,同期所有权的意义在于防止购买诉讼(buying of a lawsuit),也有利于防止律师怂恿他人临时购买股份。例如,某人虽然不是公司的股东,但是可以通过临时购买少量股份来达到提起诉讼的目的。不过,这一规定的缺点是可能会阻碍一些有价值的诉讼。所以,在美国允许该规则存在一些例外。这些例外,有的是法律直接规定的例外,有的是法院在判例中开辟的例外。比如,持续错误原则(continuing-wrong doctrine)就是判例中的例外,即如果原告股东在取得股份时期所诉的错误行为持续存在,则满足同期所有权的要求。②

但在我国,提起诉讼的股东并不需要在侵权行为等发生时为股东。我国公司法对同期所有权规则没有规定,但是《九民纪要》第24条规定,股东提起股东代表诉讼,被告以行为发生时原告尚未成为公司股东为由抗辩该股东不是适格原告的,人民法院不予支持。可见,

---

① MBCA § 7.41. A shareholder may not commence or maintain a derivative proceeding unless the shareholder (i) was a shareholder of the corporation at the time of the act or omission complained of or become a shareholder through transfer by operation of law from one who was a shareholder at that time and (ii)...

② 参见施天涛:《公司法论》(第3版),法律出版社2014年版,第456~457页。

在我国,提起诉讼的股东并不需要在侵权行为等发生时身为股东。

与同期所有权规则相比,持续所有权规则可能更有价值。例如,《美国示范商事公司法》第 7.41 节规定,原告在整个诉讼过程需为公司股东。从股东派生诉讼的本质来看,股东提起诉讼的目的是维护公司的利益,从而间接实现自己的利益。如果其不再是公司的股东,就不能保证是为公司利益而进行诉讼。可见,持续所有权所涉及的是前任股东是否拥有代表公司诉讼的权利。如果诉讼开始后,原告不再是公司的股东,那么法院将会驳回起诉。换言之,如果股东为自己的利益而利用派生诉讼,法院就会将其驳回。此外,如果原告不再是公司股东,美国法院在许多案件中会给其他股东的介入提供机会。① 我国公司法对持续所有权规则没有明确规定,但是从股东派生诉讼的制度价值看,该规则应该得到适用。

4. 其他股东作为共同原告

原告股东提起诉讼后,其他股东是否可以申请参加诉讼?对其他股东是否存在限制条件,是否需要“符合《公司法》第 151 条第 1 款规定的条件”?对此可以区分为两种情况,对于有限责任公司股东而言,根据《公司法》第 151 条第 1 款的规定,任何股东都可以提起派生诉讼,所以任一股东均可申请参加诉讼。但是,对于股份有限公司而言,由于已经提起的派生诉讼业已符合公司法适格原告的要求,后来申请参加诉讼的其他股东是否依然需要满足《公司法》第 151 条第 1 款的规定,也就是满足持股时间与持股比例的要求?对此,《公司法司法解释(四)》第 24 条第 2 款明确规定,一审法庭辩论终结前,符合《公司法》第 151 条第 1 款规定条件的其他股东,以相同的诉讼请求申请参加诉讼的,应当列为共同原告。据此可知,在一审法庭辩论结束前,股份有限公司的其他股东只有符合公司法规定的条件才可以作为共同

---

① Official comment of MBCA(2016) §7.41.

原告参加该派生诉讼。

(二)监事会是否可以作为原告

监事会(或执行监事)能否以自己的名义向法院起诉?我国《公司法》第151条第1款只规定,董事、高级管理人员有本法第149条[①]规定的情形的,适格股东可以书面请求监事会或者不设监事会的有限责任公司的监事向法院提起诉讼。根据《公司法》,公司的监事会有权通过诉讼方式代表公司对侵犯公司利益的管理层追究责任,但我国法律并未明确规定监事会应以"自己的名义"还是"公司的名义"提起诉讼,而这一点又恰恰成为实践中监事会代表诉讼能否顺利进行的重要因素。在实践中,有两种处理方式:(1)监事会可以自己名义起诉,公司为第三人。(2)监事会不得以自己名义起诉,而需以公司为原告。后者是我国目前采取的方式。《公司法司法解释(四)》第23条第1款规定,监事会或者不设监事会的有限责任公司的监事依据《公司法》第151条第1款规定对董事、高级管理人员提起诉讼的,应当列公司为原告,依法由监事会主席或者不设监事会的有限责任公司的监事代表公司进行诉讼。

我认为,应该允许监事会以自己名义向法院起诉。主要理由是:(1)现行民法民事主体理论存在局限性。通常要成为民事权利主体,首先须是适于享有民事权利之社会存在;其次须经法律之认可。近现代民法所认可的民事主体为自然人与法人。[②] 公司法是直接规范公司成为民事主体的法,对公司市场主体地位、公司的权利能力与行为能力等作出规范。在我国,民事权利主体通常局限于自然人、法人与非

---

① 《公司法》第149条规定:"董事、监事、高级管理人员执行公司职务时违反法律、行政法规或者公司章程的规定,给公司造成损失的,应当承担赔偿责任。"

② 参见梁慧星:《民法总论》,法律出版社1996年版,第51~52页。

法人组织。[①] 但是,这些观点是存在问题的。这是因为民事主体是着眼于开展对外关系所形成的概念,它难以适应公司内部之间的关系,如董事与公司之间的关系。(2)不赋予监事会以自己名义提起诉讼的权利,难以解决公司内部的现实矛盾。特别是在派生诉讼程序中,当监事会决议对公司董事长提起诉讼时,最现实的问题是难以获得公司印章,无法以公司名义提起诉讼。这是因为以公司名义起诉时,必须拿到公司印章才能完成,但印章往往是董事长负责掌管的。(3)赋予监事会以自己名义提起诉讼的权利,是履行相应职能的需要,符合公司机关设置的目的。我国《公司法》第 53 条第 6 项规定,监事会、不设监事会的公司的监事可以依照《公司法》第 151 条的规定对董事、高级管理人员提起诉讼。这是因为公司董事与高级管理人员往往是公司行为的决策者或者决定者,就他们对公司造成的损害,公司往往不愿意对其提出损害赔偿的主张。作为公司的专设监督机构,监事会有义务对他们进行监督,必要时赋予其提起诉讼的权利也就顺理成章了。(4)监事会以公司名义开展活动作为公司法上的特殊安排,并不少见。例如,《公司法》第 54 条第 2 款规定,监事会、不设监事会的公司的监事必要时可以聘请会计师事务所等协助其调查公司的异常经营情况,费用由公司承担。显然,此时是以公司监事会名义开展活动的。当然,一般情况下,对外聘请会计师事务所是公司的职权,监事是无权聘请的,但是当公司经营情况出现异常时,法律赋予监事特别的权利。(5)在实践中,有的公司监事会已经以自己的名义向法院提起诉讼,取得了较好的法律效果与社会效果。例如,北京艺进娱辉科技投资股份

---

① 我国《合同法》第 2 条规定,其他组织也可以成为民事主体。2020 年颁布的《民法典》将"其他组织"修改为"非法人组织"。在德国,法学界对把民事合伙归类为无权利能力的组织持批评态度,该国最高法院的判例逐渐认可其享有权利能力但又不是法人。参见[德]迪特尔·施瓦布:《民法导论》,郑冲译,法律出版社 2006 年版,第 106 ~ 107 页;[德]迪特尔·梅迪库斯:《德国民法总论》,邵建东译,法律出版社 2000 年版,第 852 ~ 854 页。

有限公司监事会诉王莘等损害公司权益案就是适例。[①] 总之,公司法在某些场合需要"突破常规",给予程序上的"特别安排"以达到实现正义的目的。[②] 应当说,基于程序正义的考量,使法人的内部机构也有机会成为民事法律行为的主体,公司法赋予监事、监事会等特殊主体特别的民事权利能力是妥当的。

三、股东派生诉讼中的被告

(一)以董事、监事、高级管理人员为被告

在股东派生诉讼中,被告一般是公司的董事、监事与高级管理人员。其中,高级管理人员,是指公司的经理、副经理、财务负责人,上市公司董事会秘书和公司章程规定的其他人员。[③] 董事、监事、高级管理人员享有法律与公司章程授予的参与管理、监督公司事务的职权,同时负有对公司的勤勉义务与忠实义务,在执行公司职务时,应当依照法律和公司章程行使职权,维护公司利益。相反,董事、监事、高级管理人员执行公司职务时违反法律、行政法规或者公司章程的规定,给

---

① 2008 年,北京艺进娱辉科技投资股份有限公司股东以公司董事利用同业竞争和关联交易谋取个人不正当利益、损害公司利益为理由,要求该公司监事会对侵犯公司利益的董事提起诉讼,追究其责任。该公司监事会通过决议,由监事会对侵权董事于北京市海淀区人民法院提起诉讼,请求判令被告立即停止同业竞争和关联交易等侵权行为,并赔偿该公司受到的损失。一审法院认为,公司监事会不能作为独立的诉讼主体起诉,因为其只是公司内部的一个部门,裁定驳回北京艺进娱辉科技投资股份有限公司监事会的诉讼请求。北京艺进娱辉科技投资股份有限公司监事会对一审判决结果存在异议,提出上诉。二审法院经审理后认为,根据《公司法》第 53 条第 6 项的规定,监事会作为公司的监督机关,有权通过诉讼方式代表公司对侵犯公司利益的管理层追究责任,公司法并未规定必须以公司的名义起诉,北京艺进娱辉科技投资股份有限公司监事会可以自己名义进行诉讼。参见北京市海淀区人民法院民事裁定书,(2008)海民初字第 23876 号;二审由北京市第一中级人民法院民事裁定书,(2009)一中民终字第 14727 号。

② 参见梁上上:《论公司正义》,载《现代法学》2017 年第 1 期。

③ 参见《公司法》(2018 年)第 216 条。

公司造成损失的,他们应当成为被告,承担赔偿责任。

(二)以他人为被告

1. 应对他人的范围加以严格限制

除公司董事、监事与高级管理人员外,他人也可以成为股东派生诉讼的被告。《公司法》第151条第3款明确规定,他人侵犯公司合法权益,给公司造成损失的,符合条件的股东也可以向人民法院提起代表诉讼。

“他人”的范围是否应该存在限制?有人认为,“他人”的范围可以不加限制,作宽泛的解释,[①]包括公司之外的任意第三人。[②] 换言之,只要他人侵犯公司合法权益给公司造成损失的,股东均可作为原告以该他人为被告提起派生诉讼。我认为应当加以限制。对“他人”的范围不加限制,将产生以下后果:(1)损害公司的独立人格。长期以来,我国一直将公司作为具有独立民事主体资格的法人。我国《民法典》第57条明确规定,法人是具有民事权利能力和民事行为能力,依法独立享有民事权利和承担民事义务的组织。在公司的对外交易过程中,它可以自主决定是否对他人提起诉讼。实际上,公司本身通常比股东更清楚是否需要对他人提起诉讼,如何对他人提起诉讼。如果赋予股东不加限制地对他人提起诉讼的权利,将损害公司自治的基本原则。(2)损害“他人”的合法利益。例如,公司与他人(第三人)签订某一货物买卖合同,公司认为该合同的履行不但没有损害公司利益,而且有利于公司利益。但是,股东认为该合同损害了公司利益,并代表公司对该他人(第三人)提起诉讼。显然,这会增加第三人的风险,

---

① 参见赵旭东主编:《公司法学》(第3版),高等教育出版社2012年版,第296~297页。

② 参见最高人民法院民事审判第二庭编著:《最高人民法院关于公司法司法解释(一)(二)理解与适用》,人民法院出版社2015年版,第90页。

损害第三人利益。(3)损害市场交易规则,最终将损害市场经济秩序。如果对“他人”的范围不加限制,“广大的”他人始终处于被公司股东提起派生诉讼的风险之中,始终处于对公司独立地位的担忧之中,无法安心地与公司进行交易。长此以往,市场交易将被迫陷入无序与混乱之中,最终损害市场经济秩序。

“他人”的范围应该做怎样的限制?《公司法》第 151 条第 3 款是该条第 1 款的延伸,其基本精神以及所体现的制度利益应该与第 1 款是相同的。基于法律方法论上的“类推适用”的法理,应该将“他人”的范围限制在“与公司董事、监事与高级管理人员地位相当的人员”。这里的“地位相当的”他人,主要包括:(1)控股股东(控制股东)。控股股东是指其出资额占有限责任公司资本总额 50% 以上或者其持有的股份占股份有限公司股本总额 50% 以上的股东;出资额或者持有股份的比例虽然不足 50%,但依其出资额或者持有的股份所享有的表决权已足以对股东会、股东大会的决议产生重大影响的股东。就股东与公司的关系而言,股东一般是承担有限责任,就表决权等股东权的行使的确不必承担任何责任。控股股东也不例外。因为从理论上讲,控股股东只不过比其他股东持有较多比例的股份,从比例上享有更多的权利而已,并非在权利的质量上有所不同。但是,社会上存在的事实却可能是另一番景象:控股股东的权利有十分强大的“支配力”,比普通股东的权利更为优越。与其他股东的关系对比中,不但在比例上享有更多的数量上的利益,而且享有更多的其他股东不能接近的机会。从公司法理上讲,这种机会好像是不可避免的,但是,严峻的社会现实是许多控股股东进一步滥用其优势,享有更加不公平的机会,侵害公司的利益,从而损害中小股东的利益。由于股东大会经常处于虚置状态,而且缺少有效的经营监管制度,控股股东的私利追求更是不断膨胀,已经成为一个严重的社会问题。所以,许多国家的法律规定对控股股东的行为加以监管,赋予其他股东在一定条件下对其提起诉讼的权利,维护公司的利益。(2)实际控制人。实际控制人是指虽不是公司的股东,但通过投资关系、协议或者其他安排,能够实际支配公司行为的人。实际控制人的地位与控股股东类似,也可以成为股东派生诉讼的被告。(3)公司设立时的发起人。《公司法司法解释(三)》第1条规定,为设立公司而签署公司章程、向公司认购出资或者股份并履行公司设立职责的人,应当认定为公司的发起人,包括有限责任公司设立时的股东。(4)公司清算时的清算组成员。此时,清算组成员的地位相当于董事的地位。

2. 以关联交易中的控制股东为被告

控制股东在与公司发生关联交易损害公司利益时,可以成为股东派生诉讼中的被告。[①] 关联交易是一把"双刃剑",正常的关联交易,可以稳定公司业务,分散经营风险,有利于公司发展。但实践中发现,一些公司大股东、实际控制人和管理层,利用与公司的关联关系和控制地位,迫使公司与自己或者其他关联方从事不利益的交易,以达到挪用公司资金、转移利润的目的,严重损害公司、少数股东和债权人利益。我国《公司法》第21条明确了关联方利用关联关系损害公司利益应当承担损失赔偿责任。《民法典》第84条在公司法规定的基础上,将适用范围扩展到全部营利法人。对于关联交易的法律规范,可以分两个层次:(1)关于关联交易的赔偿责任问题。鉴于关联交易情形下,行为人往往控制公司或者对公司决策能够产生重大影响,公司本身很难主动主张赔偿责任,故明确股东在相应情况下可以提起代表诉讼,给中小股东提供了追究关联人责任,保护公司和自身利益的利器。为此,《最高人民法院关于适用〈中华人民共和国公司法〉若干问题的规定(五)》(以下简称《公司法司法解释(五)》)第1条规定,关联交易

---

① 《公司法》(2018年)第216条　关联关系,是指公司控股股东、实际控制人、董事、监事、高级管理人员与其直接或者间接控制的企业之间的关系,以及可能导致公司利益转移的其他关系。但是,国家控股的企业之间不仅因为同受国家控股而具有关联关系。

损害公司利益,原告公司依据《民法典》第 84 条、《公司法》第 21 条规定请求控股股东、实际控制人、董事、监事、高级管理人员赔偿所造成的损失,公司没有提起诉讼的,符合《公司法》第 151 条第 1 款规定条件的股东,可以依据《公司法》第 151 条第 2 款、第 3 款规定向人民法院提起诉讼。(2)否认关联交易相关合同的效力。在这方面,《公司法司法解释(五)》第 2 条规定,关联交易合同存在无效或者可撤销情形,公司没有起诉合同相对方的,符合《公司法》第 151 条第 1 款规定条件的股东,可以依据《公司法》第 151 条第 2 款、第 3 款规定向人民法院提起诉讼。该规定实际扩展了股东代表诉讼的适用范围,将之扩大到关联交易合同的确认无效和撤销纠纷中。目前我国法律体系下,公司作为合同一方,如果合同存在无效或者显失公平等可撤销情形,可以根据相关规定直接请求确认合同无效或撤销该合同。但是关联交易合同不同于一般的合同,是关联人通过关联关系促成的交易,而关联人往往控制公司或者对公司决策产生重大影响,即使合同存在无效或者可撤销的情形,公司本身也很难主动提出请求。故在关联交易中,有必要给股东相应救济的权利。在公司不撤销该交易的情形下,符合条件的股东可根据法律规定提起股东代表诉讼,来维护公司利益,进而维护股东自身利益。

其实,我国早期发生的股东派生诉讼的典型案例中,就有不是以董事、高级管理人员为被告,而是以控制股东为被告的案件。这就是著名的新江南公司案。① 在该案中,原告江苏省无锡市南长区房地产经营公司(以下简称南长公司)、上海浦东国有资产投资管理有限公司(以下简称浦东公司)和被告广东恒通集团股份有限公司(以下简称恒通公司),都是第三人江苏省无锡新江南实业股份有限公司(以下简称新江南公司)的股东。在新江南公司 8000 万元的股本金中,恒通公

---

① 参见强制收购广东恒通集团股份有限公司持有的股份以抵顶其债务执行案,载《最高人民法院公报》2001 年第 6 期。

司持有4400万元的股份，占注册资金的55%，为新江南公司的控股股东；南长公司持有1450万元的股份，占注册资金的18.125%；浦东公司持有400万元的股份，占注册资金的5%，其余股份由各小股东持有。恒通公司派张少杰出任新江南公司的董事长、法定代表人，并由张少杰提名任命恒通公司的石桂祥为新江南公司总经理。1998年8月20日，被告恒通公司和第三人新江南公司签订了一份《债权债务处理协议书》，确认至1998年6月30日，恒通公司欠新江南公司3971万元。恒通公司将其在深圳上水径工业区的房产，作价40,352,784元给新江南公司冲抵债务，房产与债务冲抵后的余额642,784元，作为房产过户费用。1999年5月6日，新江南公司董事会作出决议：责成经营班子对恒通公司抵债的房产组织评估。评估后如价值缩水，以恒通公司的股权冲抵。经评估，恒通公司的抵债房产价值为2516.88万元。据此，新江南公司的非控股股东认为：恒通公司利用担任新江南公司董事长、总经理的优势地位，损害了新江南公司和他们的利益，遂决定起诉恒通公司侵权。诉讼期间，恒通公司对原评估报告提出异议，法院委托另一评估机构重新评估，评估价值为1179.74万元。无锡市中级人民法院经审理认为：被告恒通公司给第三人新江南公司抵债的房产，实际价值为1179.74万元，根本不能抵偿其欠新江南公司的3971万元债务。恒通公司利用自己在新江南公司的控股地位，用以物抵债、低值高估的方法为本公司牟取非法利益，给新江南公司造成2851.26万元的损失，侵害了新江南公司以及其他非控股股东的权益。恒通公司与新江南公司于1998年8月20日签订的债权债务处理协议，其中有关恒通公司以房产作价抵偿新江南公司债务的条款，违背了公平和诚实信用的原则，应认定为无效。恒通公司对其侵权行为给新江南公司造成的损失，应负赔偿责任。据此判决：被告恒通公司于本判决生效之日，给付第三人新江南公司2851.26万元及利息（自1998年8月20日起按同期银行逾期贷款利率计算）。恒通公司不服一审判决提起上诉。后因该公司未按期交纳二审案件受理费,江苏省高级人民法院裁定:该案件按自动撤回上诉处理,原审判决即发生效力。该案允许股东作为原告代表公司起诉控制股东侵权,并判决原告胜诉,是我国股东派生诉讼史上的标志性案件。①

四、股东派生诉讼的前置程序

为了防止股东滥用股东代表诉讼制度损害公司利益,平衡原告股东与公司、董事等之间的关系,股东代表公司提起代表诉讼之前必须履行前置程序。

(一)《美国示范商事公司法》的前置程序:先诉请求

《美国示范商事公司法》规定股东派生诉讼的前置程序为先诉请求。《美国示范商事公司法》第 7.42 节规定,股东不能启动派生诉讼,除非符合:(1)已经书面请求公司采取适当的行动;(2)该请求提交后已满 90 日,除非股东在此之前已经被告知公司拒绝其请求,或者等待 90 日期满将会使公司遭受难以弥补的损害。《美国示范商事公司法》设置书面请求制度主要有两个理由:一是即使公司不存在合格董事对该请求进行审查,书面请求制度仍赋予公司评估潜在诉讼,采取纠错行为,对股东行为进行重新检讨的机会。二是可以消除诉讼带来的时间成本与金钱成本。考虑到等待时间较短,以及如果 90 日等待期届满将给公司造成难以弥补损害可以缩短等待期的情形,书面请求制度不会造成股东过重的负担。② 此外,先诉请求可以使公司免受无端诉讼的折磨(一些好事股东可能会冲击公司的经营活动),也可以抑制律

---

① 参见梁上上:《控股股东侵权案的法律障碍与制度创新》,载《法学》2002 年第 7 期。

② Official comment of MBCA(2016) §7.42.

师为了追求个人利益而启动无意义的诉讼。[①]《美国示范商事公司法》第7.42节只规定了先诉请求要采取书面方式。考虑到公司遇到任何问题都可以联系股东加以厘清,书面请求的具体细节没有规定。先诉请求列明与股东所有权相关的事实,表述要足够明确。该先诉请求应该告知公司应该采取的行动,以及采取该行动的理由,以便公司作出评估。先诉请求应该寄送到公司董事会、首席执行官或者在公司主要办事机构的秘书。需要注意的是,向法院提起诉讼的股东并不必须是向公司提出先诉请求的股东。先诉请求的目的是方便公司考虑是否采取纠偏行动,只要向公司提出一次就可以。[②]

(二)中国的前置程序:交叉请求

与美国不同,根据我国公司法规定,公司一般设置董事会与监事会。正是由于公司治理机构设置的不同,我国派生诉讼的前置程序与《美国示范商事公司法》的前置程序有所不同,采取的是交叉向公司机构提起公司诉讼的规定。

我国《公司法》第151条第1款明确规定,当董事、高级管理人员执行公司职务时违反法律、行政法规或者公司章程的规定时,股东需要书面请求监事会或者不设监事会的有限责任公司的监事向人民法院提起诉讼;若监事存在违法情形的,股东需要书面请求董事会或者不设董事会的有限责任公司的执行董事向人民法院提起诉讼。我国前置程序的设置主要基于以下考虑:一是穷尽内部救济原则。公司自治是公司法必须坚持的一项基本原则。公司内部的董事会、监事会等机构最清楚公司自身的运营情况,由他们来决定公司是否采取行动以及采取什么样的行动方式是最为妥当的。二是基于中国公司治理机构的具体情况。在中国,公司中普遍存在监事会与董事会,不论是董

---

① 参见施天涛:《公司法论》(第3版),法律出版社2014年版,第461页。

② Official comment of MBCA(2016) §7.42.

事会(执行董事),还是监事会(监事)都是公司的法定机关,依法代表公司行使权力,有权代表公司提起诉讼。两者是两个职能完全不同的机构,具有一定的独立性,可以互相提起诉讼。三是设置前置程序可以对股东诉讼作适当限制,避免滥诉给公司造成不利影响。[①]

从本质上看,依据前置程序提起的诉讼并不是派生诉讼。在这样的诉讼结构中,公司是作为原告提起诉讼的。需要注意的是,代表公司执行具体诉讼的行为人不再是公司的法定代表人,而是相应机构的负责人。换言之,根据《公司法》第 13 条的规定,公司法定代表人依照公司章程的规定,由董事长、执行董事或者经理担任。可见,某一公司的法定代表人是固定的唯一的。但是,依据前置程序提起诉讼的代表人是可以变动的。《公司法司法解释(四)》第 23 条第 1 款规定,监事会或者不设监事会的有限责任公司的监事依据《公司法》第 151 条第 1 款规定对董事、高级管理人员提起诉讼的,应当列公司为原告,依法由监事会主席或者不设监事会的有限责任公司的监事代表公司进行诉讼。同时第 23 条第 2 款规定,董事会或者不设董事会的有限责任公司的执行董事依据《公司法》第 151 条第 1 款规定对监事提起诉讼的,或者依据《公司法》第 151 条第 3 款规定对他人提起诉讼的,应当列公司为原告,依法由董事长或者执行董事代表公司进行诉讼。

虽然在一般情况下,股东应该向董事会或者监事会交错提起先诉请求,但是存在某些例外,只向董事会提出先诉请求,无须向监事会提出先诉请求。例如,《证券法》第 44 条规定,上市公司、股票在国务院批准的其他全国性证券交易场所交易的公司持有 5% 以上股份的股东、董事、监事、高级管理人员,[②]将其持有的该公司的股票或者其他具

---

① 参见桂敏杰、安建主编:《新公司法条文解析》,人民法院出版社 2006 年版,第 362 页。

② 根据《证券法》(2019 年)第 44 条第 2 款的规定,这里所称董事、监事、高级管理人员、自然人股东持有的股票或者其他具有股权性质的证券,包括其配偶、父母、子女持有的及利用他人账户持有的股票或者其他具有股权性质的证券。

有股权性质的证券在买入后 6 个月内卖出,或者在卖出后 6 个月内又买入,由此所得收益归该公司所有,公司董事会应当收回其所得收益。如果公司董事会不按照这一规定执行的,股东有权要求董事会在 30 日内执行。公司董事会未在上述期限内执行的,股东有权为了公司的利益以自己的名义直接向人民法院提起诉讼。可见在这种场合,股东并不需要董事会与监事会交叉提起先诉请求,而是向董事会这一机构提起先诉请求。当然,适格股东认为情况紧急,也可以根据《公司法》第 151 条第 2 款的规定以自己的名义直接向人民法院提起诉讼。

(三)我国前置程序的豁免

根据《公司法》第 151 条的规定,股东提起代表诉讼的前置程序之一是,股东必须先书面请求公司有关机关向人民法院提起诉讼。一般情况下,股东没有履行该前置程序的,应当驳回起诉。但是,存在两项例外:

1. 情况紧急、不立即提起诉讼将会使公司利益受到难以弥补的损害的,适格股东可以直接提起派生诉讼。现行《公司法》第 151 条第 2 款规定,情况紧急、不立即提起诉讼将会使公司利益受到难以弥补的损害的,符合规定的股东有权为了公司的利益以自己的名义直接向人民法院提起诉讼。

2. 公司机关根本不存在诉讼可能性的,适格股东可以直接提起派生诉讼。《九民纪要》第 25 条规定,股东派生诉讼中的前置程序针对的是公司治理的一般情况,即在股东向公司有关机关提出书面申请之时,存在公司有关机关提起诉讼的可能性。如果查明的相关事实表明,根本不存在该种可能性的,人民法院不应当以原告未履行前置程序为由驳回起诉。需要注意的是:

(1)这里的“不可能性”,应该是由相关事实表明的不可能性,不可能性要结合具体情况来做判断。不同的公司在现实生活中出现出不同的形态，要结合具体事实来做判断。例如，我国目前有些公司的治理机制不完善，没有按照公司法的规定设立监事会或者监事这一机构，当股东提起派生诉讼时，无从履行向监事会或者监事提出书面申请的前置程序。此时，前置程序应该豁免。这一适例是，东风汽车贸易公司、内蒙古汽车修造厂与内蒙古物资集团有限责任公司、内蒙古环成汽车技术有限公司、赫连佳新、梁秋玲、内蒙古东风汽车销售技术服务联合公司共同侵权纠纷上诉案。在该案中，股东起诉公司高级管理人员，本应向监事会或者监事提起先诉请求。但是，因为该公司治理结构不完善，未设监事会或者监事，所以应豁免其先诉请求。[①] 又如，当对所有的董事、监事都提起股东派生诉讼时，也可以豁免先诉请求。这一适例是李陆与周宇峰、刘桂芝损害公司利益责任纠纷案。在该案中，公司所有的董事、监事均作为被告，先诉请求提起已经不可能，所以豁免诉讼请求。[②] 此外，在公司清算程序中，清算组成员实际接管公司，其地位与公司章程经营时的董事、高级管理人员无异。而且，在公司清算阶段，公司机关各项职权均由清算组来行使，股东提起派生诉讼追究清算组成员责任，也不必向监事会或者监事提起先诉请求。[③]

(2)先诉请求不可能性的举证责任应该由股东来承担。因为履行前置程序是股东提起派生诉讼的前提，对于具体案件中是否存在可以豁免的例外情形，应该由股东承担举证责任。如果股东不能证明存在豁免先诉请求的情形，那么法院应对该股东派生诉讼不予受理，已经受理的应该驳回起诉。例如，在正源中国地产有限公司与富彦斌公司证照返还纠纷申诉案中，原告股东代表公司请求原执行董事返还证

---

① 参见最高人民法院民事判决书，(2007)民一终字第49号。

② 参见最高人民法院民事裁定书，(2015)民四终字第54号。

③ 参见最高人民法院民事审判第二庭编著：《〈全国法院民商事审判工作会议纪要〉理解与适用》，人民法院出版社2019年版，第212页。

照，但未履行股东派生诉讼的法定前置程序，其无充分证据证明该案存在豁免前置程序的例外情形，被驳回起诉。[①]

（3）不可能性的判断权由法院来行使。股东虽然可以不可能性为由向法院直接提起股东派生诉讼，但是由法院来判断具体情形是否构成不可能。如果法院认为，股东所主张的不可能性不成立，那么可以驳回起诉。

（四）对交叉先诉请求及其豁免的反思

公司法关于交叉先诉请求，以及《九民纪要》第 25 条的先诉请求豁免值得商榷。这是因为：第一，先诉请求程序是尊重公司自治的根本要求。如果公司内部可以解决治理机制上的困境，应该由公司自己解决问题，股东代表公司提起派生诉讼被认为是公司利益受损的最后救济方式。所以，股东应该向公司提起先诉请求。第二，股东提起先诉请求的本质是向公司提出，而不是公司内部的某个机构提出。所以，公司法定代表人、董事长、公司秘书长（办公室）等任何一个机构都可以接受股东提出的先诉请求。例如，《美国示范商事公司法》的前置程序中，股东向这些机构提出先诉请求都是可以的。可见，从公司自治的机理看，即使不存在监事会或者监事等公司机构时，也应该要求向公司提出先诉请求。第三，从根本上说，董事（监事）的异质性决定交叉请求的前置程序是存在科学性上的疑问的。根据《公司法》第 151 条的规定，我国先诉请求采取的是交叉制。对董事或者高级管理人员提起诉讼的，向监事会或者监事（不设监事会的公司）提起诉讼，反之亦然。事实上，公司董事之间的共同利益不是始终如一的，不同的董事之间可能是利益取向不同的，也可能是对某些问题的意见不同，甚至可能是充满矛盾的。类似地，监事之间的利益也可能是不同

① 参见最高人民法院民事裁定书，（2015）民申字第 2767 号。

的。此外,监事与董事之间的利益可以是相同的,也可能是不同的。所以,交叉请求制度设置的科学性是存在疑问的。第四,我国存在无须交叉请求的实例。例如,我国《证券法》第44条规定的短线交易的前置程序是向董事会提出,并没有设置交叉请求。这说明,前置程序的交叉请求与公司监事会、董事会的设置方式并不一定是一一对应的关系。没有设置监事会并不是先诉请求豁免的理由。总之,公司法前置程序的交叉请求制度不幸成为《公司法司法解释(四)》程序豁免的错误依据,该司法解释豁免先诉请求的理由并不妥当。

五、派生诉讼中的公司调查程序

从我国《公司法》第151条关于股东派生诉讼程序的规定看,其缺少一些程序性规定,特别是缺少股东与董事会之间的互动性程序——"公司调查"程序。

公司调查是平衡公司自治与国家干预的重要措施,对派生诉讼制度价值的实现直接产生影响。具体而言:(1)这是公司自治原则所决定的。在股东派生诉讼中,穷尽公司自力救济是其主要的理念。公司收到股东的书面请求,应该采取何种措施?公司如何穷尽救济?凡此种种,都必然需要公司展开调查才能决定相应措施。(2)股东与公司之间互动的需要。适格股东应书面请求公司相应机关向法院提起诉讼时,该请求是否合适?公司是否具有审查的权利?公司是否有向法院提出诉讼的必要?向法院提出诉讼是否属于妥当方式?这些都需要留给公司一定的决策时间与调查时间。(3)公司调查结论与派生诉讼之间的关系需要妥当处理。我国《公司法》第151条规定的规则是,"或起诉或拒绝"。换言之,只要公司拒绝提起诉讼,股东就享有提起派生诉讼的权利。"或起诉或拒绝"规则没有考虑公司调查结果与股东派生诉讼之间的关系。如果公司经合理调查认为,股东提起派生诉讼不利于公司利益,拒绝股东提起诉讼。这不是符合所谓的公司穷尽内部救济规则吗?不是商事判断规则的延伸或者要求吗?(4)公司调查有利于法院适时采取妥当的诉讼程序。在对待公司经营事务上,法院并不比公司董事等经营管理人员更专业、更具有判断力。为此,如果公司结论是经过合理调查的,是经过无利害关系董事谨慎决策作出的,那么法院应该对公司管理层的商事活动予以更多的尊重。例如,法院可以根据公司调查的结论驳回起诉,结束诉讼程序。总之,应该增设公司调查程序。

公司法应该如何规范公司调查程序?结合公司法的相关规定,借鉴《美国示范商事公司法》的规定,主要应规定以下内容:

1. 调查组的成立

公司调查组成员可以由公司董事会任命,也可以由董事会的专门委员会任命(如上市公司设置的专门委员会)。在某些特殊情况下,如果调查组成员难以产生,公司可以申请法院指定。

2. 调查的展开

公司调查组成员应该对股东书面请求所涉及的事项进行合理调查。在不同的案件中,调查范围会有所不同。这取决于所涉及的争议问题,以及调查组成员的知识状况。如果所调查的问题在调查组的知识范围内,则不需要作特别的调查。如果该争议问题超越了调查组的知识范围,那么他们需要聘请法律顾问或其他专家进行调查,并协助他们对其进行评估。在这方面,我国公司法是有先例可以借鉴的。该法第 54 条第 2 款规定,监事会、不设监事会的公司的监事发现公司经营情况异常,可以进行调查;必要时,可以聘请会计师事务所等协助其工作,费用由公司承担。

3. 调查结论的形成

公司应该对派生诉讼是否有利于实现公司的最大利益作出决定。

根据调查组任命方式的不同,公司调查结论的做出方式也不相同。如果调查组成员由法院指定,那么由该调查组提供调查结论,无须公司董事会等作出决议。如果该调查组成员是由公司董事会成立的,那么由董事会作出决议。该董事会会议由过半数的适格董事出席即可举行,董事会会议所作决议须经适格董事过半数通过。出席董事会的适格董事人数不足三人的,应将该事项提交股东(大)会审议。① 如果调查组由公司董事会的专门委员会成立,那么由该委员会的合格董事决议通过。这里的"适格董事",是指其与派生诉讼的结果不存在重大利益关系,也与被告不存在重大利益关系。②

需要注意的是,公司董事不论是在调查工作的开展中还是在作出公司决议的过程中都应该遵循信义义务。③ 对此,我国《公司法》第147 条第 1 款规定,董事、监事、高级管理人员应当遵守法律、行政法规和公司章程,对公司负有忠实义务和勤勉义务。该法第 112 条第 3 款规定,董事应当对董事会的决议承担责任。董事会的决议违反法律、行政法规或者公司章程、股东大会决议,致使公司遭受严重损失的,参与决议的董事对公司负赔偿责任。但经证明在表决时曾表明异议并记载于会议记录的,该董事可以免除责任。

4. 公司调查对诉讼程序的影响

公司调查的开展会导致诉讼中止。如果公司对先诉请求或者诉讼中的指控启动调查,法院可以在其认为合适的期限内中止任何派生诉讼程序。④ 这是因为在许多场合中止派生诉讼程序是合适的。例

---

① 可以参考我国《公司法》第 124 条。该条规定,上市公司董事与董事会会议决议事项所涉及的企业有关联关系的,不得对该项决议行使表决权,也不得代理其他董事行使表决权。该董事会会议由过半数的无关联关系董事出席即可举行,董事会会议所作决议须经无关联关系董事过半数通过。出席董事会的无关联关系董事人数不足三人的,应将该事项提交上市公司股东大会审议。

② MBCA(2016) § 1.43.

③ Official comment of MBCA(2016) § 7.44.

④ MBCA(2016) § 7.43.

如,提出先诉请求已经 90 天届满,但是公司对该请求中提出的问题所展开的调查没有结束。不论何种情形,法院都要对公司调查过程进行监督,以确保公司调查是快速的、善意的。

公司调查结论可能会导致驳回起诉。不论是公司任命的调查组还是法院指定的特别调查组,如果经过合理调查,善意地认定继续派生诉讼程序将不能实现公司最大利益,法院可以按照公司的申请驳回起诉。例如,《美国示范商事公司法》第 7.44 节就是这样规定的。①

六、股东派生诉讼中的反诉

股东派生诉讼中能否允许被告提起反诉？所谓反诉,是指在民事诉讼过程中,本诉被告以本诉中的原告为被告,向法院提出与本诉有法律上牵连关系的诉讼。它是旨在抵消、吞并、排斥本诉原告诉讼请求的一项诉讼制度。根据我国《民事诉讼法》第 54 条的规定,被告可以承认或者反驳诉讼请求,有权提起反诉。但是,对于股东派生诉讼

---

① MBCA 7.44(a) 如果(b)小节或者(e)小节指定的任一群体在合理询查后,善意地认定继续派生诉讼程序将不能实现公司最大利益,法院可以按照公司的申请驳回起诉。

(b)除非按照(e)小节任命了一小组,(a)小节的决定按照以下方式作出:

(1)合格董事人数构成董事会会议有效人数,经出席会议的合格董事多数同意通过;

(2)经董事会专门委员会的多数同意通过。该委员会由 2 人以上的合格董事组成,并由出席董事会会议(不论该会议的合格董事人数是否构成董事会会议有效人数)的合格董事经多数同意任命。

(c)如果派生诉讼程序是在股东的先诉请求被公司拒绝后启动的,原告应该在指控中以详细事实证明:(1)该多数同意的决定并不是由作出决定时的合格董事通过;或者(2)(a)小节规定的要求没有满足。

(d)如果是经董事会的多数同意通过,该董事会议在作出决定时由合格董事构成有效人数,原告应证明(a)小节规定的要求没有满足;如果不是,则公司应证明(a)小节规定的要求已经得到满足。

(e)根据公司的申请,法院可以任命由 1 人或多人组成的小组,由该小组决定继续诉讼是否符合公司的最大利益。此时,原告应证明(a)小节的要求没有满足。

是否适用反诉,在我国理论界与司法实践中有两种不同的观点:第一种观点认为,股东派生诉讼中被告不能提起反诉。例如,广东省深圳市中级人民法院《关于审理股东代表诉讼案件的裁判指引》第13条规定,股东依据《公司法》第151条的规定提起股东代表诉讼后,被告以原告股东恶意起诉侵犯其合法权益为由对原告提出反诉的,人民法院应裁定不予受理,并告知另行起诉。股东依据《公司法》第151条第3款规定提起股东代表诉讼后,被告以公司在涉案纠纷中应承担侵权或违约等责任为由对公司提出反诉的,人民法院应裁定不予受理,并告知另行起诉。第二种观点则认为,股东派生诉讼中被告可以提起反诉,但是其反诉请求针对的不是作为原告的股东,而是公司。[①]

《九民纪要》第26条的规定与前述两种观点都不相同,采取的是区分说,即区分情况规定了反诉受理与不予受理两种情形。第一种情形是,股东依据《公司法》第151条第3款的规定提起股东代表诉讼后,被告以原告股东恶意起诉侵犯其合法权益为由提起反诉的,人民法院应予受理。第二种情形是,被告以公司在案涉纠纷中应当承担侵权或者违约等责任为由对公司提出的反诉,因不符合反诉的要件,人民法院应当裁定不予受理;已经受理的,裁定驳回起诉。

我认为,《九民纪要》第26条所作出的区分处理是不妥当的。对于被告对公司提起的反诉,法院裁定不予受理的规定是妥当的。这是因为,反诉的重要特征在于反诉对象的特定性。也就是说,反诉只能由本诉被告对本诉原告提出,反诉的利益冲突应当在本诉的原告与被告之间展开。在我国的股东派生诉讼构造中,公司被列为第三人参加诉讼。被告对公司提起的反诉,实际是对本诉第三人提起的反诉,不符合诉讼构造的基本原理。而且股东代表诉讼中,公司往往拒绝诉讼或者怠于诉讼。如果公司可以成为反诉被告,则其很有可能会直接承

① 参见最高人民法院民事审判第二庭编著:《〈全国法院民商事审判工作会议纪要〉理解与适用》,人民法院出版社2019年版,第217页。

认反诉请求。这不利于保护公司利益与中小股东的利益。所以,应当裁定不予受理。

但针对被告对原告股东提起的反诉,法院应予以受理的规定是不妥当的。具体理由为:第一,与反诉的宗旨不符,不符合国际通行的规则。股东派生诉讼中,公司是被告不法行为的直接受害者,最终利益归属于公司。公司不能以自己的名义行使其正当诉权来追究有关人员的责任时,才由股东代位行使诉权。反诉是用来抵消、吞并本诉的诉讼主张的,而股东派生诉讼的诉讼请求是为公司利益而主张的。如果被告针对原告提起反诉,要求原告股东承担责任,并不能达到抵消其与公司之间的权利义务关系的目的,无法构成反诉。所以,股东派生诉讼的一般规则都是禁止反诉的。第二,《九民纪要》的立法理由不能成立。该纪要允许依据《公司法》第 151 条第 3 款的被告提起反诉的理由是,我国股东代表诉讼的诉讼范围比较广泛,被告既可以是传统的公司董事、监事和高级管理人员,也可以是与公司有其他关系的第三人。如果董事、监事、高级管理人员执行公司职务时违反法律、行政法规或者公司章程的规定,给公司造成损失而提起的公司派生诉讼,无论因何种原因,被告均不能提起反诉;只有因他人侵犯公司合法权益给公司造成损失而提起反诉的股东代表诉讼中,被告才可能基于特定的法律事由提起反诉。[①] 其实,正如前文已经指出的那样,《公司法》第 151 条第 3 款规定的"他人"应当作限缩性解释,将其限缩为与董事等相当地位的人,如控制股东、清算组成员等。所以,因《公司法》第 151 条第 3 款规定提起股东代表诉讼中,被告也不能对原告提起反诉。

---

① 最高人民法院民事审判第二庭编著:《〈全国法院民商事审判工作会议纪要〉理解与适用》,人民法院出版社 2019 年版,第 218 页。

七、股东代表诉讼的和解

(一)原、被告之间的和解需要经法院批准

非经法院批准,派生诉讼程序不得撤诉也不得和解。[①] 一般案件中,原、被告双方可以和解。例如,我国《民事诉讼法》第 53 条明确规定,双方当事人可以自行和解。但与此不同,股东派生诉讼中的原、被告之间不能私下达成和解协议,需要经过法院批准。这是因为,股东派生诉讼是为了公司利益或者全体股东利益而提起,不是为了原告股东的私人利益,所以原告无权与被告达成和解协议或者撤诉。

在美国,原告律师愿意以低廉的和解换取高额律师费的危险在集团诉讼中非常普遍,但由于股东派生诉讼具有的下述两个显明的特点,这种风险在派生诉讼中进一步加剧:首先,派生诉讼中公司须向胜诉的原告律师支付律师费;其次,在过去的 10 年里,通过谈判达成只包括非金钱救济或者以非金钱救济为主的和解逐渐被人们接受。这样一来,双方当事人往往达成无须被告支付任何金钱,仅仅给公司象征性救济的和解,而原告律师却从中获得可观的报酬。所以,虽然双方当事人都愿意和解是事实,但并不保证和解是双方当事人在估计可能的审理结果的基础上相互让步的结果,那么对于提议和解的司法审查就变得更加必要。[②]

在美国,法院使用不同的方法来评价和解计划的充分性,主要有:(1)他们通常对案件的事实进行调查;(2)指定特别主事官(special master)进行调查;(3)听取相应政府部门(如证监会)的意见;(4)在极

---

① MBCA(2016) §7.45.

② 参见美国法律研究院:《公司治理原则:风险与建议》,楼建波等译,法律出版社 2006 年版,第 745 ~ 746 页。

例外的情况下,在公开的法庭召集会议。法院一般都会要求提交专家意见,通常包括律师对于诉讼难度的意见,法院还可以听取其他专家的证词。①

(二)《九民纪要》应注意的问题

最高人民法院于 2019 年 11 月发布的《九民纪要》第 27 条规定,"公司是股东代表诉讼的最终受益人,为避免因原告股东与被告通过调解损害公司利益,人民法院应当审查调解协议是否为公司的意思。只有在调解协议经公司股东(大)会、董事会决议通过后,人民法院才能出具调解书予以确认。至于具体决议机关,取决于公司章程的规定。公司章程没有规定的,人民法院应当认定公司股东(大)会为决议机关"。对于这一规定,需要注意以下问题:

1. 该条第 1 句所称的"调解",不是现行民事诉讼法上的"调解",似乎是"和解"。这是因为我国《民事诉讼法》第 96 条规定,人民法院审理民事案件,根据当事人自愿的原则,在事实清楚的基础上,分清是非,进行调解。② 法院进行调解,可以由审判员一人主持,也可以由合议庭主持。调解达成协议,人民法院应当制作调解书。调解书由审判人员、书记员署名,加盖人民法院印章,送达双方当事人。调解书经双方当事人签收后,即具有法律效力。③ 调解未达成协议或者调解书送达前一方反悔的,人民法院应当及时判决。④ 可见,调解是在法院的主

---

① 参见美国法律研究院:《公司治理原则:风险与建议》,楼建波等译,法律出版社 2006 年版,第 747 ~748 页。

② 关于诉讼调解的性质,有三种不同的观点:第一种观点认为,它是法院对民事案件行使审判权的一种诉讼活动;第二种观点认为,它不同于法院运用审判权以判决方式解决争议的活动,它本质上是当事人在法院的指导下自律地解决纠纷的活动;第三种观点认为,它是法院对民事案件行使审判权以及当事人对自己的民事诉讼权利和民事权利行使处分权的结合。参见江伟主编:《民事诉讼法》,高等教育出版社 2014 年版,第 234 页。

③ 参见《民事诉讼法》(2021 年)第 100 条。

④ 参见《民事诉讼法》(2021 年)第 102 条。

持下达成的协议。它不仅是当事人之间私权的合意,而且是在审判人员的主持下,通过审判人员的说服教育,使双方当事人明了法理,知晓是非,从而达成解决纠纷的协议。[①] 相反,我国民事诉讼法上的和解并不要求法院主持。[②] 所以,该纪要的"调解"的文义更类似于我国的"和解"。

2. 在股东代表诉讼中,法院需要对原、被告所达成协议的内容合法性进行审查,以避免原告为了自己利益而损害公司利益,只有该协议不损害公司利益时才能对这些调解协议予以确认。[③] 但是,对是否损害公司利益的问题,法官往往无法做出准确判断,适当的判断方式是将其交由公司通过正当程序来判断。[④] 所以,和解(调解)协议应当经过公司同意,法院才能确认。

3. 法院对公司意思的确认方式为调解协议经公司股东(大)会、董事会决议通过。如果公司章程对决议机关有规定的,则从其规定。如果公司章程对决议机关没有规定,基于决议从严原则,将公司股东(大)会确认为决议机关。

需要注意的两个问题是:第一,股东会或者董事会决议应该是有效的决议。例如,有效的董事会决议应该经无利害关系董事通过。如果股东会或者董事会决议存在效力瑕疵,如内容或者程序违反法律或者行政法规、公司章程的规定,则相关权利主体可以申请法院确认该决议不成立、无效或者撤销。第二,虽然没有召开股东会并作出决议,但如果有证据证明在全体股东均对该和解协议书面表示同意,或者全体股东实际参与和解,且不表示反对的情况下,法院可以确认该和解

---

① 参见张卫平:《程序公正实现中的冲突与衡平——外国民事诉讼研究引论》,成都出版社 1993 年版,第 294 页。

② 参见《民事诉讼法》(2021 年)第 53 条规定,双方当事人可以自行和解。

③ 参见最高人民法院民事审判第二庭编:《公司案件审判指导》,法律出版社 2015 年版,第 281 页。

④ 参见最高人民法院民事审判第二庭编著:《〈全国法院民商事审判工作会议纪要〉理解与适用》,人民法院出版社 2019 年版,第 224 页。

协议的效力。在我国的司法实践中,已经有这方面的实例。例如,在浙江和信电力开发有限公司、金华市大兴物资有限公司与通和置业投资有限公司、广厦控股创业投资有限公司、上海富沃企业发展有限公司、第三人通和投资控股有限公司损害公司权益纠纷案中,有限责任公司的股东提起股东代表诉讼后,经法院主持,诉讼各方达成调解协议的,该调解协议不仅要经过诉讼各方一致同意,还必须经过提起股东代表诉讼的股东所在的公司和该公司未参与诉讼的其他股东同意后,人民法院才能最终确认该调解协议的法律效力。①

八、股东派生诉讼中的费用承担

我国《公司法司法解释(四)》第26条规定,股东依据《公司法》第151条第2款、第3款规定直接提起诉讼的案件,其诉讼请求部分或者全部得到人民法院支持的,公司应当承担股东因参加诉讼支付的合理费用。对此,应该注意以下问题。

(一)诉讼费用的负担

诉讼费用,是指当事人进行民事诉讼,依法向受诉法院交纳和支付的费用。我国《民事诉讼法》第121条第1款规定,当事人进行民事诉讼,应当按照规定交纳案件受理费。财产案件除交纳案件受理费外,并按照规定交纳其他诉讼费用。当事人向法院交纳的诉讼费用包括三类:(1)案件受理费,即当事人行使诉权寻求司法保护而向法院依法交纳的、具有国家规费性质的诉讼费用。(2)申请费,即当事人因申请法院为特定诉讼事项或开启相关程序而依法向法院交纳的、具有国

① 参见最高人民法院民事调解书,(2008)民二终字第123号。

家规费性质的诉讼费用,如申请公司催告的申请费。(3)证人、鉴定人、翻译人员、理算人员(如共同海损理算人员等)在法院指定日期出庭所发生的交通费、住宿费、生活费和误工补贴,但是这些费用由法院按照国家规定的标准代为收取,再转交给证人、鉴定人、翻译人员、理算人员。

需要注意的是,在原告胜诉的情况下,大部分诉讼费用不需要原告承担。我国《诉讼费用交纳办法》第 29 条第 1 款规定,诉讼费用由败诉方负担,胜诉方自愿承担的除外。该条第 2 款还规定,部分胜诉、部分败诉的,人民法院根据案件的具体情况决定当事人各自负担的诉讼费用数额。可见,诉讼费用在原告胜诉时一般由被告承担。对于法院裁判文书依法所认定的由原告负担的诉讼费,属于原告股东提出过高诉讼请求产生的费用,不属于公司应当承担的合理费用。①

(二)股东因参加诉讼支付的合理费用

原告股东胜诉时,公司应当承担股东因参加诉讼支付的合理费用,而且部分胜诉也应该承担合理费用。《公司法司法解释(四)》第 25 条明确规定,股东依据《公司法》第 151 条第 2 款、第 3 款规定直接提起诉讼的案件,胜诉利益归属于公司。股东请求被告直接向其承担民事责任的,人民法院不予支持。既然股东派生诉讼中的胜诉利益属于公司,自己不能直接获得胜诉利益,公司自然应该补偿股东所支出的相关合理费用。其实,早在 2003 年,江苏省高级人民法院《关于审理适用公司法案件若干问题的意见(试行)》第 78 条就明确规定,人民法院支持股东代表诉讼请求的,应当将诉讼请求的利益判归公司,诉讼费用由被告方负担,因诉讼发生的其他合理费用如律师代理费、差

---

① 参见杜万华主编、最高人民法院民事审判第二庭编著:《最高人民法院公司法司法解释(四)理解与适用》,人民法院出版社 2017 年版,第 610 页。

旅费等由公司负担;人民法院不支持股东代表诉讼请求的,与诉讼相关费用均由提起诉讼的股东负担;部分支持的,按比例确定上述费用的负担。可以说,《公司法司法解释(四)》第 26 条是对江苏省高级人民法院等地方法院的实践经验的确认。

为了防止股东滥诉,只有合理费用才能获得公司的补偿。法院应审查这些费用的合理性。在原告股东支出的费用中,最主要的是律师费用。对律师费用是否合理的考量,主要应该依据《律师服务收费管理办法》进行判断。根据该办法,律师服务收费可以根据不同的服务内容,采取计件收费、按照标的额比例收费和计时收费等方式。对于风险代理的收费,只要符合该办法的规定,也是可以允许的。此外,还可能包括调查费、评估费、公证费等其他费用。

需要注意的是,股东所得费用的数额不能大于公司所获救济价值的合理比例。美国派生诉讼的经验表明,在某些案件中和解的复杂性可能会导致其为公司带来的利益被夸大,借以说明律师费的合理性。从长远看,基于表面利益裁定律师费的做法将会怂恿无依据的诉讼,从而使公司面临股东轻率起诉的风险。[①] 所以,对公司所获得收益的价值进行更严格的司法审查,将律师费限制在不能超过所获救济的一个合理比例。

九、结论

在公司运营过程中,董事会是处理公司事务最为重要的机构,董事是执行公司事务的人。实践中,经常出现公司董事损害公司利益,从而间接导致股东利益受损的情况。但是,根据传统的民事诉讼结

---

① 参见美国法律研究院:《公司治理原则:风险与建议》,楼建波等译,法律出版社 2006 年版,第 771 页。

构,公司才是正当的原告,股东无法作为原告提起诉讼。为了防止董事利用职权,损害公司和股东利益,我国公司法确立了股东派生诉讼制度。这一制度突破了一系列民商法与民事诉讼法的传统制度,是为了实现公司正义而作出的典型制度创新。

在股东派生诉讼的制度构建及其运作过程中,要注意股东、董事(含高级管理人员等公司负责人)、公司三方主体之间的利益平衡。在股东派生诉讼的具体展开过程中,需要充分尊重公司的自由意志,防止股东滥用该诉讼权利,不但要注意设置好股东、董事与公司在诉讼结构中恰如其分的位置,还要注意诉讼程序的前后衔接,防止衔接过程中出现权利空档与权利滥用,切实平衡股东、董事与公司之间的利益。

第四章　股东强制盈余分配请求权

盈余分配请求权是特别重要的股东权利。[①] 在我国,股东与公司之间的盈余分配纠纷[②]日益频繁,出现了许多股东未经公司股东会决议直接向法院请求公司盈余分配的案件。是否应当支持股东的强制盈余请求,学术界存在争议,不同法院也有不同的做法,[③]在实践中产生了困惑。究竟该如何处理才妥当呢?本书结合最高人民法院的一则判决,对这一问题进行分析,提出解决问题的方案。

---

① 参见[德]格茨·怀克、[德]克里斯蒂娜·温德比西勒:《德国公司法》(第21版),殷盛译,法律出版社2010年版,第500页。

② 关于盈余分配权,有的称为股东利润分配请求权,有的称为公司红利请求权。根据最高人民法院发布的《民事案件案由规定》的规定,这类纠纷称为"公司盈余分配纠纷"。据此,本书称为股东盈余分配请求权。

③ 如胡克案,一审与二审有不同意见;如江苏省盐城市盐都区人民法院民事判决书,(2006)都民二初字第370号,广东省高级人民法院民事裁定书,(2008)粤高法民二终字第110号,对原告不予支持;江苏省常州市中级人民法院民事判决书,(2003)常民二初字第164号,则对原告予以支持。

一、问题的提出:胡克案的疑问

河南思维自动化设备有限公司与胡克之间的公司盈余分配纠纷案(以下简称胡克案)是涉及股东盈余分配的著名案例。①

两审法院查明的案件事实是:河南思维自动化设备有限公司(以下简称河南思维公司)于1998年4月29日成立,注册资金为300万元,胡克等四人为发起人,每人出资75万元,其公司章程规定的盈余分配制度与公司法的规定相同。该公司2004年度企业财务会计报表载明,截至2004年12月底,该公司未分配利润(历年)期末数为103,812,679.64元,资本公积金期末数为34,803,668.26元,盈余公积金期末数为63,351,871.29元。2005年3月3日,胡克以河南思维公司自成立以来长期拒不向股东分红、损害股东利益为由,向河南省高级人民法院提起诉讼,请求判令该公司向其分红4000万元。河南省高级人民法院认为,河南思维公司有巨额利润而长期拒不向股东分配,违反了公司法规定,特别是在股东之间发生纠纷时,损害了占股比例较小的股东的利益。故该院作出一审判决,依据1993年《公司法》第33条的规定,以2004年年底未分配利润期末数为基数,按照25%的持股比例应分配到25,953,169.91元。②

河南思维公司不服,向最高人民法院提起上诉。最高人民法院经审理后认为,"1993年公司法第38条和第46条的规定③,有限责任公

---

① 参见最高人民法院民事审判第二庭编:《最高人民法院商事审判指导案例·公司卷》,中国法制出版社2011年版,第293~298页。为便于精确分析,本书未对最高人民法院判决作出改动。

② 但是该院认为,胡克要求对资本公积金和盈余公积金作为公司盈余分配的主张,缺乏法律依据,该院不予支持。

③ 2005年10月、2013年12月以及2018年10月公司法修法后亦保留了上述内容。

司利润分配方案应由公司董事会制订并由公司股东会审议批准。因此,在河南思维公司董事会、股东会未就公司利润分配作出决议之前,胡克以股东身份直接向人民法院起诉请求分配公司利润,其诉讼请求本院不予支持。由于公司是否分配利润以及分配多少利润属公司董事会、股东会决策权范畴,原审判决认定河南思维公司有巨额利润而长期拒不向股东分配损害了占股比例较小的股东的利益,并据此径行判决公司向股东分配利润,不符合公司利润分配的法律规定,应当予以纠正”。

在本案中,最高人民法院判决的核心观点是,公司是否分配利润以及分配多少利润属公司董事会、股东会决策权范畴,法院不予干预。所以,在公司董事会、股东会未就公司利润分配方案进行决议之前,公司股东直接向人民法院起诉请求判令公司向股东分配利润缺乏法律依据,法院不予支持。但存在的疑问是,公司有巨额盈余,但自公司成立以来拒不分配,小股东不能取得分文利润,小股东投资公司的获利目的显然难以实现。如何才能实现其投资公司的期待呢?最高人民法院以属于公司自治为由驳回起诉是否妥当呢?如果不妥当,应该如何处理呢?怎样保护小股东的利益呢?

二、股东盈余分配诉讼的主要类型与区分处理

根据股东是否基于公司股东会盈余分配决议所提出的分配请求,股东的盈余分配纠纷可以分为以下几种:

类型Ⅰ:基于股东会决议提出的盈余分配请求。如果公司股东会已经就某一会计年度作出公司盈余分配决议,但是公司没有在规定的期限内向股东予以支付,股东基于决议向法院提起给付某一具体盈余分配额的诉讼。

类型Ⅱ:非基于股东会决议提出的盈余分配请求。具体可以分为:一是公司没有召开股东会,自然就不存在任何公司决议;二是虽然召开了股东会,但股东会作出不分配盈余的决议。例如,胡克案即属于这类诉讼。

类型Ⅲ:因股东会决议提出不合适的盈余分配请求。具体可分为:(1)分配数额过少。也就是说,公司股东会虽然作出了盈余分配的决议,但是股东认为,与当年的公司盈余相比,用于分配的公司利润明显过低,向法院提起的诉讼。例如,美国著名的 Dodge 案、Zidell v. Zidell 案都属于这一类型。(2)盈余分配方式不当。一般而言,公司盈余分配的方式可以是现金、财产、普通股、优先股、债权,甚至是威士忌(控酒的战争期间)。[①] 例如,公司用非现金方式支付当年盈余,股东对此提起的诉讼。

就类型Ⅰ而言,由于公司已经作出分配盈余的决议,股东的盈余分配请求权已经转化为数额明确的债权,所以可以获得法院的支持。这在理论与实践上都没有争议,本书不予讨论。

但是,关于类型Ⅱ,股东没有股东会决议作为基础,是否可以直接向法院起诉强制公司分配盈余?或者说,法院是否应该支持该股东的强制盈余分配请求呢?在我国的理论界与实践中都存在很大争议,有两种不同的观点:一种观点认为,股东没有公司股东会决议作为依据,不能获得法律的支持;另一种观点认为,未经公司股东会决议的请求,也可以获得法律支持。关于类型Ⅲ,我国较少涉及,但美国存在这样的案例。类型Ⅱ与类型Ⅲ具有相似性,本书主要对这两类诉讼进行研究。

---

① Alan R. Palmiter, *Corporations*, 4th, Aspen Publishers, 2003, p. 55.

三、法院对非基于公司决议的盈余分配诉讼不予支持的理由

公司股东会没有就公司盈余分配作出决议，直接向法院起诉要求分配一定数额的盈余，许多法院不予支持，[1]主要有理念与具体制度两方面理由。

（一）理念上的理由：公司自治原则

事实上，从最高人民法院判决的胡克案等案件可以清晰地看出，法院的理由是，是否对公司盈余进行分配属于公司自治的范畴，法院不应干预。也就是说，与公司的外部行为不同，公司盈余分配属于公司内部事务，法院不能干预。公司盈余是否应该分配，是否应该留下发展基金，分配的比例如何等都属于公司商业上的判断范畴，应该遵循商事判断规则。相对于公司董事等管理层而言，法官对商事判断属于外行，是无法作出妥当判断的。只有公司董事、公司经理才是商场上的专家，法官介入公司事务不但不会取得良好的经济效果与社会效果，反而会损害公司效率损害公司利益。法官应该严守“公司自治”原则，不能越界。

（二）具体制度上的理由

1. 股东盈余分配请求权的性质具有特殊性

许多国家、地区的通说认为，股东盈余分配请求权可以分为抽象

① 这里的不予支持包括不予受理、受理后驳回起诉等。例如，邯郸市中级人民法院等部分法院在民事立案标准中规定，公司未作分红决议前，对股东提起的公司盈余分配纠纷不予受理。

意义上的请求权与具体意义上的请求权。[①] 抽象意义上的盈余分配请求权，是指公司在每个会计年度进行决算，向股东进行盈余分配，股东可以接受盈余的抽象的权利。具体意义上的盈余分配请求权，是指公司股东会对有关盈余分配事项已经作出决定时，股东所享有的分配请求权。抽象盈余分配请求权与具体盈余分配请求权的性质是不同的。前者属于股权中的固有权，[②]属于股东的一种期待权。[③] 超过合理的范围或期间剥夺或限制该项权利，即使通过股东大会的多数决也是不允许的。[④] 而后者属于债权，[⑤]属于盈余分派给付请求权。[⑥]

但是，德国有的学者认为盈余分配请求权属于债权，该权利在两个不同的阶段有所不同。在公司作出分红决议之前，分红请求权只是一项未来的、数额不确定的债权。而在公司作出决议之后，该权利成为数额确定的到期债权。[⑦] 美国也认为这是一种债权。公司盈余分配决议一旦通过，董事会无权撤回决议，除非其盈余没有合法授权或者突发灾害使分红变得不恰当。[⑧]

综合以上观点可以看出，虽然不同国家或者地区的学者对盈余分配请求权的性质有些许不同认识，但其基本见解却是相同的。据此，

---

① 参见［日］前田庸：《公司法入门》（第 12 版），王作全译，北京大学出版社 2012 年版，第 470 页；柯芳枝：《公司法论》，中国政法大学出版社 2004 年版，第 332 页；刘俊海：《现代公司法》（第 2 版），法律出版社 2011 年版，第 263 页。

② 参见［日］前田庸：《公司法入门》（第 12 版），王作全译，北京大学出版社 2012 年版，第 470 ~ 471 页。

③ 参见廖大颖：《公司法原论》（增订 6 版），台北，三民书局 2012 年版，第 301 页。

④ 参见［日］前田庸：《公司法入门》（第 12 版），王作全译，北京大学出版社 2012 年版，第 471 页。

⑤ 参见［日］前田庸：《公司法入门》（第 12 版），王作全译，北京大学出版社 2012 年版，第 472 页。

⑥ 参见廖大颖：《公司法原论》（增订 6 版），台北，三民书局 2012 年版，第 301 页；武忆舟：《公司法论》，1998 年自版发行，第 118 页；柯芳枝：《公司法论》，中国政法大学出版社 2004 年版，第 332 页。

⑦ 参见［德］托马斯・莱塞、［德］吕迪格・法伊尔：《德国资合公司法》（第 3 版），高旭军等译，法律出版社 2005 年版，第 608 页。

⑧ Alan R. Palmiter, *Corporations*, 4th, Aspen Publishers, 2003, p. 520.

有的学者进一步认为,具体意义上的股东盈余分配请求权是可诉的,因为其是具有确定数额的到期债权;而抽象意义上的股东盈余分配请求权是不可诉的,因为是不具有确定数额的未来债权。

2. 股东盈余分配需经决议程序作出

我国《公司法》第37条规定,有限责任公司股东会行使的职权包括审议批准公司的利润分配方案和弥补亏损方案。该法第46条规定,董事会对股东会负责,行使"制订公司的利润分配方案和弥补亏损方案"等职权。据此,有人认为,公司盈余分配必须要经董事会提出方案,并经股东会批准;决定公司是否分配利润的决定权属于股东会,未经股东会决议,股东无法直接行使盈余分配请求权。①

3. 存在其他替代性措施

我国《公司法》第71条规定,有限责任公司的股东之间可以相互转让其全部或者部分股权。而且,如果符合一定条件,股东也可以向股东以外的人转让股权。此外,该法第74条还规定,在某些情形下,对股东会该项决议投反对票的股东可以请求公司按照合理的价格收购其股权。所以,有人认为,对于处于困境中的小股东采取强制盈余分配的诉讼并不可取,相反,应该采取其他替代性措施。这些措施包括要求公司回购、向第三人转让股权等。②

四、法院一概不予支持:可能与公司正义原则相冲突

法院的诸多判决,似乎是尊重了公司自治。但是,如果因为属于

① 参见陈颖:《股东利润分配请求权纠纷之司法裁判困境与出路》,载《人民司法·应用》2009年第1期。

② 参见陈颖:《股东利润分配请求权纠纷之司法裁判困境与出路》,载《人民司法·应用》2009年第1期。

公司自治而法院不加干预，是否违背公司正义原则呢？

（一）公司自治不能违背公司正义

公司自治原则的确是公司法上的重要原则，它要求司法机构在处理公司问题时充分尊重公司的自我决定。但是，公司自治原则并不是公司法所遵循的唯一原则。公司法作为法律，同样需要遵循法律正义的基本价值。也就是说，除了公司自治之外，公司法还应该遵循公司正义原则。没有公司自治原则，公司法这座大厦就会没有根基，但没有公司正义原则，让公司自治原则无限膨胀，公司法整个大厦就会倾覆。所以，公司自治原则与公司正义原则是公司法的两个车轮，两者相辅相成，缺一不可。

公司正义原则的重要意义，可以从合同自由与合同正义之间的互动发展关系中得到启示。众所周知，合同法是自由的法，尊重当事人意思自治，合同自治是其基本原则。但是，法律并不是不干预，在合同自由原则之外，还存在公序良俗原则。更有学者指出，合同正义原则的历史比合同自由原则更为悠久。欧洲契约法的主要历史潮流是，从中世纪到19世纪前半叶，契约正义的观点处于支配地位，而19世纪后半叶开始强调契约自由，而进入20世纪之后又开始重新重视契约正义的实现。① 在现代社会，契约自由与契约正义是并列的基本原理。② 事实上，合同正义原则作为合同法指导性原则，无时无刻不影响着合同法的发展与适用。我国合同法也不例外，无时无处不体现着该原则的存在。例如，我国《民法典》第143条对合同效力的干预，第151条对订立合同时显失公平的干预，第585条第2款对约定违约金

---

① 参见［日］大村敦志：《近30年来日本的民法研究》，渠涛译，载《清华法学》2012年第3期。

② 参见［日］大村敦志：《近30年来日本的民法研究》，渠涛译，载《清华法学》2012年第3期。

的干预，都可以看到合同正义的存在。

同样，公司正义原则也存在于公司法的每一个角落。例如，我国《公司法》第 20 条第 3 款规定的法人人格否认就是适例。在通常情形下，公司具有独立人格，债权人与公司之间的债权债务关系具有相对性，股东对公司债务不承担责任，债权人不能请求股东清偿债务。但是，如果公司股东滥用公司法人独立地位和股东有限责任，逃避债务，严重损害公司债权人利益的，则应当对公司债务承担连带责任。这种“非常规性”的法律规范体现的就是公司正义原则。又如，董事执行公司职务时违反法律、行政法规或者公司章程的规定，给公司造成损失的，应当承担赔偿责任。但是，由于董事与公司之间存在较为特殊的关系，公司一般不愿对董事提起诉讼。为保护公司利益，《公司法》第 151 条允许符合一定条件的股东以自己名义对董事提起诉讼。显然，如果依据公司自治原则，是否对董事提起诉讼是公司内部事务，属于公司自治范围，应该由董事会决定。但是，这显然与公司正义原则相违背，正是公司正义原则才有可能把“股东派生诉讼制度”镶嵌到公司法中来。总之，公司正义原则与公司自治原则一样，是公司法的重要原则，正是不同原则之间的互相促进与互相制约，才促进公司法的发展。

（二）替代性救济措施不一定可行

有的法院指出，股东行使强制盈余分配请求权不予支持，是因为还存在其他替代性措施。[1] 所谓的其他替代性措施主要就是股东行使退股权。该替代性救济措施是否可行呢？

根据我国《公司法》第 74 条的规定，股东行使退股权需要符合以下条件：(1)实体条件，即公司连续 5 年不向股东分配利润，而公司该

---

① 参见吴庆宝主编：《最高人民法院专家法官阐释民商裁判疑难问题 · 公司裁判指导卷》（增订版），中国法制出版社 2011 年版，第 83 ~ 84 页。

5 年连续盈利,符合公司法规定的分配利润条件的;(2)程序条件,即对股东会该项决议投反对票。如果符合这些条件,行使退股权的股东可以请求公司按照合理的价格收购其股权。自股东会会议决议通过之日起 60 日内,股东与公司不能达成股权收购协议的,股东可以自股东会会议决议通过之日起 90 日内向人民法院提起诉讼。

但是,这种替代性措施并不一定可取。这是因为:(1)行使退股权需要符合严格实体条件(例如,连续 5 年不向股东分配利润)与程序条件,寻求救济的股东不一定能够符合这一条件,难以实现其目的。(2)即使小股东有意通过行使退股权来实现其营利目的,公司也不一定愿意配合股东来购买其股权,使其目的难以实现。(3)小股东的救济目的不一定能够通过行使退股权真正实现。例如,他可能只想分取红利而不想离开公司,行使退股权与其真正目的并不一致。(4)从立法目的来看,立法者有义务制定较为完备的法律,为股东提供多种救济途径,让不同的法律制度发挥不同的功能,让股东有多种选择的机会。这才符合私法自治的真谛。

总之,要求小股东避开强制盈余分配请求权选择其他方式进行救济的观点只能是建议者的一厢情愿,对具体的小股东而言,由于存在复杂的时空背景,并不一定可取。当然,如果小股东愿意以行使退股权等措施来保护自己则另当别论了。

(三)公司正义原则要求司法适度干预

从公司实践看,处于现实经营活动中的公司是极为复杂的。剖析公司盈余分配制度中利益构造,我们可以发现:在公司盈余分配上,一方面,中小股东分不到利润;另一方面,在公司任职的控制股东凭借其任职机会,获取高额薪资。这与公司正义原则相违背。

为什么会出现这一现象呢?这与我们的理论假设有关。我们在进行公司立法时,假设所有股东的利益都是一致的,是整体意义上的股东。其实,一个公司中的股东既有相同的属性,也有不同的属性,甚至他们之间的利益是完全冲突的。所以,公司法规范股东问题时,一方面,既要重视共性,忽视其差异性,给予股东同等对待;另一方面,又要重视其差异性,忽视其共性,对不同股东差别对待。从股东与股东之间的关系伴随着权力性这一规律的发现,法律应该禁止控制股东权利滥用,并且赋予其对小股东的必要义务。

正是这种从"普遍意义上"的抽象股东到"具体意义上"的"有差异"的股东的转变,从处于社会劣势地位的利益保护出发,需要贯彻公司正义原则,对公司盈余分配行为进行必要干预。事实上,一些国家也是这么做的。例如,在美国,长期以来都承认股东有权向法院起诉不公平的盈余分配政策。① 又如,《德国股份法》第254条明文规定,符合一定条件的股东有权获得不低于4%的利率。

就公司盈余分配制度而言,公司自治原则应该尊重,但小股东的盈余分配请求权也应该予以恰当关照,防止公司大股东或管理层滥用权利而损害小股东利益。公司实践与法律现实是复杂的,这更要求处于复杂案件中的法官能够充分发挥主观能动性。② 也就是说,法院应该看到其真实的一面,摆脱形式主义,放弃概念法学,在具体的事实背景之下,适度追求实质正义。

五、股东盈余分配制度的重新检讨:忽视小股东利益保护

(一)公司盈余分配制度的利益结构

公司盈余分配制度直接涉及公司本身、管理层、股东、债权人等不

① Charles R. T. O'Kelley & Robert B. Thompson, *Corporations and Other Business Associations*, 5th, Aspen Publishers, 2006, p. 434.

② 参见梁上上:《利益衡量论》(第3版),北京大学出版社2021年版,第55~62页。

同主体之间的关系。这些关系可以分解为公司与管理层之间、公司与股东之间、公司与债权人之间、管理层与股东之间、管理层与债权人之间、股东与债权人之间等不同的法律关系，而且这些法律关系又往往交叉在一起，使问题变得更为复杂。在这些关系中，股东与债权人之间的关系需要借由公司这一中介进行传达与输送，所以，公司处于这些关系的核心地位，也是所有法律关系的载体。由于公司并不是自然人，而是法律所拟制的人，其意志需要通过其代理人行使，董事、经理等公司管理层的行为就至为关键。而且，这些种类众多的复杂关系，可以分为两类，即对内关系与对外关系。公司(含公司管理层)与债权人的关系为对外关系，其他关系为对内关系。由于公司与债权人的关系属于外部关系，容易受到公司的侵害，需要法律加以特别规范，以保护债权人利益。所以，公司盈余分配制度对这些复杂关系的处理上，主要是从债权人与社会利益的角度来制定的。公司盈余分配制度的复杂利益结构关系，见图 4－1：

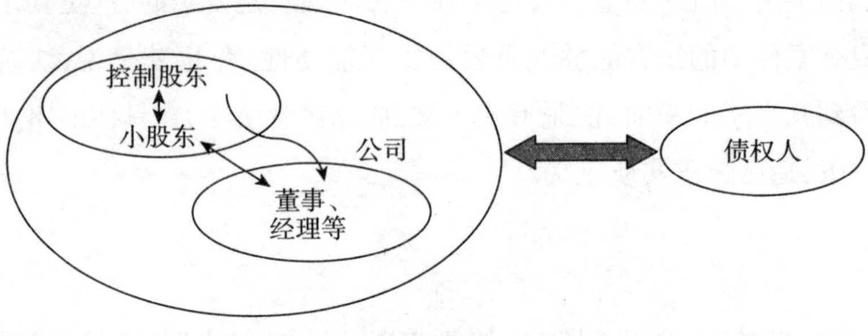

图 4－1　公司盈余分配制度的利益结构

(二)强调对债权人利益的保护

我国《公司法》第 166 条规定，公司税后利润应当依照下列顺序依次分配，即弥补公司亏损、提取法定公积金、提取任意公积金以及支付普通股股利。而且公司的法定公积金不足以弥补以前年度亏损的，公司在提取当年的法定公积金之前,应当先用当年利润弥补亏损。公司弥补亏损和提取公积金后所余税后利润,有限责任公司依照本法第34条①的规定分配;股份有限公司按照股东持有的股份比例分配,但股份有限公司章程规定不按持股比例分配的除外。该条还规定,股东会、股东大会或者董事会违反这一规定,在公司弥补亏损和提取法定公积金之前向股东分配利润的,股东必须将违反规定分配的利润退还公司。可见,这里着重规定了公司的可分配盈余额。而且,如果公司违反规定给股东分配利润的,股东必须退还给公司,从而确保公司有足够的资金来偿还债务。所以,从本条的立法设计看,是从公司可分配盈余额的角度规定了债权相对于股权具有优先地位,债权人利益可以获得比公司、股东更为优先的保护。

事实上,大多数国家或地区的规定与我国公司法的规定相同或类似,都强调对公司债权人的保护。例如,我国台湾地区"公司法"的规定与大陆公司法的规定相一致。② 又如,《日本公司法典》第454~465条也是保护公司债权人角度对公司盈余分配作了类似规定。美国、德国等国家的公司法的规定也与此相同。应当说,给予债权人保护的立法指导思想基本是可取的。

(三)公司盈余分配制度的漏洞:忽视对小股东利益的恰当保护

我国《公司法》关于公司盈余分配的法律规定,主要是从保护债权

---

① 《公司法》第34条 股东按照实缴的出资比例分取红利;公司新增资本时,股东有权优先按照实缴的出资比例认缴出资。但是,全体股东约定不按照出资比例分取红利或者不按照出资比例优先认缴出资的除外。

② 我国台湾地区"公司法"第232条 非弥补亏损及依本法规定提出法定盈余公积后,不得分派股息及红利。公司无盈余时,不得分派股息及红利。但法定盈余公积已超过实收资本额百分之五十时,得以其超过部分派充股息及红利。公司负责人违反第一项或前项规定分派股息及红利时,各处一年以下有期徒刑、拘役或科或并科新台币六万元以下罚金。

第233条 违反前条规定分派股息及红利时,公司之债权人,得请求退还,并得请求赔偿因此所受之损害。

人的角度,限制公司进行盈余分配。但是,公司盈余分配制度的利益结构已经清晰地显示,不仅应该对公司与债权人的外部关系加以规范,还应该对公司与股东之间的内部关系作出规范。

其实,在公司内部,股东这一群体内部也存在相当大的差异性。小股东与大股东在公司中的地位是不同的,大股东处于强者地位,小股东处于弱者地位。而且,他们在利益分配上也会有不同倾向或者意见。小股东常常会受到大股东的压制,使其利益受损或得不到保护。同时,股东与公司管理层之间的利益也会存在冲突。由于公司董事等人选往往是由控制股东决定的,所以大股东与小股东的矛盾也可能转化为小股东与管理层的冲突,受到公司控制股东与管理层的压制。从这个意义上讲,与债权人一样,小股东利益也应当获得法律的适当关注与保护,避免受到公司管理层或控制股东的压制。

在美国,闭锁公司小股东经常遭受着大股东或者管理层的压制(Oppression)。[①] 闭锁公司的控制股东或者管理层限制分配股利、拒绝给小股东投资回报是压制小股东的典型方式之一。[②] 当小股东无法分取红利而利益受损时,除了采取转让所持股份、请求解散公司等救济措施外,还可以通过起诉董事、控制股东等违反信义义务而强制公司分配盈余。而且,相对于解散公司等较为激烈的救济措施,这种救济方式更为常见。此外,德国也有类似的制度。

这是因为公司毕竟与公益性企业不同,它最大的特点在于其营利

---

① Oppression 一词,在公司法上是指公司(特别是闭锁公司)董事或者控制人对小股东的不公平对待(Oppression, In Black's Law Dictionary, 9th, 2009, p. 1203)。而压制又与 Squeeze-out、Forceout 存在密切联系。有人认为,Squeezeout 包括 Freezeout 和 Forceout,其中,Freezeout 是指以不让小股东参加公司股利的方式,迫使其不利条件向大股东出售或购买股份。Forcesout 是指大股东通过操纵公司基本结构来消除小股东利益,例如,大股东把公司资产出售给自己控制的公司。(Lewies D. Solomon & Alan R. Palmiter, *Corporations*, 3rd, China Fangzheng Press, 2004, p. 487)

② Arthur R. Pinto & Douglas M. Branson, *Understanding Corporate Law*, Matthew Bender & Company, Incorporated, 1999, p. 75.

性。所谓营利性,是指公司不但要积极地获取利润,并且把利润分配给股东。这与非营利性的其他组织是不同的。作为非营利性组织,并不追求利润,法律可以把规范的重点放在债权人利益的保护上。从公司盈余分配制度的利益结构的解剖中可以看出,公司法需要对股东与公司之间的利益分配关系作出规范。特别是当公司存在巨额盈余而基于不恰当目的故意不分配,致使股东投资公司的目的难以实现时,应当允许股东直接向法院提起盈余分配之诉。

显然,从我国公司法相关规定的立法模式看,其规范的对象是一般情形。但是社会是复杂的,可能存在许多立法者无法预见的情形。也就是说,还可能存在"一般"之外的"例外"情形。[①] 我国公司立法并没有预见到"公司存在巨额盈余但不予分配"的情况,没有对股东的强制盈余分配之诉加以规范是公司法的一大漏洞。但是,由于这一漏洞具有一定的"隐蔽性",在其他国家也存在。例如,《韩国公司法》也未对这一情形作出规定,有学者早已指出这是该国公司法上的一个漏洞。[②] 如何规范溢出立法者预见的"例外"情形,需要司法者发挥主观能动性,结合具体案件,弥补法律漏洞,作出妥当裁判。

六、强制盈余请求权救济的具体问题

目前,我国公司盈余分配纠纷的主要争议在于多年连续盈利但多年未分任何盈余所提起的诉讼。就股东盈余分配请求权诉讼的具体问题,美国、德国等有较为成熟的理论、立法和司法实践经验,可以借鉴。

---

① 参见梁上上:《利益衡量论》(第3版),北京大学出版社2021年版,第181~185页。

② 参见[韩]李哲松:《韩国公司法》,吴日焕译,中国政法大学出版社2000年版,第632页。

(一)公司类型对强制盈余请求权的影响

在美国,相对于公开公司而言,法院更愿意对闭锁公司的股东给予盈余分配的救济。[①] 在我国,公司可以分为有限责任公司与股份有限公司。相对于有限责任公司而言,股份有限公司的股权转让较为自由。如果股东对公司行为不满,可以采取“用脚投票”的方式离开公司进行自救。上市公司的股份流通更为方便,而且其红利分配制度也较为完善。但上市公司的分红状况也不能过于乐观。为此,中国证券监督管理委员会、上海证券交易所与深圳证券交易所都出台很多规定,鼓励上市公司建立长期分红政策,给投资者以现金回报。2012 年 5 月,中国证券监督管理委员会还发布了《关于进一步落实上市公司现金分红有关事项的通知》,以落实现金分红制度。这些规定与《上市公司证券发行管理办法》《公开发行证券的公司信息披露内容与格式准则第 2 号》等规范性文件相结合,实际上具有强制分配公司盈余的性质。2019 年修订的《证券法》第 91 条对上市公司的现金股利分配作出了明确规定。所以,股东强制盈余分配之诉经常发生于有限责任公司,也需要较股份有限公司获得更积极的保护。[②]

(二)诉的种类:不能局限于撤销之诉

最高人民法院认为,如果股东会违反章程的规定过分提取公积金,而不分配股利或者很少分配股利并以其作为压榨小股东手段时,受害股东可以申请法院对该决议予以撤销。[③] 的确,《德国股份法》第

---

① Steven L. Emanuel, *Corporations*, Aspen Publishers INC. ,2002, p. 548.

② 但有人认为,基于上市公司分红存在的问题,有选择性地赋予股东股利分配请求权是片面地杜绝了上市公司股东获得救济的最后途径。参见朱芸阳、王保树:《上市公司现金分红制度的自治与强制——以股利代理成本理论为逻辑基础》,载《现代法学》2013 年第 2 期。

③ 参见吴庆宝主编:《最高人民法院专家法官阐释民商裁判疑难问题》(增订版),中国法制出版社 2011 年版,第 83 ~ 84 页。

254 条有类似规定，如果根据理性商人的判断，即使为了确保可预见的一定时期内公司在经济上和财务上的生存能力与抗风险能力，也没有必要设立盈余公积金或者将利润结转到下一年度，并将红利分配率降至股本的 4% 以下，那么股东就可提起公司股东会决议撤销之诉。[①] 另外，《德国有限责任公司法》第 29 条也规定，公司如果以董事会、股东会决议的方式将某一年度所有利润转设为盈余公积金或者作为盈余结转，记入下一年度的账目，则少数股东可以向法院提起撤销之诉。[②] 可见，股东提起撤销之诉是一种可行的选项。

但是，股东强制盈余分配之诉不能局限于撤销之诉。这是因为撤销之诉本身具有局限性，并不适合所有案件。根据我国《公司法》第 22 条第 2 款的规定，股东可以向法院提起撤销之诉的有两种情形：一是股东会、董事会的会议召集程序、表决方式违反法律、行政法规或者公司章程的；二是决议内容违反公司章程的。如果属于这两种情形之一的，股东可以自决议作出之日起 60 日内，请求法院撤销。就股东强制盈余分配纠纷而言，存在以下情形：(1) 如果年度股东会议根本没有召开，虽然违反了公司法的程序性规定，但不存在撤销的对象，股东并不适合提起撤销之诉。(2) 如果公司已经作出不分配或少分配股利的决议，其决议程序并不违法，而且其决议内容也没有违反公司章程，股东也不能提起撤销之诉。其实，这两种情形的妥当诉讼种类是，股东向法院提起强制分配诉讼或者强制分配适当盈余额的诉讼。例如，作为判例法国家的美国就是允许股东向法院提起强制诉讼的，Dodge 案与 Zidell 案就是适例。所以，除了撤销之诉外，强制盈余分配之诉还应允许强制分配之诉或者强制分配适当盈余额之诉。

---

① 参见《德国股份法、德国有限责任公司法、德国公司改组法、德国参加决定法》，杜景林、卢谌译，中国政法大学出版社 2000 年版，第 114 页。

② 《德国有限责任公司法》，杜景林、卢谌译，中国政法大学出版社 2000 年版，第 185 页；参见[德]托马斯·莱塞、[德]吕迪格·法伊尔：《德国资合公司法》，高旭军等译，法律出版社 2005 年版，第 609 页。

(三)董事、控制股东的被告地位

在美国,正如 Dodge 案所表明的那样,董事、控制股东与公司一起可以成为共同被告。与美国不同,我国《公司法》的规定是,由董事会制定盈余分配方案提交公司股东会决议通过。这里存在的主要疑问有:(1)是否可从公司控制人、董事的角度加以规范?的确,我国《公司法》规定,公司股东会是盈余分配的决定机构,而董事会并不是最后决定机构。但是,从公司的实际运营看,真正其决定性作用的仍然是控制股东与公司董事。所以,从控制股东与董事的角度出发作出法律上规范是可行的。(2)什么是董事的信义义务?我国《公司法》第 147 条第 1 款规定,董事、监事、高级管理人员对公司负有忠实义务和勤勉义务。这一规定,通常解释为董事等管理层的信义义务。也就是说,赋予董事在公司盈余分配上某些义务,并不违反公司法的本意,也不违背我们对管理层的期待。但是,对董事等管理层的责任也不能过重,否则法院会成为事后"诸葛亮",反而影响公司正常经营活动,需要商事裁判规则对董事加以保护。由于我国缺少商事判断规则的明确规定,在赋予其义务时需要注意平衡,不要赋予董事过重的义务与责任。(3)控制股东也对小股东承担信义义务吗?虽然我国公司法没有关于控制股东的信义义务的规定,但是有关于控制股东禁止权利滥用的规定。该法第 20 条规定,公司股东应当遵守法律、行政法规和公司章程,依法行使股东权利,不得滥用股东权利损害公司或者其他股东的利益。公司股东滥用股东权利给公司或者其他股东造成损失的,应当依法承担赔偿责任。这一规定与民商法长期以来所坚持的诚实信用原则、禁止权利滥用原则是一脉相承的。而且,控制股东与董事一样对小股东承担信义义务符合惯常处理方法。例如,美国等经济发达国家一直把董事的信义义务沿用到控制股东上来,取得了很好的效果。

董事(或者控制股东)在公司盈余分配诉讼中是否参加诉讼?目

前,我国没有把董事作为被告等参加诉讼。只有董事长作为公司的法定代表人参加诉讼,而且也不是被告。其理由主要有:(1)长期以来的民商法理论认为,公司作为法人具有独立的人格。董事、董事会等只是公司的内部机构,是其构成部分,并不具有独立的主体身份。它反映到民事诉讼法上,董事长、董事、控制股东等就不能成为诉讼参加人。(2)盈余分配请求权指向的是公司对股东的分配义务,股东之间并无相互向对方支付红利的义务,董事也不向股东支付红利。[①] 其实,这一思路与公司法的实践是不相符的,需要修改。我认为,董事应该参加到公司诉讼中来。这是由公司诉讼的特殊性决定的。虽然股东会是所谓的决策机构,但是真正在盈余分配上发挥作用的是董事与控制股东。而且董事等参加诉讼,有利于查明案件事实,作出公正裁判。有利于公司执行法院判决,防止判决成为一纸空文。

如果参加诉讼,对于董事、控制股东的诉讼地位有两种不同的观点:一种观点认为,董事与公司是共同被告;另一种观点认为,董事处于第三人的诉讼地位。我认为,相较于第三人而言,董事、控制股东等作为被告更为合适。这是因为第三人可以分为有独立请求权的第三人与无独立请求权的第三人。我国《民事诉讼法》第 59 条第 1 款规定,对当事人双方的诉讼标的,第三人认为有独立请求权的,有权提起诉讼。据此,有独立请求权第三人在诉讼中的地位相当于原告。他既不同意原告的主张,也不同意被告的主张,他是为了维护自己的民事权益,以独立的身份向法院提起了一个新的诉讼。他享有原告的诉讼权利,也承担原告的诉讼义务。[②] 显然,董事不符合有独立请求权第三人的构成要件,不能成为这一类型的第三人。根据我国《民事诉讼法》

① 参见《公司分配利润应当以有可分配利润为法定前提——周慧君诉嘉兴市大都市置业有限公司、嘉兴大都市实业集团有限公司盈余分配纠纷案》,载江必新等主编:《公司诉讼指导案例选评》,法律出版社 2013 年版,第 75 ~ 79 页。

② 参见谭兵主编:《民事诉讼法》,法律出版社 2004 年版,第 186 页。

第59条第2款的规定,无独立请求权第三人是指对当事人双方的诉讼标的虽然没有独立请求权,但案件处理结果与其有法律上的利害关系的第三人。无独立请求权第三人可以申请参加诉讼,或者由人民法院通知其参加诉讼。所谓有法律上的利害关系,其实质是该第三人与本诉讼的当事人存在另一法律关系,而且本诉讼当事人争议的法律关系和该第三人与本诉讼当事人之间的法律关系具有一定的牵连性。①而且由于董事在诉讼过程中与公司是否承担责任密切相关,如果只享有"无独立请求权第三人"的诉讼权利,不利于公司利益的保护与查明案情,赋予董事等被告地位,从而享有当事人权利、承担当事人义务,更为合适。②

需要注意的是,如果被告方败诉,董事、控制股东并不与公司承担相同的责任。有人认为,如果控制股东与公司成为共同被告,就要承担连带责任。而公司法并未规定股东对公司的盈余分配负有连带责任。所以,让控制股东成为被告于法无据。③ 我认为,这种理解是存在问题的。其实,决定某一诉讼事件的当事人是否适格,应以原告所主张的诉讼标的在其所起诉的当事人之间是否适当且有意义作为判断标准,与法院的审理结果、原告所争执的权利或者法律关系是否存在无关。④ 换言之,诉讼法上当事人的当事人概念与实体法上权利义务所归属的当事人并无必然的联系。⑤

实际上,在我国审判活动中存在将公司的控制股东作为被告的案例。例如,在周慧君诉嘉兴市大都市置业有限公司、嘉兴大都市实业

---

① 参见谭兵主编:《民事诉讼法》,法律出版社2004年版,第188页。

② 我国2012年修正的《民事诉讼法》第49~51条对原被告当事人的权利作了规定。

③ 参见江必新等主编:《公司诉讼指导案例选评》,法律出版社2013年版,第79页。

④ 参见陈计男:《民事诉讼法论(上)》(修订四版),台北,三民书局2006年版,第103页。

⑤ 参见陈荣宗、林庆苗:《民事诉讼法(上)》(修订7版),台北,三民书局2009年版,第167~168页。

集团有限公司盈余分配纠纷案中,控制股东与公司一起为共同被告。[①]所以,赋予董事、控制股东被告地位是合适的。

(四)股东盈余分配请求权之诉的司法审查:以美国为借鉴

与我国的公司制度不同,美国公司的决定盈余分配权力属于董事会。在美国,股东的强制盈余分配请求权往往与小股东遭受压制联系在一起。但是,究竟什么是压制,美国法律留给法院通过司法实践去发展。过去20年,"对股东合理期待的拒绝"成为判断是否构成压制的标准。[②] 对于压制,美国可以对公司以及公司董事提起强制性的盈余分配之诉。基于公司董事对股东承担信义义务,所以小股东往往以董事违反信义义务为由起诉。

在公司法上,董事(或者控制股东)对小股东负有诚信义务与公平对待义务。如果公司作出不分配或者少分配盈余的决议是恶意的,就可以强制分配公司盈余。但是,与处理其他公司事物一样,董事可以获得商事判断规则的保护。[③] 所以,就盈余分配政策而言,如果其决定是善意作出的,反映了公司正当商业目的,而不是控制股东将来的私人利益,那就可以免责。Gay v. Gays' Super Markets, Inc. 案指出,要使司法干预合法,需要证明董事会不分配盈余的决定构成欺诈、恶意或者滥用决定权(an abuse of discretion)。[④] 也就是说,法院的任务是处理不法行为(wrongs),而非处理相互竞争的不同商业利益。没有欺诈、没有恶意、没有违反信义义务、不存在滥用决定权,就没有不法

---

① 一审:嘉兴市中级人民法院民事判决书,(2005)嘉民二初字第151号;二审:浙江省高级人民法院民事判决书,(2005)浙民二终字第288号。

② Arthur R. Pinto & Douglas M. Branson, *Understanding Corporate Law*, Matthew Bender & Company, Incorporated, 1999, p. 296.

③ Alan R. Palmiter, *Corporations*, 4th, Aspen Publishers, 2003, p. 520.

④ Gay v. Gay's Super Market, Inc., 343 A. 2d 577 (Me 1977).

行为。[①]

什么是董事或者控制股东的恶意呢？美国主要是通过法院的判例来发展的，判例与判例之间也存在细小差异。美国 Gottfried v. Gottfried 案指出，判断恶意的基本标准是董事是否把私人利益凌驾于公司利益之上。[②] 但同时认为，关于恶意，并没有什么绝对可靠的标准。以下事实与恶意有关，可以作为恶意的证据：**控制股东对小股东的深刻敌意；排斥小股东在公司就业；对管理层的高工资、高奖金以及公司对其进行高额贷款；如果巨额盈余分配将导致控制方缴纳高额个人所得税；董事存在以尽可能低的价格获得小股东的股份等**。但是，如果没有动因（Motivating Causes），他们也不构成法律上的"恶意"。[③]

有人认为，在涉及盈余分配的案件中，**关键性因素是公司储备着巨大的不合理现金**。这一储备只可能解释为控制多数派的恶意。[④] 著名的案例是 Dodge v. Ford Motor Co. 案[⑤]。在该案中，原告股东是 Ford 汽车公司的两位小股东，而大股东 Henry Ford 则持有 58% 股份并控制该公司。1916 年该公司获得巨额利润，其可分配盈余额高达 6000 万美元，但实际仅仅分配了 300 万美元，仅占可分配盈余额的 5%。令人吃惊的是，10 多年来，平均每年的实际分配利润占可分配额的 45%，而且 1916 年的可分配额大约是 1914 年、1915 年的 2 倍。[⑥] 但是 1917 年，公司董事会却决定该年度的公司利润用于扩展生产工厂、降低汽车价格，不给公司股东分发红利。原告 Dodges 提起诉讼，初审法院判决禁止公司扩建生产工厂，并命令公司支付 19, 275, 384. 96

---

① Gay v. Gay's Super Market, Inc. , 343 A. 2d 580 (Me 1977).

② Gottfried v. Gottfried, 73 N. Y. S. 2d, 692, 695 (Sup. Ct. 1947).

③ Gottfried v. Gottfried, 73 N. Y. S. 2d, 695 (Sup. Ct. 1947).

④ Charles R. T. O'Kelley & Robert B. Thompson, *Corporations and Other Business Associations*, 5th, Aspen Publishers, 2006, p. 438.

⑤ Dodge v. Ford Motor Co. , 204 Mich. 459. 170 N. W. 668.

⑥ M. Todd Henderson, *The Story of Dodge v. Ford Motor Company: Everything Old is New Again*. In*Corporate Law Stories*, ed. J. Mark Ramseyer, Foundation Press, 2009, p. 58 – 59.

美元用于分派红利,约占公司当年可分配利润的32%。但是,密歇根最高法院维持初审法院分红判决,撤销其他判决。又如在 Miller v. Magline Inc. 案中,法院认为,多数派股东给自己支付巨额奖金,公司存储了大量的工作资金,是一种过剩的工作资金,判令给股东分配盈余。①

关于"恶意"的举证责任在原告一方,这是适用商事裁判规则的必然结果。在美国的 Zidell v. Zidell 案②中,原告是公司的离职股东,其他股东则在公司中担任董事等重要职位,原告与其他大股东之间存在矛盾,公司支付给这些担任职位的股东的薪资与奖金非常多,但他无法享受薪酬上的利益。为此,原告向法院起诉,请求提高 1974 年度的公司盈余分配额度。但是,被告解释其保守的盈余分配政策是基于公司提升硬件的需要,是公司可能重建主要工厂的需要,是用现金支付大额存货的需要,是重建近于报废的船坞的需要,是资金紧张时应付银行短期借款的需要。被告还证明,1973 年与 1974 年高额的利润是由不寻常的经济环境带来,而这一经济环境并不具有可持续性。原告要求被告提供会计报表等材料加以证明,但是法院认为应该由原告承担举证责任,被告不承担举证责任,驳回了原告起诉。有人认为,正如 Zidell v. Zidell 案所表明,商事裁判规则与股份多数决导向的传统偏见依然留给多数派实质性决定权。③ 小股东的举证困难有时还与公司的经营状况联系在一起。特别是面对经营业绩突出的公司,正如 Cookies Food Products, Inc v. Lakes warehouse Distributing, Inc. 案④所表明,即使由董事与控制股东承担其所作决议对公司公平的举证责

① Miller v. Magline Inc. ,76 Mich. App. 284,306,256 N. W. 2d 761,771 (1977).

② Zidell v. Zidell, Oregon Supreme Court, 1977, 277 Or. 413, 560 P. 2d 1086.

③ Charles R. T. O'Kelley & Robert B. Thompson, *Corporations and Other Business Associations*, 5th, Aspen Publishers, 2006, p. 434 – 435.

④ Cookies Food Products, Inc. v. Lakes warehouse Distributing, Inc. 430 N. W. 2d 447 (Iowa 1988).

任,小股东也会遭遇败诉。但是,对公司小股东而言,起诉公司控制人违反信义义务毕竟是一种救济途径。最近30多年来,一些法院对处于困境中的小股东施以更多同情,已经加强了公司董事等人的信义义务。①

在我国,控制股东压制小股东,董事会等内部人员控制等大量存在,导致公司不分配利润而引发的诉讼越来越多,法院强制公司盈余分配的判决也越来越多。在我国公司盈余分配纠纷案件中,大多采取与美国类似的判断标准。例如,在甘肃居立门业有限责任公司与庆阳市太一热力有限公司、李昕军公司盈余分配纠纷案②中,最高人民法院认为,在公司盈余分配纠纷中,虽然请求分配利润的股东未提交载明具体分配方案的股东会或股东大会决议,但是当有证据证明公司有盈余且存在部分股东变相分配利润、隐瞒或转移公司利润等滥用股东权利情形的,可以强制盈余分配。《公司法司法解释(四)》第15条已经明确规定,违反法律规定滥用股东权利导致公司不分配利润给其他股东造成损失的,股东可以请求公司分配利润。什么是"违反法律规定滥用股东权利导致公司不分配利润给其他股东造成损失"?这需要法院结合案件的具体情况进行裁量。一般地,可以结合以下因素进行综合裁量:(1)给在公司任职的股东或者其指派的人员发放与公司规模、营业业绩、同行业薪酬水平明显不符的过高薪酬,变相给该股东分配利润;(2)购买与经营不相关的服务或者财产供股东消费或者使用,变相分配利润;(3)为了不分配利润而隐瞒或者转移公司利润;(4)滥用

---

① Lewies D. Solomon & Alan R. Palmiter, *Corporations*, 3rd, China Fangzheng Press, 2004, p. 489.

② 参见甘肃居立门业有限责任公司与庆阳市太一热力有限公司、李昕军公司盈余分配纠纷案,最高人民法院民事判决书,(2016)最高法民终528号,载《最高人民法院公报》2018年第8期。

股东权利不分配利润的其他行为。①

(五)多年未分配是董事失职的重要证据

股东强制盈余分配请求与股东年会制度密切相关。最高人民法院认为,有限责任公司股东会不是每年召开,股份有限公司每年要召开股东大会。② 这种观点并不符合公司法精神,是错误的。

虽然我国现行公司法没有规定有限责任公司应该每年召开一次会议,但是可以从公司法与会计法的相关规定中推导出来。这是因为《公司法》第164条第1款规定,公司应当在每一会计年度终了时编制财务会计报告,并依法经会计师事务所审计。而《会计法》第11条规定,会计年度自公历1月1日起至12月31日止。《企业会计准则——基本准则》第44条第2款规定,财务会计报告包括会计报表及其附注和其他应当在财务会计报告中披露的相关信息和资料。会计报表至少应当包括资产负债表、利润表、现金流量表等报表。同时,我国《公司法》第46条与第108条第4款规定,制定公司的利润分配方案和弥补亏损方案属于董事会的职权。与此相呼应,第37条第1款与第99条规定,股东会的职权是审议批准公司的利润分配方案和弥补亏损方案。通说认为,股份有限公司每年有一次会议,有限责任公司每年也应该召开至少一次股东会会议。③

实际上,我国的股东年会规则也与先进国家的规定相一致。例如,《美国示范商事公司法》第7.03节规定,如果在公司会计年度结束

---

① 参见杜万华主编、最高人民法院民事审判第二庭编著:《最高人民法院公司法司法解释(四)理解与适用》,人民法院出版社2017年版,第328~330页。

② 《加强调查研究,探索解决之道——最高人民法院民二庭庭长宋晓明就在全国民商事审判工作会议中提出的若干疑难问题答记者问》,载最高人民法院民事审判第二庭编:《民商事审判指导》(2007年第1辑),人民法院出版社2007年版。

③ 参见王保树、崔勤之:《中国公司法原理》(修订第3版),社会科学文献出版社2006年版,第90页;桂敏杰、安建主编:《新公司法条文解析》,人民法院出版社2006年版,第98页;赵旭东主编:《公司法学》(第3版),高等教育出版社2012年版,第352页。

后 6 个月或者上次年度会议后 15 个月(以两者中较早的一个时间为准)公司年会未能召开的,基于任何有权参加年会的股东的申请,法院可以要求公司召开股东会议。

不论是有限责任公司还是股份有限公司,每年都应该召开股东会,并且就上一会计年度的利润分配(分不分,分多少)与弥补亏损作出决议。这是董事会与股东会的职权所在。就职权的本质而言,其内容并不仅仅是权力,更是含有义务,具有一定的强制性。相对于西方国家每年的股东年会后就可以提起诉讼的制度相比,如果公司多年来获得巨额盈余,但不召开股东会议或者未作出利润分配决议,受害小股东更应该获得法律保护。董事会的不召开会议等事实本身,就是其失职的重要证据。

(六)公司盈余分配具体数额的确定

对于应当盈余分配的,有两种裁判方式可供法院选择。第一种方式是,法院直接判决公司在合理期间内作出利润分配决议。例如,在张俊与张浩等盈余分配权纠纷案①中,法院判决原审被告张浩、浩盛公司于判决生效之日起 1 个月内召开股东会,审议公司利润分配方案,并作出决议。第二种方式是,法院通过判决直接确定待分配的利润数额,同时要求在合理的期限内履行该义务。应当说,我国司法实践中存在的两种判决方式都是可以的,但从判决执行的效果与当事人利益保护的角度看,法院直接判决具体的数额更容易被接受。例如,在潘某诉上海某制冷设备安装有限公司等盈余分配纠纷案②中,上海市普陀区人民法院明确指出,由于原、被告双方关系日趋紧张,目前由原、被告以召开股东会的形式审议通过某公司盈余分配的决议,显然缺乏必要的条件和基础。所以,由法院直接判决具体的盈余分配数

---

① 上海市第一中级人民法院民事判决书,(2003)沪一中民三(商)终字第 116 号。

② 上海市普陀区人民法院民事判决书,(2008)普民二(商)初字第 1244 号。

额是更为可取的方案。

股东行使强制盈余分配请求权,必然涉及公司应分配盈余的具体数额。如果关于公司盈余分配的期限、范围、比例、金额等,公司章程、股东会决议或者股东协议等文件存在事前明确约定的,可以遵从已有的约定。如果没有约定,关于公司盈余分配的具体数额,法院能否干预呢?如果可以,如何干预呢?有人认为,法官不是商人,是无法确定盈余分配具体数额的,让法院介入该具体数额的确定并不合适。也有人认为,应该允许直接判令公司分配股利,包括根据商务经营惯例确定具体的分配数额。①

我认为,确定可分配盈余额的实质是证据问题,可以根据证据规则加以确定。根据我国公司法、会计法等确立的会计准则,以及民事诉讼法等确立的证据规则,法院是有能力进行干预的。

1. 确定最高盈余分配额。也就是说,公司分配利润应该以有可分配利润为法定前提。② 根据我国《公司法》第 166 条的规定,公司获取的当年税后利润,不能全部用于分配股利。其需要在弥补亏损、提取法定公积金之后才能进行分配。所以,公司的最高盈余分配额 = 税后利润 - 公司亏损 - 公积金(主要是法定公积金)。

2. 确定最低盈余分配额。根据《公司法》的规定,公司股东会有权决定提取一定数额的任意公积金。提取任意公积金的数额直接影响股东实际可以获得分配的数额。一方面,需要考虑公司经营发展的需要;另一方面,又要考虑股东分取适当红利的需要。对此,《德国股份法》第 254 条规定,如果根据理性商人的判断,即使为了确保可预见的一定时期内公司在经济上和财务上的生存能力与抗风险能力,也没有

① 参见王欣新:《论法院对股东股利分配请求权的保护》,载《人民法院报》2007 年 1 月 17 日,第 5 版。

② 参见《公司分配利润应当以有可分配利润为法定前提》,载江必新等主编:《公司诉讼指导案例选评》,法律出版社 2013 年版,第 77、79 页。

必要设立盈余公积金或者将利润结转到下一年度，并将红利分配率降至股本的4%以下，那么股东就可提起公司股东会决议撤销之诉。[①]可见，公司资本金4%是最低的盈余分配比例。此外，《德国有限责任公司法》第29条不是强制性规定，没有规定盈余分配的最低限额。但是有人指出，这会危及少数股东的利益，建议无论如何应在公司章程中规定一个最低股息率，[②]并认为应该将该法第254条的规定作为判断分配最低红利的适当标准。[③]

我国没有规定最低分配额，由于公司的盈余分配是按年度进行的，所以可以参照1年期的银行定期存贷款利率为基准加以确定。我国目前大多数银行的1年期定期存款利率为3.15%左右，1年期的贷款利率为6%左右。股东向公司出资，在资金流向上更类似于银行向公司贷款，而且其风险一般比贷款更大。在我国的实际贷款活动中，公司对银行付出的综合成本会远远高于显性的6%利率。所以，如果公司年度可分配盈余率较高时，按照6%的1年期贷款利率作为最低分配额是合适的。当然，这不是绝对的，需要与具体的案情相结合。

3. 参考上市公司分红比例。中国证券监督管理委员会2008年颁布的《关于修改上市公司现金分红若干规定的决定》规定，将《上市公司证券发行管理办法》第8条第5项“最近三年以现金或股票方式累计分配的利润不少于最近三年实现的年均可分配利润的百分之二十”修改为“最近三年以现金方式累计分配的利润不少于最近三年实现的年均可分配利润的百分之三十”。可见，有限责任公司按照年度可分

---

① 参见《德国股份法、德国有限责任公司法、德国公司改组法、德国参加决定法》，杜景林、卢谌译，中国政法大学出版社2000年版。

② 参见[德]托马斯·莱塞、[德]吕迪格·法伊尔：《德国资合公司法》，高旭军等译，法律出版社2005年版，第611页。

③ 参见[德]托马斯·莱塞、[德]吕迪格·法伊尔：《德国资合公司法》，高旭军等译，法律出版社2005年版，第610页。

配利润的30%左右进行盈余分配具有较大合理性。

4. 可以委托会计师事务所等中介机构进行审计。我国《民事诉讼法》第79条规定，当事人可以就查明事实的专门性问题向人民法院申请鉴定。当事人申请鉴定的，由双方当事人协商确定具备资格的鉴定人；协商不成的，由人民法院指定。当事人未申请鉴定，人民法院对专门性问题认为需要鉴定的，应当委托具备资格的鉴定人进行鉴定。可见，原、被告双方可以委托会计师事务所等机构进行审计。双方达不成协议，法院可以委托审计师事务所、会计师事务所等中介机构提出鉴定意见。在我国的司法实践中，许多案件都是委托审计机构提出专业意见的。

总之，对于如何在裁判中确定应该分配的利润数额的问题，应赋予法院裁量权。在最高盈余分配额与最低盈余分配额之间，结合原告与公司的具体情况，法院是可以确定合理的分配数额的。

七、结论

在胡克案中，河南思维公司经营状况良好，注册资本仅为300万元的公司已经累积盈余1亿多元，另有资本公积金约3500万元与盈余公积金6300多万元，公司累积总额高达注册资本的67倍。但是，自该公司成立6年多来竟然未向股东胡克分派1分钱的利润。显然，这是违背公司正义原则的，法院对胡克提出的诉讼请求应该予以支持。

公司盈余分配纠纷日益频繁，我国法院越来越倾向于以公司自治的名义而不加干预，限制了小股东正当权利的行使。这与公司正义的基本精神并不符合。在公司自治与公司正义的关系上，我们一方面尊重公司自治，法院不要多管闲事。另一方面，公司自治不是画地为牢，更不能排斥法院干预。公司不是准慈善机构(semi-eleemosynary institution),而是商业机构。股东设立公司、经营公司的主要目的是获取利润。董事或者控制股东应该围绕这一目的行使自己的权利,不能偏离这一目的用减少利润或者不分配利润的方法去实现其他不正当目的。所以,法院对受害股东给予救济在任何时候都应该是开放的。

造成目前司法实践的困局,既与对公司自治的误解有关,也与公司立法的疏漏有关。这需要法官面对复杂案件,能够积极地发挥其主观能动性,切实弥补公司法漏洞,抛弃公司自治与司法干预对立的不正确观点,谨慎处理公司自治与公司正义的关系,妥当保护小股东利益。也就是说,公司盈余分配纠纷案件是极为复杂的,不能因为属于公司自治的简单理由而不予支持,法院应该坚持公司自治与公司正义并重的原则,遵循情境主义原则,紧密结合具体案件的事实、逻辑、价值,采取具体案件具体分析的个案利益衡量方法,最终决定是否干预。[①]

① 参见梁上上:《制度利益衡量的逻辑》,载《中国法学》2012 年第 4 期。

第五章　未出资股东对公司债权人的补充赔偿责任

2013年12月，我国《公司法》对公司资本制度作了重要修改。与此相关，公司注册资本登记制度也作了相应修改，大大放松了对市场主体准入的管制，降低准入门槛，以促进市场主体加快发展。[①] 特别是，2013年《公司法》实行注册资本认缴登记制度，不再限制公司设立时全体股东（发起人）的首次出资比例，不再规定公司股东（发起人）缴足出资的期限，公司实收资本不再作为登记事项。公司登记时，无须提交验资报告。这次修改后，出现了大量1元公司等侏儒公司，也出现了注册资本巨大、缴纳期限为100年的所谓无赖公司。[②] 这不但

---

① 参见《国务院关于印发注册资本登记制度改革方案的通知》（国发〔2014〕7号），2014年2月7日发布。

② 参见甘培忠：《论公司资本制度颠覆性改革的环境与逻辑缺陷及制度补救》，载《科技与法律》2014年第3期。该文所指的无赖公司是公司章程所定注册资本为巨大数额，但实际缴付资本则为极小数额，余额在章程中约定自公司成立后第50年或第100年时缴付到位。

引来了广泛而激烈的讨论,也引起了人们对损害债权人利益的担心。[①] 那么,此次《公司法》修改是否弱化了对公司债权人的保护,损害了债权人的利益呢?我们应该如何保护债权人利益呢?这里涉及的重要问题之一是未出资股东对公司债权人的补充赔偿责任。

一、债权人保护在2013年《公司法》修正后面临的新问题

例如,A、B、C、D、E于2014年3月5日成立了甲有限责任公司。该公司的章程约定:注册资本为1000万元,各股东在2034年3月5日缴足。2014年7月1日,甲公司向乙购货,欠货款100万元,甲公司无力清偿。乙请求五位股东承担补充赔偿责任。股东提出抗辩,公司章程约定的出资期限未到,不承担赔偿责任。法院应该如何处理呢?

这里涉及的是未出资股东对公司债权人的补充赔偿责任。关于股东的补充赔偿责任,《公司法司法解释(三)》第13条第2款有明确规定。这是保护债权人利益的重要制度。结合本案,法院需要解决的主要问题是:(1)什么是未出资股东的补充赔偿责任?(2)股东履行出资的期限未到,债权人乙是否只能在20年后才有权请求股东承担责任?(3)补充责任的所谓补充性体现在哪里?什么是公司债务不能清偿?应该如何认定?(4)如何理解"股东未届到期出资"?股东是否可以主张扣除相关利息?这些问题,特别是股东有关缴纳出资期限

---

① 本次修改后,我国已经召开了多次会议就公司注册资本登记制度改革与债权人关系为主题的研讨会。例如,2014年4月在中国社会科学院法学研究所召开的公司资本制度现代化研讨会、2014年5月在中国政法大学召开的第三届公司法司法适用高端论坛、2014年7月在哈尔滨商业大学召开的第四届海峡两岸商法论坛等。

的约定对债权人权利救济的影响，都与本次修正有重大关联，引发了重大争议，需要认真研究。

二、作为补充责任的未出资股东赔偿责任

《公司法司法解释(三)》第13条第2款规定："公司债权人请求未履行或者未全面履行出资义务的股东在未出资本息范围内对公司债务不能清偿的部分承担补充赔偿责任的，人民法院应予支持；未履行或者未全面履行出资义务的股东已经承担上述责任，其他债权人提出相同请求的，人民法院不予支持"。这是我国未出资股东[①]对债权人的补充赔偿责任的法律规范。该责任在性质上属于补充责任，其表现形态具有特殊性。

(一)补充责任是独立的责任形态

什么是补充责任？补充责任是否为一种独立的责任形态？补充责任是指在责任人的财产不足以承担其应负的民事责任时，由相关的人对不足部分予以补充的责任。[②] 在民法理论上，有人认为，补充责任是一种与连带责任、按份责任相对应的新型责任。[③] 我支持这种观点，它是由责任顺位的本质属性所决定的。具体理由为：

1. 在我国民法传统理论中，通常将多数人之债分为按份之债与连带之债，[④]没有补充责任。按份责任是数个债务人各自就自己承

① 本书所指的未出资股东包括已到出资合同约定履行期未履行或者未全面履行出资义务的股东，以及未到出资合同约定履行期而未履行出资义务的股东。

② 参见魏振瀛主编：《民法》，高等教育出版社2000年版，第48页。

③ 参见张新宝：《我国侵权责任法中的补充责任》，载《法学杂志》2010年第6期；张景良、黄砚丽：《关于侵权补充责任形态的若干思考》，载《人民司法·应用》2012年第15期。

④ 参见王家福主编：《民法债权》，法律出版社1991年版，第40~53页。

担的债务份额负清偿的义务；连带责任是指债务人有数人时，各债务人均负有全部给付的债务，且全部债务因一次全部给付而归于消灭的责任。在按份责任与连带责任之外，增加一种全新的责任形态，有利于满足多样化的社会需求，也有利于适应复杂社会的法律需求。

2. 补充责任的顺位补充性，使其不同于连带责任与按份责任。补充责任与按份责任的区别是明显的。同样，补充责任的顺位补充性也根本不同于连带责任。这可以从一般保证与连带保证的对比中看出来。在保证方式中，存在一般保证与连带保证之区分。根据《担保法》第 17 条第 2 款的规定，一般保证的保证人在主合同纠纷未经审判或者仲裁，并就债务人财产依法强制执行仍不能履行债务前，对债权人可以拒绝承担保证责任。[①] 而该法第 18 条第 2 款规定，连带责任保证的债务人在主合同规定的债务履行期届满没有履行债务的，债权人可以要求债务人履行债务，也可以要求保证人在其保证范围内承担保证责任。[②] 由此可见，两种保证方式的根本区别在于责任承担的顺位性。如果认为补充责任不是独立于连带责任的一种责任形态，而是不真正

---

① 《民法典》延续了这一规定。

《民法典》第 687 条　当事人在保证合同中约定，债务人不能履行债务时，由保证人承担保证责任的，为一般保证。

一般保证的保证人在主合同纠纷未经审判或者仲裁，并就债务人财产依法强制执行仍不能履行债务前，有权拒绝向债权人承担保证责任，但是有下列情形之一的除外：

(1) 债务人下落不明，且无财产可供执行；

(2) 人民法院已经受理债务人破产案件；

(3) 债权人有证据证明债务人的财产不足以履行全部债务或者丧失履行债务能力；

(4) 保证人书面表示放弃本款规定的权利。

② 《民法典》延续了这一规定。

《民法典》第 688 条　当事人在保证合同中约定保证人和债务人对债务承担连带责任的，为连带责任保证。

连带责任保证的债务人不履行到期债务或者发生当事人约定的情形时，债权人可以请求债务人履行债务，也可以请求保证人在其保证范围内承担保证责任。

连带责任的一种特殊情形,[①]即从属于连带责任的子概念,其必然的逻辑推理是,因为一般保证属于补充责任,所以其从属于连带责任。这导致的结果是,一般保证与连带保证的区别将不复存在。显然,这是违背立法原意的。

3. 承认补充责任的独立地位符合我国立法的历史发展。我国关于补充责任的立法起源于 1995 年《担保法》第 17 条关于一般保证的法律规定。该法第 17 条第 1、2 款规定,当事人在保证合同中约定,债务人不能履行债务时,由保证人承担保证责任的,为一般保证。一般保证的保证人在主合同纠纷未经审判或者仲裁,并就债务人财产依法强制执行仍不能履行债务前,对债权人可以拒绝承担保证责任。此后,最高人民法院陆续颁布了许多涉及补充责任的司法解释。1997 年《最高人民法院关于审理存单纠纷案件的若干规定》第 8 条第 2 款对金融机构的补充赔偿责任作了规定。2003 年 12 月《最高人民法院关于审理人身损害赔偿案件适用法律若干问题的解释》第 6 条[②]规定了

---

① 有人认为,补充责任是不真正连带责任的一种特殊情形。参见杨立新:《侵权行为法》,复旦大学出版社 2005 年版,第 230 页;陈现杰主编:《中华人民共和国侵权责任法条文精解与案例解析》,中国法制出版社 2010 年版,第 130 页。

这种观点并不可取。典型的不真正连带责任是财产保险中的保险人、造成保险事故的第三人对被保险人承担的责任。但是,因为不真正连带责任这一概念存在难以界定的困难,本身面临巨大的存在危机(参见史尚宽:《债法总论》,中国政法大学出版社 2000 年版,第 672 页),借用不当概念去解释一个全新概念是不妥的。其实,不真正连带责任的实质是就单一法益而发生的对数个不同的债务人之请求权。所以,应该认可补充责任是一种的独立责任形态,使其与连带责任、按份责任相并列。

② 《最高人民法院关于审理人身损害赔偿案件适用法律若干问题的解释》第 6 条　从事住宿、餐饮、娱乐等经营活动或者其他社会活动的自然人、法人、其他组织,未尽合理限度范围内的安全保障义务致使他人遭受人身损害,赔偿权利人请求其承担相应赔偿责任的,人民法院应予支持。

因第三人侵权导致损害结果发生的,由实施侵权行为的第三人承担赔偿责任。安全保障义务人有过错的,应当在其能够防止或者制止损害的范围内承担相应的补充赔偿责任。安全保障义务人承担责任后,可以向第三人追偿。赔偿权利人起诉安全保障义务人的,应当将第三人作为共同被告,但第三人不能确定的除外。

安全保障义务人的补充赔偿责任,第7条[①]规定了学校、幼儿园等教育机构的补充赔偿责任,并为2009年12月的《侵权责任法》第37条与第40条所延续。2007年6月《最高人民法院关于审理涉及会计师事务所在审计业务活动中民事侵权赔偿案件的若干规定》第10条规定了会计师事务所的补充赔偿责任。2009年12月的《侵权责任法》第34条还规定了劳务派遣单位的补充责任。[②] 这样,我国已经形成了较为广泛的补充责任规范。从立法资料可以看出,这些补充责任的法律规范是立法者有意为之,并非无心插柳。例如,《侵权责任法》的立法者清晰地认为,补充责任是我国特有的法律制度,国外无论是成文法还是判例中都没有这一制度。[③]《民法典》第1198条第2款仍然规定经营者、管理者或者组织者未尽到安全保障义务时承担相应的补充责任;该法第1201条第2款仍然规定幼儿园、学校或者其他教育机构未尽到管理职责时承担相应的补充责任。可见,我国立法者引入补充责任对某些特殊行为加以规范的做法是一贯的、明确的。

4. 承认补充责任的独立地位与主流学说史相一致。早在20世纪90年代就有人认为,我国1986年《民法通则》第65条第3款的代理人

---

① 《最高人民法院关于审理人身损害赔偿案件适用法律若干问题的解释》第7条　对未成年人依法负有教育、管理、保护义务的学校、幼儿园或者其他教育机构,未尽职责范围内的相关义务致使未成年人遭受人身损害,或者未成年人致他人人身损害的,应当承担与其过错相应的赔偿责任。第三人侵权致未成年人遭受人身损害的,应当承担赔偿责任。学校、幼儿园等教育机构有过错的,应当承担相应的补充赔偿责任。

② 《侵权责任法》第34条第2款规定,劳务派遣期间,被派遣的工作人员因执行工作任务造成他人损害的,由接受劳务派遣的用工单位承担侵权责任;劳务派遣单位有过错的,承担相应的补充责任。但是,2020年《民法典》第1191条第2款已经将劳务派遣单位的补充责任修改为相应责任。

③ 参见全国人大常委会法制工作委员会民法室编:《侵权责任法立法背景与观点全集》,法律出版社2010年版,第669页。

责任与第133条第2款的监护人责任是关于补充责任的规定。[①] 但是,关于代理人的连带责任是一种补充责任的说法,混淆了连带责任与补充责任的区别,已经不被接受。另外,监护人责任属于补充责任的观点也越来越受到质疑。[②] 可见,这两者未必是真正意义上的补充责任。[③] 其实,我国补充赔偿责任的真正起源是1995年《担保法》第17条关于一般保证的法律规定。虽然这是一个历史的误会,但是,学者已经认识到,对多数人之债的传统分类中仅有的按份之债与连带之债难以因应实践的需求,还需要其他的责任形态。此后,许多学者对补充责任进行了大量的研究,并在不同版本的专家建议稿中加以规定。例如,梁慧星主编的《中国民法典草案建议稿》、王利明主编的

---

① 参见邹瑜、顾明主编:《法学大辞典》,中国政法大学出版社1991年版,第824页;佟柔主编:《中华法学大辞典·民法学卷》,中国检察出版社1995年版,第33页。

《民法通则》第65条第3款规定,委托书授权不明的,被代理人应当向第三人承担民事责任,代理人负连带责任。《民法通则》第133条第2款规定,有财产的无民事行为能力人、限制民事行为能力人造成他人损害的,从本人财产中支付赔偿费用。不足部分,由监护人适当赔偿,但单位担任监护人的除外。本条规定在《侵权责任法》第32条第2款得到延续。

② 通说认为,《民法通则》第133条第2款与《侵权责任法》第32条第2款,依据被监护人有无自己的财产,将责任分为两种情形。这两个条文第2款所提及的"不足部分,由监护人赔偿"表明,监护人责任属于补充赔偿责任。参见王利明、周友军、高圣平:《中国侵权责任法教程》,人民法院出版社2010年版,第466页;张新宝:《侵权责任法》,中国人民大学出版社2006年版,第211页;杨立新:《侵权行为法专论》,高等教育出版社2005年版,第204、205页;最高人民法院侵权责任法研究小组编著:《〈中华人民共和国侵权责任法〉条文理解与适用》,人民法院出版社2010年版,第237页。

但是,也有人认为这不是补充责任。参见薛军:《走出监护人"补充责任"的误区——论〈侵权责任法〉第32条第2款的理解与适用》,载《华东政法大学学报》2010年第3期。

③ 监护人责任不属于补充责任是妥当的。这是因为监护人责任本质上属于替代责任,并不是监护人的固有责任。该责任本应由无民事行为能力人或者限制民事行为能力人来承担责任,由于其不具有民事责任能力,为保护债权人利益,由监护人代为承担。当无民事行为能力人、限制民事行为能力人有财产时,由他们自己来承担支付赔偿费用是顺理成章的。实际上,该条第2款规定的仅仅是"赔偿费用的支付方式",是在监护人与被监护人的关系层面上进行的利益平衡。而且,从法律条文的内在关系看,《侵权责任法》第33条第2款与第1款并不是并列关系,而是对第1款的补充,是对有财产的无民事行为能力人、限制民事行为能力人造成他人损害时的特别处理。换言之,第1款为一般规范,而第2款为特别规范。(参见陈现杰主编:《中华人民共和国侵权责任法条文精解与案例解析》,中国法制出版社2010年版,第108页)所以,以我国《民法通则》第133条第2款作为补充责任的起源并不妥当。

《中国民法典草案建议稿及说明》、杨立新主编的《中华人民共和国侵权责任法草案建议稿及说明》不约而同地对不同种类的补充责任作了规定。[①] 虽然这些学者对补充责任的性质、特征等具体问题还存在分歧,也未必都认可补充责任是独立责任的主张,但是对该责任的制度价值与功能无疑是认可的。这为学说承认补充责任是一种新型责任形态提供了理论依据。

5.承认补充责任的独立地位在法律适用中具有实益。在法治国家,我们应该对法律充满尊重与信仰。在法律适用过程中,我们应该尽力维护现行法的权威。在现行法已经作出明确规定的情况下,在法律条文已经足够明白透彻的情况下,应该本着最大善意,将现行法上的每一个法律条文按照原意加以适用。这不但有利于减少法律适用者对法律的解释成本,也有利于减少案件所涉及主体的沟通成本,还有利于减少案件参与者对案件结果的接受成本。这对我国的法治建设是有利的。

(二)作为补充责任的未出资股东赔偿责任

未出资股东对债权人的补充赔偿责任的特性,是由两方面来塑造的。一方面,作为补充责任的一种,它具有补充责任的一般特性;另一方面,与其他补充责任(如安全保障义务人的补充赔偿责任)相比,它具有不同的特性。具体而言,未出资股东对公司债权人承担的赔偿责任的特性是:(1)责任的法定性。就责任产生的原因而言,债权债务关系原本发生于公司与债权人之间,本来不涉及股东的责任。只有公司不能清偿债务时,为保护债权人利益,才使未出资股东负有责任。这种责任承担方式已经突破了公司自己责任的原则,是基于某种特殊的

---

① 参见梁慧星主编:《中国民法典草案建议稿》,法律出版社 2003 年版;王利明主编:《中国民法典草案建议稿及说明》,中国法制出版社 2004 年版;杨立新主编:《中华人民共和国侵权责任法草案建议稿及说明》,法律出版社 2007 年版。

利益衡量使其负有特别责任。这需要基于法律的特别规定。(2)责任的补充性。就责任承担的顺序而言,公司是真正的债务人,处于第一顺位,而未出资股东处于补充的位置。这意味着债权人只有在公司不能清偿其债务时,才能就不能清偿的部分向未出资股东承担赔偿责任。(3)责任的有限性。根据《公司法》第 3 条第 2 款的规定,股东以其认缴的出资额为限对公司承担缴纳出资的责任。所以,未出资股东向全体债权人承担赔偿责任的范围只能是以股东未履行出资义务的本金及利息范围为限。当未出资股东已经承担足额缴纳责任后,其他债权人再对其提出相同请求的,法院将不予支持。① (4)责任的内部连带性。虽然未出资股东与公司之间对债务不存在连带责任,但是未出资股东内部对债务要承担连带责任。根据《公司法司法解释(三)》第 13 条第 3 款的规定,债权人对未出资股东提起诉讼时,如果存在数位未出资股东的,依然可能把所有其他股东作为共同被告请求承担连带责任。当然,该股东承担责任后,可以就超额部分向其他未出资股东追偿。②

三、"未履行或者未全面履行出资义务"的区分解释

对于所举案例存在的困境,面临的问题是《公司法司法解释(三)》第 13 条第 2 款是否存在适用的空间?换言之,问题的核心是应

---

① 《公司法司法解释(三)》第 13 条第 2 款第 2 句。

② 《公司法司法解释(三)》第 13 条第 3 款 股东在公司设立时未履行或者未全面履行出资义务,依照本条第 1 款或者第 2 款提起诉讼的原告,请求公司的发起人与被告股东承担连带责任的,人民法院应予支持;公司的发起人承担责任后,可以向被告股东追偿。

需要注意的是,根据这一规定,原告可以分为其他股东、公司与债权人。当其他股东作为原告时,可以请求"公司发起人"与被告股东承担连带责任,公司发起人承担责任后,可以向被告股东追偿。其实,这一条款关于其他股东作为原告时的规定是存在问题的,因为"公司发起人"会进入承担连带责任的"无休止的循环怪圈"之中。这属于法律漏洞。

该如何解释该条款的"未履行或者未全面履行出资义务"？对此，有两种不同的观点。第一种意见是"狭义说"。"未履行或者未全面履行出资义务"是指一种违约行为，其并不涵盖股东尚未到期的未违约出资的情形。[①] 第二种意见是"广义说"。"未履行或者未全面履行出资义务"应该包括未到期出资，即使股东之间约定的缴纳出资期限未到，股东也应该承担责任。[②]

哪一种观点更为妥当呢？这需要对《公司法司法解释（三）》第13条第2款作重新解释。具体分析如下。

（一）"狭义说"的主要理据

"狭义说"认为，"未履行或者未全面履行出资义务"不应当包括未到期出资。对此，可以提出的理由主要为：

1.《公司法司法解释（三）》第13条第1款采取的是"狭义说"。该款规定，股东未履行或者未全面履行出资义务，公司或者其他股东请求其向公司依法全面履行出资义务的，人民法院应予支持。什么是"未履行或者未全面履行出资义务"？通常的观点是，"未履行出资义务"是指股东根本未出资，具体包括拒绝出资、不能出资、虚假出资、抽逃出资等。"未全面履行出资义务"包括未完全履行和不适当履行。其中，未完全履行是指股东只履行了部分出资义务，未按约定数额足额出资；不适当履行是指出资的时间、形式或手续不符合规定，包括迟延出资、瑕疵出资等。[③] 可见，"未履行或者未全面履行出资义务"是

---

① 参见黄睿、梁慧：《"一元公司"时代下债权人利益的司法保护》，"第三届公司法司法适用高端论坛"论文，2014年5月11日中国政法大学主办，第92页。

② 参见王士鹏：《未全部出资股东在公司期限未到前的债务承担》，载中国法院网2012年7月6日，http://www.chinacourt.org/article/detail/2012/07/id/531894.shtml。

③ 参见最高人民法院民事审判第二庭编著：《最高人民法院关于公司法司法解释（三）、清算纪要理解与适用》，人民法院出版社2011年版，第204、208页。需要指出的是，"未履行出资义务"包括"抽逃出资"的解释是存在问题的。因为违反"抽逃出资"的法律责任是规定在该司法解释第14条。第13条第3款的责任主体与第14条的责任主体是不同的。

一种违约行为,其并不涵盖股东尚未到期的未违约出资的情形。

2. 同一法律中的同一文字不能作不同解释。根据一般的法律解释规则,在同一部法律文本之中出现的相同文字或者概念应该作相同的解释,不允许出现前后不一致的解释。《公司法司法解释(三)》第13 条第 1 款规定的“未履行或者未全面履行出资义务”是指股东的违约行为。如果把该条第 2 款的“未履行或者未全面履行出资义务”解释为包括尚未到期的非违约行为,显然,该款便与第 1 款之间出现了相互矛盾的情况。这种同一文字在同一法律条文中采取不同含义的解释方法,是违反法律解释的基本规则的。

3. 一些地方的高级人民法院颁布的指导意见也是采取狭义说的。例如,2006 年《山东省高级人民法院关于审理公司纠纷案件若干问题的意见(试行)》第 20 条第 1 款规定:“公司章程规定股东分期缴纳出资的,出资期限届满前,公司或公司债权人向该股东主张权利的,人民法院不予支持”。

4. 此次公司法修改的主要目标是放松对市场主体准入的管制,降低准入门槛,优化营商环境,促进市场主体加快发展。[①] 所以,2013 年《公司法》取消了股东出资期限的限制,并授权公司股东自主约定。如果未到期出资股东还要对公司债权人承担责任,没有达到减轻股东负担的目的。这与此次修法目的相违背。

(二)“未履行或者未全面履行出资义务”应该采取“广义说”

我认为,“未履行或者未全面履行出资义务”不但应当包括第 1 款所指的股东出资的违约行为,还应当包括因股东之间约定的履行期未届满而尚未履行出资义务的非违约行为。虽然对处于同一法律条文中的第 1 款与第 2 款的相同文字采取了不同的解释,但是这种不同解释

① 参见《国务院关于印发注册资本登记制度改革方案的通知》(国发〔2014〕7 号),2014 年 2 月 7 日发布。

释是妥当的。具体理由如下：

1. 从利益衡量的角度看，需要明确谁的利益更值得保护。[①] 股东与债权人之间相比较，股东只以出资额为限对公司承担责任，债权人利益更值得保护。其实，在公司资本制度这一法律框架中，债权人利益应获得优先保护，是公司法的一贯倾向与选择。不论是公司法所确立的资本确定原则，还是资本维持原则，抑或是资本不变原则，都贯彻着公司债权人利益的优先保护精神。例如，公司法规定，股份有限公司成立后，发起人未按照公司章程的规定缴足出资的，应当补缴；其他发起人承担连带责任。又如，公司需要提取公积金以弥补将来的亏损，在弥补亏损之后才能对股东进行公司盈余分配。再如，在公司合并时，需要通知或者公告债权人，债权人可以要求提前清偿债务或者提供相应的担保。从《公司法司法解释（三）》第 13 条第 2 款的规定看，其与公司法的一般规则相同，其立法原则仍然是债权人利益优先于股东利益获得保护。所以，当存在两种不同的解释时，给予债权人优先保护的解释是符合公司法精神的。

实际上，给予债权人优先保护还与股东趋利避害的选择结果相一致。未出资股东承担补充赔偿责任是在公司不能清偿债务时才承担的责任，是公司承担责任之后的第二位责任，其已经获得了公司独立人格的“隔离墙”保护。更为关键的是，根据《企业破产法》第 7 条第 2 款的规定，债务人不能清偿到期债务，债权人可以向人民法院提出对债务人进行重整或者破产清算的申请。相对于重整或者破产清算，让未出资股东承担补充赔偿责任，显然是更好的选择。它可以避免公司遭受破产清算，从而使企业维持原则得到贯彻，不仅有利于公司利益，也有利于股东整体利益，甚至有利于社会整体利益。

2. 虽然《公司法司法解释（三）》第 13 条第 1 款与第 2 款处于同一

① 参见梁上上：《利益的层次结构与利益衡量的展开——兼评加藤一郎的利益衡量论》，载《法学研究》2002 年第 1 期。

法律条文之中，却是规范两种完全不同的法律关系，可以采取两种内容不同的解释。就第1款而言，其涉及的是股东与股东之间、股东与公司之间的关系，双方之间是合同关系。第2款所涉及的是股东与第三人的关系，是基于法律的特别规定而产生的。股东与股东之间、股东与公司之间属于公司内部关系，而股东与债权人之间的关系属于外部关系。与所有权等物权具有绝对性不同，合同关系只具有相对性，当事人之间的内部约定通常不能产生约束第三人的效力。所以，在股东与股东的关系中，只有股东未履行或者未全面履行出资义务时，公司或者其他股东才可以请求其向公司依法全面履行出资义务。而在股东与债权人之间的外部关系中，股东对债权人的责任承担并不以其违反合同义务为基础，只要存在未履行或者未全面履行出资义务的情形，公司债权人就可以请求其在未出资本息范围内对公司债务不能清偿的部分承担补充赔偿责任。

3. 对"未履行或者未全面履行出资义务"的扩张性解释是有先例可循的。这就是《公司法司法解释(二)》第22条对"股东尚未缴纳的出资"的解释。该条第1款规定，公司解散时，股东尚未缴纳的出资均应作为清算财产。股东尚未缴纳的出资，包括到期应缴未缴的出资，以及依照《公司法》第26条和第80条的规定分期缴纳尚未届满缴纳期限的出资。该条第2款更明确规定，公司财产不足以清偿债务时，债权人主张未缴出资股东，以及公司设立时的其他股东或者发起人在未缴出资范围内对公司债务承担连带清偿责任的，人民法院应依法予以支持。又如，我国《企业破产法》第35条规定，人民法院受理破产申请后，债务人的出资人尚未完全履行出资义务的，管理人应当要求该出资人缴纳所认缴的出资，而不受出资期限的限制。可见，"股东尚未缴纳的出资"明确包括"分期缴纳尚未届满缴纳期限的出资"的情形。这与"未履行或者未全面履行出资义务"包括"尚未到期的出资义务"是完全一致的。可见，这种扩张性解释并非孤例。

4. 扩张性解释不违背2013年修正《公司法》的目的。此次《公司法》修正的目的是:一方面,加快政府职能转变,创新政府监管方式,保障创业创新;另一方面,进一步放松对市场主体准入的管制,降低准入门槛,优化营商环境,促进市场主体加快发展。[①] 可见,此次《公司法》修改为设立公司提供了便利条件。但是,对股东的重大利好,并不意味着降低债权人利益的优先保护地位。换言之,债权人的地位并没有因为此次公司法的修改而减弱。这是因为此次修改主要是围绕着设立公司时政府与股东之间关系的调整,并不涉及债权人与股东之间利益关系的重新安排。在股东与债权人的关系中,债权人依然处于优先保护的地位。随着股东投资便利化的提高,设立公司日益轻松,反过来,比以前更需要对股东设置更多更重的义务,以保护其他利害关系人的利益。这从根本上说是"权责一致"原则的基本要求。所以,对"未履行或者未全面履行出资义务"一词采取扩张性解释符合2013年《公司法》修正的精神。

5. 如果认为债权人不能向尚未到履行期的股东请求补充赔偿,可能会导致债权人利益难以保护。例如,某公司2014年3月10日成立,股东之间约定,股东的缴纳出资义务为公司成立之日起5年后履行,也就是2019年3月9日履行。但是,债权人2014年5月20日产生的债权请求权的诉讼时效为3年。所以,当股东出资的履行期间届满时,债权已经过了诉讼时效,债权人已经无法根据股东的实际出资情况向其请求补充赔偿责任。显然,这不利于债权人利益的保护。

6. 2013年《公司法》修正后,2014年2月、2020年12月最高人民法院两次对《公司法司法解释(三)》作了修正,但并未对该解释第13条第2款进行任何修改。这似乎可以说明,最高人民法院认为该条款无须进行修改,依然可以适应修正后的《公司法》。

---

① 参见《国务院关于印发注册资本登记制度改革方案的通知》(国发〔2014〕7号),2014年2月7日发布。

总之,采取扩张性解释的方法,把“未履行或者未全面履行出资义务”一词解释为“包括尚未到履行期限的出资”,是妥当的。

(三)解释方法的再解析:情境区分与适应性解释

《公司法司法解释(三)》第 13 条第 2 款“未履行或者未全面履行出资义务”的内涵,存在“狭义说”与“广义说”两种不同的解释。虽然第 2 款所采取的“广义说”与同一法律条文第 1 款采取的“狭义说”相矛盾,但却是符合该条款的法律精神的,是妥当的。从根本上讲,我们在进行法律解释时,要根据法律所规范的具体情境作出具有针对性的妥当解释,也就是“适应性解释”。

通常,对于同一法律语言或者文字应该作出相同的解释。不但在同一法律制度中处于不同条款的文字有这一要求,即使在不同的法律制度中的同一文字,人们也希望作相同的解释。例如,2013 年《公司法》在许多的法律条文中都出现“实际控制人”一词。对此,该法第 216 条指出,“实际控制人”是指虽不是公司的股东,但通过投资关系、协议或者其他安排,能够实际支配公司行为的人。这使得这一概念的含义在公司法内部实现了统一。这恐怕是我们经常提及的所谓体系解释的要求,也能大大降低我们对法律的学习成本、理解成本以及适用成本。在大多数情况下,我们的解释能够满足这一要求,也应该遵循这一要求。

但是,如果有特别理由,同一法律使用的同一概念是可以作不同解释的。[①] 即使以定义的方式确定法律的语言用法,仍然不能保证,该用语在该当法律的每个地方的都作相同的理解。[②] 这是因为现实情况

① 参见梁慧星:《民法解释学》,中国政法大学出版社 1995 年版,第 215 页;杨仁寿:《法学方法论》(第 2 版),中国政法大学出版社 2013 年版,第 139 页。

② 参见[德]卡尔·拉伦茨:《法学方法论》,陈爱娥译,商务印书馆 2003 年版,第 202 页。

是复杂的。我们处于如此复杂的社会,复杂社会要求我们的法律、适用法律的法官,以及对法律所作的解释应该具有适应性。也就是说,要使我们的法律尽量适应我们的社会。这样,处于不同轨道上的法律虽然使用同一法律语言,但是其内涵却可能有所不同。换言之,相同的语言在整个法律中假设为具有相同的含义。但是,如果赋予不同含义可以使整个法律更协调,则是可以忽视这一假设的。① 例如,关于"过错"的含义,刑法上的含义是不同于民法上的含义的。又如,《德国民法典》第 90 条将"物"定义为"有体物",但大家一致认为第 119 条第 2 款所称的"物"是指"交易的标的"。② 再如,公司法上董事的注意义务虽然源于侵权法上的注意义务,但是,随着社会与法律的发展,董事注意义务的理念已经慢慢偏离侵权法上的含义,抛弃了侵权法上的一些内容,并增长出公司法所特有的内涵。③ 这是概念在不同的轨道上发展的必然结果。这种"貌合神离"的现象,要求我们在适用法律时去仔细推敲、深入辨析,深刻体察不同轨道的法律精神与内涵,找出其中的同与异。制定法概念不能作为封闭的、预先给定的尺码看待,它们不是仅由其自身得出解释,而是在与不断更新的冲突经验的持续接触中受到重新塑造。④ 以情境区分为基础而引申出不同的规则,正是法律的智慧,也是制度利益衡量中应当体现的精神。⑤ 本章所揭示的对同一条文中的同一文字应该作不同的解释,更凸显了适应性解释在法律适用中的重要意义,时刻提醒我们在法律适用时应该抛弃机械

---

① Karl N. Llewellyn, *Remarks on the Theory of Appellate Decision and the Rules of Cannon about How Statutes are to be Construed*, 3 Vand. L. Rev. 395(1949).

② 参见[德]卡尔·拉伦茨:《法学方法论》,陈爱娥译,商务印书馆 2003 年版,第 201 页。

③ See Charles R. T. O'Kelley & Roboert B. Thompson, *Corporations and Other Business Associations*, Selected Statutes, Rules, and Forms, Aspen Publishers, 2008, p. 86.

④ 参见[德]迪特尔·施瓦布:《民法导论》,郑冲译,法律出版社 2006 年版,第 79 页。

⑤ 参见梁上上:《制度利益衡量的逻辑》,载《中国法学》2012 年第 4 期;梁上上:《利益衡量论》(第 3 版),北京大学出版社 2021 年版,第 178 ~ 181 页。

主义的思维方式,发挥我们的主观能动性,进行妥当的利益衡量,并作出妥当的法律解释。

四、"公司债务不能清偿"的确定

未出资股东对公司债权人的补充赔偿责任发生在公司不能清偿债务之后,在清偿顺序上具有"补充性"。

(一)"不能清偿"的确定:股东先诉抗辩权

什么是"公司债务不能清偿"?确定公司"不能清偿"的标准是什么?我国法律没有明确规定,立法者也没有给出解释,对此有两种不同的观点。第一种观点认为,债权人应该向公司提出请求,公司拒绝赔偿其债务的,债权人就可以向股东提出赔偿请求;第二种观点认为,债权人必须经过对公司债务强制执行后仍然不能获得清偿的,才能获得股东的赔偿。[①] 换言之,未出资股东享有先诉抗辩权。我支持第二种观点,理由如下:

1. 这是补充责任的性质决定的。虽然我国许多法律中有关于补充责任的规定,但是还没有形成补充责任的统一概念。[②] 抛开这些争议,可以明确的是该责任具有补充性,补充直接责任人所承担责任之不足。只有在债权人对公司债务强制执行后仍不足以赔偿损失的,未出资股东才承担相应责任。这符合补充责任的本质特征。

2. 股东对债权人享有先诉抗辩权是股东、公司与债权人之间的利

---

① 有人认为,可以将补充责任分为"有先诉抗辩权的补充责任"与"无先诉抗辩权的补充责任"。参见李中原:《论民法上的补充债务》,载《法学》2010 年第 3 期。

② 全国人大常委会法制工作委员会民法室编:《侵权责任法立法背景与观点全集》,法律出版社 2010 年版,第 661 ~ 664 页。

益衡量的必然结果。在债权人、被告股东与公司三方当事人所构成的补充赔偿责任的法律框架中，债权人与公司之间形成债权债务关系，股东与公司之间则属于投资关系，这两者是不同的法律关系。一方面，需要对债权人利益给予充分的保护。另一方面，公司与股东毕竟是两个不同的主体，公司具有独立的法人资格，债权人是与公司发生债权关系的，与股东并没有直接的法律关系。所以，债权人应该首先向公司提出赔偿请求。相反，股东处于"候补性"的地位，是"从属性"的地位。也就是说，在清偿债务的问题上，股东与公司之间是存在先后顺序的。如果不经强制执行，就允许债权人对股东提起补充赔偿责任的请求，不利于保护股东利益。

3. 符合长期以来的立法实践。《担保法》是较早规定补充责任的法律，该法第 17 条第 2 款确立了一般保证中的保证人先诉抗辩权。一般保证的保证人在主合同纠纷未经审判或者仲裁，并就债务人财产依法强制执行仍不能履行债务前，对债权人可以拒绝承担保证责任。颇具参考价值的是，我国《最高人民法院关于审理涉及会计师事务所在审计业务活动中民事侵权赔偿案件的若干规定》第 10 条规定，法院确定会计师事务所承担与其过失程度相应的赔偿责任时，应先由被审计单位赔偿利害关系人的损失。被审计单位的出资人虚假出资、不实出资或者抽逃出资，事后未补足，且依法强制执行被审计单位财产后仍不足以赔偿损失的，出资人应在虚假出资、不实出资或者抽逃出资数额范围内向利害关系人承担补充赔偿责任。可见，该规定所确立的未出资股东的补充责任是在公司被强制执行之后才承担的。《公司法司法解释(三)》第 13 条第 2 款未出资股东的补充赔偿责任与本条规定的情形是完全一致的。所以，未出资股东是享有先诉抗辩权的。

4. 在《公司法司法解释(三)》出台之前的一些地方性规范意见也是这样规定的。例如，2006 年《山东省高级人民法院关于审理公司纠纷案件若干问题的意见(试行)》第 15 条第 2 款规定，"不能清偿"是指对公司的存款、现金、有价证券、成品、半成品、原材料、交通工具、房屋、土地使用权等可以方便执行的财产执行完毕后，债务仍未得到清偿的状态。

需要注意的是，未出资股东虽然享有先诉抗辩权，但是该权利在某些情形下是可以被排除的。例如，债务人下落不明，且无财产可供执行；又如，人民法院已经受理债务人破产案件，中止执行程序的。①

总之，补充赔偿责任是对主债务人“不能清偿”的补充，而这种清偿不能的确定需要借助于先诉抗辩权的手段。也就是说，债权人必须就主要债务人的财产申请强制执行，在其财产确实不足清偿时，才可以向作为补充债务人的未出资股东主张权利。否则，股东可以对债权人拒绝承担责任。

（二）未出资股东的共同被告地位不会改变赔偿顺序

虽然未出资股东对债权人只承担补充赔偿责任，享有先诉抗辩权，但是债权人提起公司债务清偿诉讼时，可以直接把未出资股东与公司一起作为共同被告。把未出资股东与公司作为共同被告，不但有利于保护债权人利益，也有利于节约诉讼成本、追求诉讼经济，还有利于避免矛盾裁决的发生。

公司债权人以未出资股东与公司为共同被告提起诉讼是有充分的法理依据的。这是因为：其一，债权人直接以股东为被告不违反确定当事人的规则。根据我国《民事诉讼法》第122条的规定，原告是与本案有直接利害关系者。而对于被告资格的确定，我国采取了与原告不同的认定标准，被告只需明确即可。根据我国《民事诉讼法》第124条的规定，起诉状应该写明当事人的姓名、性别、工作单位、住所等信息。可见，对被告的确认，采取的是表示说，摒弃了适格当事人的判断

① 参见《民法典》第687条第2款。

标准。[①] 其二,股东与公司的行为之间存在一定的联系,其中一人在诉讼中的作为或者不作为,会对其他被告产生作用,具有“牵连性”。这种牵连性主要表现在:(1)主张共通原则。共同被告中的一人所提出的主张,如果对其他共同被告有利,而其他共同被告对此又不表示反对的,其效力及于其他人。(2)证据共通原则。共同被告中的一人所提出的证据,可以作为对其他共同被告所主张的事实进行认定的证据。也就是说,该证据可以作为共同被告的共同证据。(3)抗辩共通原则。[②] 如果被告公司所作的抗辩足以否定原告主张的权利的,法院可以考虑将该公司的抗辩视为全体被告对原告的抗辩。其三,在司法实践中,依据 2009 年《侵权责任法》第 37 条[③]、第 40 条[④]提起的补充赔偿责任诉讼中,原告都可以把第三人与补充赔偿责任承担人作为共同被告。[⑤] 在公司法上,针对未出资股东是否承担补充责任纠纷,许多法院也是把未出资股东与公司作为共同被告进行审理的,例如著名的上海铭亭贸易有限公司诉芭芭拉公司及季伟明等买卖合同纠

---

① 参见江伟主编:《民事诉讼法》,高等教育出版社 2013 年版,第 97 页。

② 参见谭兵主编:《民事诉讼法学》,法律出版社 2004 年版,第 184 页。

③ 《民法典》延续了《侵权责任法》第 37 条的规定。

《民法典》第 1198 条 宾馆、商场、银行、车站、机场、体育场馆、娱乐场所等经营场所、公共场所的经营者、管理者或者群众性活动的组织者,未尽到安全保障义务,造成他人损害的,应当承担侵权责任。

因第三人的行为造成他人损害的,由第三人承担侵权责任;经营者、管理者或者组织者未尽到安全保障义务的,承担相应的补充责任。经营者、管理者或者组织者承担补充责任后,可以向第三人追偿。

④ 《民法典》延续了《侵权责任法》第 40 条的规定。

《民法典》第 1201 条 无民事行为能力人或者限制民事行为能力人在幼儿园、学校或者其他教育机构学习、生活期间,受到幼儿园、学校或者其他教育机构以外的第三人人身损害的,由第三人承担侵权责任;幼儿园、学校或者其他教育机构未尽到管理职责的,承担相应的补充责任。幼儿园、学校或者其他教育机构承担补充责任后,可以向第三人追偿。

⑤ 参见最高人民法院侵权责任法研究小组编著:《〈中华人民共和国侵权责任法〉条文理解与适用》,人民法院出版社 2010 年版,第 274、299 页。

纷案。[①]

有人担心，这样处理是否会造成股东承担连带责任，从而改变股东承担补充赔偿责任的顺序？应当说，这不会改变股东赔偿的补充性地位。这是因为这类诉讼属于普通共同诉讼。普通共同诉讼人之间的诉讼标的是同一种类而不是同一的，他们之间不存在共同的权利义务关系，对其中一个诉讼标的作出的判决，其效力不及于其他的诉讼标的。[②] 这类诉讼的本质是可分之诉，由两个或两个以上的诉讼请求合成，既可以单独起诉或者应诉，也可以共同起诉或者应诉。普通共同诉讼人具有独立性，即使合并审理形成了共同诉讼，他们在诉讼中的地位仍然是各自独立的，他们在诉讼中独立地享有自己的诉讼权利、履行自己的诉讼义务，每个人的诉讼行为只对自己发生法律效力，法院可以形成内容不同的判决。例如，《最高人民法院关于适用〈中华人民共和国担保法〉若干问题的解释》（以下简称《担保法司法解释》）第125条规定："一般保证的债权人向债务人和保证人一并提起诉讼的，人民法院可以将债务人和保证人列为共同被告参加诉讼。但是，应当在判决书中明确在对债务人财产依法强制执行后仍不能履行债务时，由保证人承担保证责任。"可见，虽然将债务人与保证人作为共同被告，但是法院将在判决书中明确在对债务人依法强制执行后仍不能履行债务时，才由保证人承担保证责任。又如，受害人根据《侵权责任法》第40条提起补充责任诉讼时，可以将第三人与幼儿园、学校或者其他教育机构作为共同被告，但是法院应当在判决中明确认定学校

---

① 一审：上海市松江区人民法院民事判决书，（2010）松民二（商）初字第1869号；二审：上海市第一中级人民法院民事判决书，（2011）沪一中民四（商）终字第961号。关于该案的详细分析，参见何建：《部分款项交于公司而未经验资的股东出资义务履行的认定》，载《人民法院报》2011年11月3日，第6版；顾克强、何建：《股东应在其未出资本息范围内对公司债务承担补充赔偿责任》，载《人民司法·案例》2012年第6期。

② 参见江伟主编：《民事诉讼法》，高等教育出版社2013年版，第123页。

等教育机构承担责任的范围。① 类似地,未出资股东与公司虽然是共同被告,但法院也可以在判决书中明确只有在公司经强制执行后仍然不能清偿时才承担赔偿责任。所以,未出资股东的共同被告地位不会改变其对公司债务承担补充责任的性质。

五、出资人的"未届到期出资"与期限利益

(一)"未届到期出资"的解释路径选择

当因尚未届满履行期限而未履行出资或者未全面履行出资的股东对债权人承担补充赔偿责任时,如何解释"未届到期出资"?有两种解释路径可供选择:第一种解释是,将"未届到期出资"解释为"视为提前到期出资";第二种解释是,债权人"不受出资期限的限制"。

虽然这两种解释的法律效果是一样的,但是第二种解释比第一种解释更为妥当。这是因为:(1)"视为提前到期出资"的前提是双方当事人之间存在约定期限或者法律法规有特别规定的期限。当某种情形出现时,允许将尚未到期的债权视为到期债权。与此不同,在公司出资的场合,缴纳出资期限或者由股东之间约定或者由公司章程规定。不论是股东之间关于"股东缴纳出资期限"的约定,还是公司章程关于"股东缴纳出资期限"的规定,对债权人都不发生法律效力。根据《公司法》第11条的规定,公司章程仅仅对公司、股东、董事、高级管理人员具有约束力。而且,与债权人发生合同等关系的是公司本身。可见,股东与债权人之间既不存在合同关系,也不存在出资期限的约定,更不属于公司章程所能及的效力范围之内。所以,股东与债权人之间不存在所谓的"视为提前到期出资"的问题。(2)第二种解释有先例可

① 参见最高人民法院侵权责任法研究小组编著:《〈中华人民共和国侵权责任法〉条文理解与适用》,人民法院出版社2010年版,第299页。

循。例如,《企业破产法》第 35 条规定,人民法院受理破产申请后,债务人的出资人尚未完全履行出资义务的,管理人应当要求该出资人缴纳所认缴的出资,而不受出资期限的限制。[①] 又如,《公司法司法解释(二)》第 22 条规定,公司解散时,股东尚未缴纳的出资均应作为清算财产。股东尚未缴纳的出资,包括到期应缴未缴的出资,以及依照《公司法》第 26 条和第 80 条的规定分期缴纳尚未届满缴纳期限的出资。这两个规范规定的情形与本文所讨论的情形具有相似性,属于同一类型,值得借鉴。(3)不论是采取"视为提前到期出资"的学说还是采取"不受出资期限的限制"的学说,其解释目的都是揭示出资未届到期的股东在特定情形下需要对债权人承担补充赔偿责任的观点。这种学说的分歧并不代表不同论者就同一情形坚持不同的价值判断。选择用何种法学概念来描述同一法律现象,纯粹属于法律解释的选择问题。从解释论的角度看,解释者所选择的解释方法应该更具解释力,它更能反映立法原意,更有利于法律适用。所以,妥当的解释应该是,债权人"不受出资期限的限制"。

(二)出资人的期限利益与利息扣除

对于尚未到履行期限的出资,当债权人请求出资人承担清偿责任时,该出资人是否有权从认缴(或认购)出资额中扣除自履行出资之日起至约定履行之日止的利息(类似于贴现方式)呢?这涉及期限利益,可以从两个方面加以回答。

1. 股东的期限利益与债权人的关系

期限利益,是当事人因期限的存在而享有的利益。许多国家对期

---

① 关于《企业破产法》第 35 条"不受出资期限的限制",有两种不同的理解。一种观点是重新解释为"视为已到期"(参见《中华人民共和国企业破产法》起草组编:《〈中华人民共和国企业破产法〉释义》,人民出版社 2006 年版,第 142 页)。另一种观点是"不受出资期限的限制"无须再解释。(参见安建主编:《中华人民共和国企业破产法释义》,法律出版社 2006 年版,第 56 页;最高人民法院民事审判第二庭编著:《最高人民法院关于企业破产法司法解释理解与适用》,人民法院出版社 2013 年版,第 268 页)我认为,"不受出资期限的限制"的字面含义足够清晰,与其他"提前到期"行为的区别也很明白,无须再做进一步解释。第二种理解是妥当的。

限利益有明文规定。[①] 就履行期限而言,法律往往规定约定履行期限的债务在期限届满之前不得请求履行,[②]对债务人有明显的利益。虽然期限利益经常是为债务人利益的,但也有为债权人利益的,还有为双方当事人利益的。期限利益可以抛弃,也可能丧失。

公司债权人请求因尚未届满履行期限而未履行或者未全面履行出资义务的股东对公司债务不能清偿的部分承担补充赔偿责任时,是否存在期限利益呢?根据股东与股东之间的出资协议,股东可以根据合同约定的期限履行出资义务,股东与股东之间享有期限利益。同样,股东与公司之间也存在期限利益。但是,这些关系属于公司内部关系。债权人与公司发生债权时,其相对人只有公司,而不涉及公司内部关系。可见,这些期限利益属于公司内部当事人之间的利益。相反,公司与债权人之间的关系属于外部关系。通常股东与债权人处于不同的轨道,两者之间不会发生交集。所以,股东的期限利益一般不会与债权人发生交叉,互相不影响。

2. 期限利益会在特定情形中丧失

有人认为,从公司资本与债权人保护的关系看,《企业信息公示暂行条例》第 8 条、第 9 条规定股东的出资时间向社会公示。所以,债权人在与公司交易时可以查询公司股东的出资时间等信用信息的基础上综合考虑是否与公司进行交易。债权人一旦进行交易,就应该受制于股东出资时间的约束。[③] 的确,《企业信息公示暂行条例》第 8 条[④]

---

① 关于期限利益,《法国民法典》第 1185 ~ 1188 条,《日本民法典》第 137 ~ 138 条等都有规定。

② 例如,《法国民法典》第 1186 条、《德国民法典》第 271 条第 2 款、我国台湾地区"民法"第 316 条等。

③ 参见贺小荣主编:《最高人民法院民事审判第二庭法官会议纪要》,人民法院出版社 2018 年版,第 149 页。

④ 《企业信息公示暂行条例》第 8 条 企业应当于每年 1 月 1 日至 6 月 30 日,通过企业信用信息公示系统向工商行政管理部门报送上一年度年度报告,并向社会公示。

当年设立登记的企业,自下一年起报送并公示年度报告。

与第9条[①]规定，公司应该通过企业信用信息公示系统向社会公开年度报告，在其年度报告中含有“股东或者发起人认缴和实缴的出资额、出资时间、出资方式等信息”。该条例第10条也规定，有限责任公司股东或者股份有限公司发起人认缴和实缴的出资额、出资时间、出资方式等信息形成后20个工作日内通过企业信用信息公示系统向社会公示。[②] 从这些条文中似乎确实可以得出结论，债权人知道或者应该知道股东的出资时间，股东的期限利益不应该丧失。

但我认为，这一观点似是而非，因为其没有认识到债权可以分为自愿之债与非自愿之债。

对于非自愿之债而言，其债权的产生具有被动性。例如，侵权之债的受害人是不会主动选择被侵害的，更谈不上会依据企业信息公示系统的信息来选择侵权人、侵权方式、侵权时机。而且，当侵权之债已经强制执行而不能实现时，债权人请求未出资股东承担补充责任是具有正当性的。所以，股东因其已经公示为由主张对非自愿之债享有期限利益不能成立。

即使在合同之债等自愿之债中，期限利益在特定情形中存在丧失

---

① 《企业信息公示暂行条例》第9条　企业年度报告内容包括：

……

（四）企业为有限责任公司或者股份有限公司的，其股东或者发起人认缴和实缴的出资额、出资时间、出资方式等信息；

（五）有限责任公司股东股权转让等股权变更信息；

……

前款第一项至第六项规定的信息应当向社会公示，第七项规定的信息由企业选择是否向社会公示。

经企业同意，公民、法人或者其他组织可以查询企业选择不公示的信息。

② 《企业信息公示暂行条例》第10条　企业应当自下列信息形成之日起20个工作日内通过企业信用信息公示系统向社会公示：

（一）有限责任公司股东或者股份有限公司发起人认缴和实缴的出资额、出资时间、出资方式等信息；

（二）有限责任公司股东股权转让等股权变更信息；

……

工商行政管理部门发现企业未依照前款规定履行公示义务的，应当责令其限期履行。

的可能。例如,根据《日本民法典》第 137 条规定,在下列情况下,债务人不能主张期限利益:(1)债务人已被做出破产程序开始的决定;(2)债务人毁灭、损坏减少担保物;(3)债务人负有提供担保义务而不提供。①

在我国,虽然合同法没有对期限利益作出明确规定,但有的条文也涉及了期限利益。② 此外,在其他法律中规定了期限利益丧失的一些情形。例如,《企业破产法》第 46 条第 1 款规定,未到期的债权,在破产申请受理时视为到期。又如,《物权法》第 193 条规定,抵押人不恢复抵押财产的价值也不提供担保的,抵押权人有权要求债务人提前清偿债务。《民法典》第 408 条延续了该规定。③《物权法》第 216 条还规定,因不能归责于质权人的事由可能使质押财产毁损或者价值明显减少,足以危害质权人权利的,质权人有权要求出质人提供相应的担保;出质人不提供的,质权人可以拍卖、变卖质押财产,并与出质人通过协议将拍卖、变卖所得的价款提前清偿债务或者提存。同样,《民法典》第 433 条没有改变这一规定。再如,《公司法》第 173 条规定,公司合并时的债权人可以要求公司提前清偿债务或者提供相应的担保。

类似地,股东对债权人承担补偿赔偿责任,也是公司法上的特殊情况。其特殊性在于公司已经被强制执行,但仍然无法清偿公司债务。此时,如同《企业破产法》第 35 条规定的“不受出资期限的限制”的情形,债权人与公司之间的自愿之债也将成为特殊处境下的特殊之债,原本并无交集的股东与债权人之间发生交集,由未届出资期限的股东对债权人承担补充赔偿责任是妥当的。

---

① 参见《最新日本民法》,渠涛编译,法律出版社 2006 年版,第 33 ~ 34 页。

② 参见朱广新:《合同法总则》(第 2 版),中国人民大学出版社 2012 年版,第 345 页。

③ 《民法典》第 408 条 抵押人的行为足以使抵押财产价值减少的,抵押权人有权请求抵押人停止其行为;抵押财产价值减少的,抵押权人有权请求恢复抵押财产的价值,或者提供与减少的价值相应的担保。抵押人不恢复抵押财产的价值,也不提供担保的,抵押权人有权请求债务人提前清偿债务。

因提前清偿债务而丧失期限利益的股东是否可以主张扣除与此相关的利息呢？前述法律大多没有明文规定利息问题。但是，从以上列举的情形看，期限利益的丧失大多基于某种特定情形的发生。人们通常的理解是，“丧失履行利益”的题中之义应该包含丧失扣除利息的权利。不论是公司合并时要求提前清偿，还是不提供担保时要求提前清偿，债务人均丧失期限利益，但债权人的利益不受影响。如果扣除自履行债务之日起至约定履行之日止的利息，是出乎债权人期待的，是债权人难以接受的。从债权人的角度看，由于债务人的特殊原因而请求提前清偿债务只是维护债权的一种方式，具有正当性。相反，债务人是引起提前清偿债务的人，具有可归责性。如果其要求在履行债务时扣除相应期限的利益，是对债权完整性的侵害。该请求是缺乏正当性基础的。与此类似，债权人丧失期限利益时，也会丧失利息请求权。例如，我国《企业破产法》第 46 条第 2 款规定，附利息的债权自破产申请受理时起停止计息。所以，提前清偿债务而丧失期限利益时，债务人不能要求扣除自履行债务之日起至约定履行之日止的利息。

对于尚未到履行期限的出资，当债权人请求出资人承担清偿责任时，其本质就是出资人在其认缴或认购的出资额度内有义务予以提前履行缴纳的出资。所以，该出资人将丧失期限利益，不能从认缴（或认购）的出资额中扣除自履行出资之日起至约定履行之日止的利息。

六、对《九民纪要》第 6 条的评析

《九民纪要》第 6 条　在注册资本认缴制下，股东依法享有期限利益。债权人以公司不能清偿到期债务为由，请求未届出资期限的股东在未出资范围内对公司不能清偿的债务承担补充赔偿责任的，人民法院不予支持。但是，下列情形除外：

(1)公司作为被执行人的案件,人民法院穷尽执行措施无财产可供执行,已具备破产原因,但不申请破产的;

(2)在公司债务产生后,公司股东(大)会决议或以其他方式延长股东出资期限的。

《九民纪要》第6条是关于“股东出资应否加速到期”的规定,评论如下:

(一)《九民纪要》第6条第1项的评析

从该条款的制定过程看,其在《九民纪要》(征求意见稿)中表述为:“公司作为被执行人的案件,人民法院穷尽执行措施无财产可供执行,被人民法院裁定终结本次执行或者终结执行的。”在中国民法学会和商法学会组织的对纪要的研讨会上,与会专家一致同意增加这一种情形,使股东出资加速到期。纪要制定者认为,由于这一表述不如明确表述为“已具备破产原因,但不申请破产的”严谨、准确,且现在的表述更严格,最后用了这种表述。① 但是,我认为《九民纪要》该条款的规定是对“补充赔偿责任”的误解。补充赔偿责任本意就是处于第二顺位的补偿性的责任,原本就是在法院穷尽执行措施但公司作为被执行人无财产可供执行时,债权人才请求未届出资期限的未出资股东承担的责任。所以,《九民纪要》第6条第1项是可以被“补充赔偿责任”吸收的,该条款先否定补充赔偿责任,而将其作为“但书”再作出肯定,似有本末倒置之嫌,是不妥当的。

(二)《九民纪要》第6条第2项的评析

《九民纪要》第6条第2项规定,在公司债务产生后,公司股东

---

① 参见最高人民法院民事审判第二庭编著:《〈全国法院民商事审判工作会议纪要〉理解与适用》,人民法院出版社2019年版,第124页。

(大)会决议或以其他方式延长股东出资期限的,可以加速到期。其理论基础是债权人的撤销权,即对于公司股东会延长股东出资的行为,实质就是公司放弃即将到期的对股东的债权,损害公司债权人利益,公司债权人有权请求撤销。[1] 该规定似乎有一定道理。

但我认为,该条款并不必要。其一,关于股东的期限利益。在注册资本认缴制下,特别是股东与股东之间、股东与公司之间,股东依法享有期限利益。只是在承担补充赔偿责任等特殊情况下,股东才被剥夺期限利益。所以,不能仅仅因为"在公司债务产生后,公司股东(大)会决议或以其他方式延长股东出资期限",还需要结合"公司财产依法强制执行仍不能履行债务"的条件,才丧失期限利益。其二,关于股东的补充赔偿责任。股东承担补充赔偿责任,是因为公司财产依法强制执行仍不能履行债务的特殊情况下,未届出资期限的股东都应该在其未出资范围内对公司债务承担补充赔偿责任,并不因为公司债务的产生时间前后而有所变化。所以,该款项的内容仍然可以被"补充赔偿责任"所涵盖,可以删除。

(三)《九民纪要》第6条的修改建议

《九民纪要》第6条　公司不能清偿到期债务时,未届出资期限的股东在未出资范围内对该公司债务承担补充赔偿责任。

未出资股东在公司纠纷未经审判或者仲裁,并就公司财产依法强制执行仍不能履行债务前,有权拒绝向债权人承担补充赔偿责任,但是有下列情形之一的除外:

(1)人民法院已经受理债务人破产案件;

(2)债权人有证据证明债务人的财产不足以履行全部债务或者丧

---

① 参见最高人民法院民事审判第二庭编著:《〈全国法院民商事审判工作会议纪要〉理解与适用》,人民法院出版社2019年版,第125页。

失履行债务能力；

(3)股东书面表示放弃本款规定的权利。

修改说明：

(1)删除原第6条第1句,在注册资本认缴制下,股东依法享有期限利益。这是因为该规定本身是不言自明的,但删除该规定可以避免与补充赔偿责任产生不当关联。

(2)第1款明确股东的补充赔偿责任。

(3)第2款增加“仲裁”的情况。

(4)第2款明确未出资股东对补充赔偿责任的抗辩条件。

(5)第2款增加了不得适用补充赔偿责任抗辩的例外情形。

七、结语

2013年《公司法》主要围绕公司注册资本制度进行了修正。这次修正降低了设立公司的门槛,创造了宽松的创业环境,不但有利于投资创业,也有利于促进社会经济发展,是可取的。但与之相随的是,如何切实保护债权人利益成为人们担心的问题。这需要我们就未出资股东对公司债权人的补充赔偿责任作全新的解释,以便更好地适应司法实践。

补充责任应理解为一种新型的责任形态,股东补充赔偿责任具有“法定性”“补充性”“有限性”“内部连带性”等特征。“未出资或未全面履行出资义务”应理解为不仅包括到期的履行违约行为,也包括尚未到期的未出资行为。“不能清偿”并不是指公司拒绝清偿债务,而是需要通过股东的先诉抗辩权来加以确定。“出资期限未届的股东承担补充赔偿责任”的妥当解释路径是“债权人不受履行期间的约束”,股东将丧失期限利益,也不能主张扣除相关利息。这些解释有利于债权人利益获得充分保护,较好地平衡了未出资股东与债权人之间的利益关系。这里的解释虽然突破了“同一法律条文的同一文字应作相同解释”的传统解释观,但基于规范对象、规范内容、规范意旨的不同而作出的区分解释,具有合理性与妥当性,体现了灵活性,适应了当前的司法实践的需要,在法律解释学上具有重要意义。

第六章 股东违规增持的民事责任

我国证券市场上的并购案件越来越多，特别是最近几年，违规举牌事件在短期内呈爆发性增长态势。[①] 著名案例有西藏旅游、上海新梅、成都路桥以及康达尔等违规增持案，闹得沸

① 违规举牌包括违规增持与违规减持。鉴于中国绝大多数为违规增持的现实，本书主要研究违规增持，但会交叉使用“违规举牌”与“违规增持”等用语。

当然，违规减持也是存在的，例如北京嘉利九龙商城有限公司违规减持案。在该案中，2008 年 8 月 20 日，中核华原钛白股份有限公司（以下简称中核钛白）（002145）第二大股东北京嘉利九龙商城有限公司（以下简称嘉利九龙）通过深圳证券交易所证券交易系统采用大宗交易方式出售中核钛白股份 1742 万股，占中核钛白股份总额的 9.1684%。嘉利九龙在出售中核钛白股份达到 5% 时，未及时刊登权益变动报告书，且在未刊登权益变动报告书的情况下继续出售中核钛白股份。深圳证券交易所除对嘉利九龙给予公开谴责处分外，还对嘉利九龙的证券账户进行了限制交易，限制其 3 个月内不得减持剩余的中核钛白股份。参见《关于对北京嘉利九龙商城有限公司给予处分的决定》（深证上〔2008〕129 号）。

此外，根据 2019 年《证券法》第 63 条的规定，大额持股信息披露制度只针对通过证券交易所进行的交易。对于协议转让等其他方式的交易本书不涉及。

沸扬扬的万科事件似乎也与此有关[①]。中植系违规增持荃银高科案，则是最近上演的典型案例。[②] 就违规增持案件而言，不论是西藏旅游案、康达尔案，还是荃银高科案、上海新梅案，案件事实、原告的基本诉求与主要争议都非常相似。在这些案件中，西藏旅游案最终在法院的调解下结案，[③]而上海新梅案则是国内第一例以判决结案的违规增持案。[④]

上海新梅案是违规增持案中最为典型的案例。在上海新梅案中，2013 年 7 月至 11 月，被告王斌忠实际控制上海开南投资控股集团有限公司等 15 个证券账户（以下简称开南账户组）持续不断买卖上海新梅置业股份有限公司（以下简称新梅公司）公开发行的股票。截至 2013 年 10 月 23 日，开南账户组合计持有新梅公司股票 24,682,975 股，占新梅公司全部已发行股份的 5.53%；截至 2013 年 11 月 1 日，开南账户组合计持有新梅公司全部已发行股份的 10.02%；截至 2013 年 11 月 27 日，开南账户组合计持有新梅公司全部已发行股份的 14.86%。2015 年 1 月 20 日，中国证券监督管理委员会宁波监管局向

---

① 参见万科企业股份有限公司工会委员会起诉深圳市钜盛华股份有限公司、前海人寿保险股份有限公司、南方资本管理有限公司、泰信基金管理有限公司、西部利得基金管理有限公司损害股东利益责任纠纷案，于 2016 年 7 月被深圳市罗湖区人民法院受理，引起社会广泛关注。被告曾就管辖权提出异议，但被深圳市中级人民法院裁定驳回，即《深圳市钜盛华股份有限公司、西部利得基金管理有限公司与万科企业股份有限公司工会委员会损害股东利益责任纠纷二审民事裁定书》，案号为（2016）粤 03 民辖终 3184 号，裁定日期为 2016 年 9 月 20 日，发布日期为 2016 年 11 月 28 日。参见范瑟：《万科换届前的裁定书乌龙背后：宝能或无缘董事会改选》，载凤凰财经，http://finance.ifeng.com/a/20170207/15180696_0.shtml。

② 参见戴高城：《皖版宝万之争：荃银高科诉中植系违规增持，要求抛售赔偿道歉》，载《澎湃新闻》2017 年 7 月 13 日，http://www.thepaper.cn/newsDetail_forward_1726477。

③ 参见西藏自治区拉萨市中级人民法院民事调解书，（2015）拉民二初字第 36 号。

④ 参见上海市第一中级人民法院民事判决书，（2015）沪一中民六（商）初字第 66 号。

王斌忠出具《行政处罚决定书》[①],因其未按照2013年《证券法》第86条[②]的规定对超比例持股情况进行及时报告和公告,决定对开南账户组的实际控制人和信息披露义务人王斌忠作出处罚决定:责令王斌忠改正违法行为,给予警告,并处以50万元的罚款。2015年3月,原告上海兴盛实业发展(集团)有限公司(上海新梅的大股东)向上海市第一中级人民法院起诉。

在违规增持案件的民事诉讼中,涉及的主要法律问题有:(1)举牌人违反证券法的规定,在未履行信息披露义务的情况下超5%比例购买目标公司股票的交易行为是否有效?(2)是否可以依法强制违规增持人抛售超5%当日及后续购买并持有的已发行股票(超出5%部分)?(3)目标公司是否可以请求将违规增持人的所得收益归入公司所有?(4)违规增持人在持有目标公司股票期间,是否不得享有股东权利,包括但不限于表决权(提案权和投票权)等各项权利或权能?这些问题极为复杂,学者之间存在很大争议,中国证监会、沪深交易所、

---

① 参见《中国证券监督管理委员会宁波监管局行政处罚决定书(王斌忠)》(〔2015〕1号)。

② 2019年《证券法》修订后,将2013年《证券法》第86条调整为第63条,并作出一些修改。

2019年《证券法》第63条　通过证券交易所的证券交易,投资者持有或者通过协议、其他安排与他人共同持有一个上市公司已发行的有表决权股份达到百分之五时,应当在该事实发生之日起三日内,向国务院证券监督管理机构、证券交易所作出书面报告,通知该上市公司,并予公告,在上述期限内不得再行买卖该上市公司的股票,但国务院证券监督管理机构规定的情形除外。

投资者持有或者通过协议、其他安排与他人共同持有一个上市公司已发行的有表决权股份达到百分之五后,其所持该上市公司已发行的有表决权股份比例每增加或者减少百分之五,应当依照前款规定进行报告和公告,在该事实发生之日起至公告后三日内,不得再行买卖该上市公司的股票,但国务院证券监督管理机构规定的情形除外。

投资者持有或者通过协议、其他安排与他人共同持有一个上市公司已发行的有表决权股份达到百分之五后,其所持该上市公司已发行的有表决权股份比例每增加或者减少百分之一,应当在该事实发生的次日通知该上市公司,并予公告。

违反第一款、第二款规定买入上市公司有表决权的股份的,在买入后的三十六个月内,对该超过规定比例部分的股份不得行使表决权。

司法机关举棋不定。受理法院往往采取回避策略,以调解结案。①

2019 年《证券法》对违规增持的相关条款已经作出了部分修改,特别是大幅提高了行政处罚的力度。但是,在民事责任方面,现有规则仍然存在很大欠缺,新法也没有提出完整的民事救济方案。与之相对,从上海新梅案可以看出,相关各方关注的焦点并非行政责任,而在于民事救济,新法规定与现实需求存在相当大脱节。为此,本书将从制度的根源上去妥适地理解超比例持股披露的制度利益,以该制度本旨与生存情境为基点来寻找解决问题的思路,对违规增持投资者的民事责任进行剖析,并对 2019 年《证券法》修订的得失进行评点。

一、大额持股信息披露规则面临的生存危机

(一)2019 年前大额持股信息披露规则的基本构造

我国早在 1993 年 4 月颁布的《股票发行与交易管理暂行条例》第 47 条就确立了大额持股信息披露规则。1998 年 12 月《证券法》颁布时,该规则略加修改后成为该法第 79 条。2005 年《证券法》修订时,对该规则作出修订,并把条文序号调整为第 86 条。虽经多次修改,但该制度的核心内容并没有变化。该条款为:

《证券法》(2013 年)第 86 条　通过证券交易所的证券交易,投资者持有或者通过协议、其他安排与他人共同持有一个上市公司已发行的股份达到 5% 时,应当在该事实发生之日起 3 日内,向国务院证券监督管理机构、证券交易所作出书面报告,通知该上市公司,并予公告;在上述期限内,不得再行买卖该上市公司的股票。

① 例如,西藏旅游以调解结案;又如,上海新梅案,法院一审时采取判决解决纠纷,但原告提起上诉后,最终以调解结案。

投资者持有或者通过协议、其他安排与他人共同持有一个上市公司已发行的股份达到5%后,其所持该上市公司已发行的股份比例每增加或者减少5%,应当依照前款规定进行报告和公告。在报告期限内和作出报告、公告后2日内,不得再行买卖该上市公司的股票。

(二)违规举牌难题的由来:从"宝延风波"开始

我国的违规增持最早可以追溯到"宝延风波"。1993年,深圳宝安集团通过二级市场举牌上海延中实业股份有限公司,打响了新中国上市公司收购兼并第一枪,史称"宝延风波"。① 1993年9月13日,深圳宝安旗下宝安上海、宝安华东保健品公司和深圳龙岗宝灵电子灯饰公司在二级市场上悄悄收购延中实业的股票。9月29日,上述3家公司已经合计持有10.6%。9月30日,持股比例达到15.98%。至此,宝安才公告宣称持有延中实业5%以上的股票,向延中实业公开宣战。延中实业将宝安的违规操纵上报中国证监会。在中国证监会的协调下,"宝延风波"才得以平息。1993年10月22日,中国证监会确认了深圳宝安购入延中实业股权行为的有效性;②但对宝安信息披露不及时处以100万元罚款。至此,宝安得以顺利进入延中。

"宝延风波"给中国的并购创设了一个不良先例。从该案的事实看,宝安违反大额持股信息披露规则购买股票的事实是明确的。从解决问题的方式看,该案是由监管机构协调完成的。这是一种以平息风波为目的的纠纷解决方式,并没有彻底厘清当事各方的权利义务,采取了传统的中国式解决纠纷的方法——"和稀泥"的方法。它肯定了宝安的持股有效,使宝安可以"名正言顺"地获得对上市公司的控制

---

① 参见郝鹏洲:《"宝延风波"收购第一枪》,载全景网2010年8月25日,http://www.p5w.net/stock/news/zonghe/201008/t3159846.htm。

② 参见中国证券监督管理委员会:《中国上市公司并购重组发展报告》,中国经济出版社2009年版,第147页。

权,而其代价仅仅为100万元罚款。这不但没有从根源上解决违规举牌的法律纠葛,而且仅以低额罚款的处理方式息事宁人,这无疑给以后的违规举牌行为树立了一个不良先例。

(三)2019年前大额持股信息披露规则面临的生存危机

从2015年起,证券市场上发生了许多违规增持事件。虽然2020年修正前的《刑法》第161条对此规定了刑事责任,[①]但刑事责任因过于严厉而很少适用。民事救济途径因为没有明确的法律规定,也几乎没有判决违规增持者承担责任的先例。所以,现阶段针对大额持股信息披露的法律规制,更多地需要依赖行政责任机制。

2019年《证券法》修订前,因投资者违反2013年《证券法》第86条的规定,证券监管机构作出行政处罚的,其主要法律依据为2013年《证券法》第193条。该规定为:

第193条　发行人、上市公司或者其他信息披露义务人未按照规定披露信息,或者所披露的信息有虚假记载、误导性陈述或者重大遗漏的,责令改正,给予警告,并处以30万元以上60万元以下的罚款。对直接负责的主管人员和其他直接责任人员给予警告,并处以3万元以上30万元以下的罚款。

发行人、上市公司或者其他信息披露义务人未按照规定报送有关报告,或者报送的报告有虚假记载、误导性陈述或者重大遗漏的,责令改正,给予警告,并处以30万元以上60万元以下的罚款。对直接负责的主管人员和其他直接责任人员给予警告,并处以3万元以上30

① 2020年修正前的《刑法》第161条　依法负有信息披露义务的公司、企业向股东和社会公众提供虚假的或者隐瞒重要事实的财务会计报告,或者对依法应当披露的其他重要信息不按照规定披露,严重损害股东或者其他人利益,或者有其他严重情节的,对其直接负责的主管人员和其他直接责任人员,处3年以下有期徒刑或者拘役,并处或者单处2万元以上20万元以下罚金。

万元以下的罚款。

发行人、上市公司或者其他信息披露义务人的控股股东、实际控制人指使从事前两款违法行为的,依照前两款的规定处罚。

通常,中国证券监管机构的处理方式是:根据2013年《证券法》第86条与第193条,责令违规增持者补充披露相关信息,给予警告,并处以60万元以下的罚款。

就信息的补充披露而言,其实为责令改正的具体实现方式。"责令改正"本应成为维护该制度的关键性措施,但是由于大家对"责令改正"内涵的理解存在诸多分歧,这一规定难以发挥出其应有的功能。而且,补充披露相关信息并不会对举牌者的经济利益造成影响。就警告而言,其属于申诫罚,是监管机构向违法当事人发出警诫,申明其存在违法行为,通过对其名誉、荣誉、信誉等施加影响,引起其精神上警惕,使其不再违法的处罚形式。[①] 它也不会对举牌者的经济利益产生影响。就顶格罚款60万元而言,相对于巨额盈利,实为九牛一毛,其违法成本远远小于当事人所得的不当利益。

2013年《证券法》第193条"扎针式"处罚会导致鼓励违法的逆向激励。不论是补充信息披露、警告,还是区区的顶格罚款60万元,实是一种"扎针式"的处罚,不会产生任何痛感。这样的结果直接导致违规增持的违法成本太低,不但难以抑制违规增持,还具有促进滥用该规则的逆向激励作用。换言之,其实际效果是鼓励大家违反该规则。所以,更为可怕的结果是,在我国,自"宝延风波"发生之日起,由于示范效应显著,其不断地鼓励大家采取违法行为,以获得更大的利润和对目标公司的控制权。这种现象在其他国家或地区也同样存在。例

① 参见胡建淼:《行政法学》,法律出版社2003年版,第299页。

如,我国台湾地区的有关规定实际执行效果也不理想。[1]

总之,这样的处理方式使大额持股信息披露规则已经完全陷入生死存亡的危机之中,我们面临的首要问题为是否需要继续坚持该规则?

二、违规持股的救济:从行政责任转向民事责任

要妥当地解决这一问题,可以借助于利益衡量的层次结构理论。该理论主张,法律适用不是简单的逻辑操作,而是建立在“价值、事实与逻辑”的三角互动关系之上。[2] 该理论把利益分为当事人的具体利益、群体利益、制度利益与社会公共利益。这些不同利益形成一个有机的层次结构,其中制度利益与社会公共利益的衡量最为关键。这种构造要求法官层层深入,有步骤地分析、比对不同利益,经过综合利益衡量,最终得出妥当的裁判结果。[3]

(一)大额持股信息披露规则的利益衡量

投资者持股达到5%时需要披露相关信息,并在一定期限内不得再行买卖该公司股票的法律制度,是否需要继续坚持呢?我认为需要坚持该制度,主要理由有以下两方面。

1. 大额持股信息披露规则是国际惯例

大额持股信息披露制度,是世界上通行的证券法律制度。例如,《美国证券交易法》第13(d)条规定,任何直接或者间接持有某一类在

---

① 参见刘连煜:《新证券交易法实例研习》(第14版),台北,元照出版有限公司2016年版,第177页。

② 参见梁上上:《利益衡量论》(第3版),北京大学出版社2021年版,第59~62页。

③ 参见梁上上:《利益的层次结构与利益衡量的展开——兼评加藤一郎的利益衡量论》,载《法学研究》2002年第1期。

该法报告条款监管下的权益证券达到5%或者更高比例的持股人,必须在持有该5%股权后的10日内向联邦证券交易委员会登记。根据该法第18(a)条可以获得私法上的救济。同时,该法第32(a)条规定,故意违反信息披露义务人要承担刑事责任:对于自然人,应处最高500万美元罚金和/或20年有期徒刑,对于法人则处最高2500万美元的罚金。又如,日本在1990年《证券交易法》修订时引入了大额持股信息报告制度,并将5%作为报告的临界值。之所以这样设置,是考虑到持股5%会显著影响公司的控制关系和股价走势,同时也参考了发达国家的立法例。① 2006年的《金融商品交易法》虽然取代了原《证券交易法》,但仍然保留了该制度。② 日本的大额持股申报制度的核心是,投资者持股比例持股5%时应"提交报告书申报持股比例、资金来源、持股目的等内阁府令规定的事项"③。与此相适应,该法第197条之2第5项、第6项规定,义务人未依照规定进行申报,或者申报报告书中重要事项存在虚假陈述的,处5年以下有期徒刑,并处或单处500万日元以下罚金。另外,根据该法第207条第1款第2项的规定,采取双罚制,不但要对行为人处罚,也要对该法人处5亿日元以下罚金。类似地,《韩国资本市场法》第147~151条对大额持股信息披露规则也作了详细规定,并在第445条第20项规定了刑事责任。④ 从世界范围看,大额持股信息披露已经为主要资本市场法域普遍采用。⑤

① 日本国1989年5月31日证券交易审议会报告《关于股份等大额持股信息的披露制度》。转引自[日]神作裕之:《信息披露义务的违反与股东权的限制——日本法的现状与课题》,李胡兴译,该报告提交于2016年7月30日的"中日公司法制第5次研讨会"。

② 参见《日本金融商品交易法》第二章之三规定了大额持股信息披露规则。

③ 《日本金融商品交易法》,朱大明译,法律出版社2015年版,第103~108页。

④ 参见《韩国资本市场法》,董新义译,知识产权出版社2011年版,第116~117、353页。

⑤ 参见张子学:《完善我国大额持股披露制度的若干问题》,载《证券法苑》(第5卷),法律出版社2011年版,第418页。

2. 大额持股信息披露规则的制度利益值得维护

在法律制度的取舍中,对该制度进行利益衡量至为关键。如果现行法律制度的制度利益符合社会公共利益,那么就应该坚持该制度。相反,如果该制度利益与社会公共利益相违背,则要废止或放弃该制度。[①]

信息披露制度是证券市场得以健康有序发展的基石,是保持该市场可信度和有效性的根本性机制,具有根本性价值。我国 2013 年《证券法》第 3 条明确规定,证券的发行、交易活动,必须实行公开、公平、公正的原则。信息披露的根本目标是为所有投资者提供获得相关信息的平等机会,从而使其可以评估与权衡该投资行为的风险与收益。如果证券市场参与者能获得足够信息来作出理智的投资决策,他们就能够得到最好的保护。[②] 一个有效的证券市场,股票价格是建立在充分信息之上的。可以说,没有信息披露就没有证券市场。信息披露监管制度的目的是通过保护投资者,建立公众信心,提高市场效率,实现社会公共利益。

2013 年《证券法》第 86 条所确立的大额持股信息披露规则的制度利益在于信息披露制度。该规则的核心在于,要求投资者在大额购买上市公司股票时履行信息披露义务,并在一定期限内不得再行买卖该上市公司股票。在上市公司收购过程中,信息披露对股票价格的影响更为灵敏,法律法规需要更为明确更为严格的要求。[③] 作为上市公司收购的前奏,收购人一般先谋求取得大宗的股份或者对大宗股份的控制权,以期通过较低的收购成本实现成功收购的目的。我国《证券

① 参见梁上上:《制度利益衡量的逻辑》,载《中国法学》2012 年第 4 期。

② 参见齐斌:《证券市场信息披露法律监管》,法律出版社 2000 年版,第 1 页。

③ 《上市公司收购管理办法》第 3 条 上市公司的收购及相关股份权益变动活动,必须遵循公开、公平、公正的原则。上市公司的收购及相关股份权益变动活动中的信息披露义务人,应当充分披露其在上市公司中的权益及变动情况,依法严格履行报告、公告和其他法定义务。

法》对大额持股信息披露规则作出规定，其获得的利益为：(1)保护广大投资者(包括目标公司的股东与潜在投资者)的知情权，使投资者能够在合理期限内充分了解市场信息，注意到公司控制权发生变化的可能性，使其有机会在重新评估持有股份价值的基础上实施投资决策。经济合作与发展组织(Organization for Economic Co-operation and Development, OECD)在《公司治理原则》(2004 年)中明确指出，大额持股情况的透明是投资者享有的一项基本权利(one of the basic rights)。[①] (2)防止投资者利用信息或资金优势进行内幕交易或操纵证券市场，保护中小投资者的利益。中国证券市场的发展历程已经表明，内幕交易、操纵市场和虚假陈述往往交织在一起。[②] (3)有利于上市公司及时了解股权变动情况，避免突发性收购对公司股东与管理层产生负面影响，保护公司的相对稳定和持续经营发展。(4)对股票大额交易行为实施有效监督，有利于证券监管机构与证券交易所及时了解上市公司股权变动情况，维护证券市场的公开、公平、公正的交易规则。[③] 类似地，《美国证券交易法》的大额持股信息披露规则也是以公共利益与投资者保护为最终依归。[④] 所以，大额持股信息披露规则的制度利益是与公共利益相一致的。

由于当事人的权利总是存在于某一具体的法律制度之中，证券市场的固有特质与大额持股信息披露规则必然会影响当事人的利益状态。法律规定的利益评价是有拘束力的，这种受法律评价因素的拘

---

① See Organization for Economic Co-operation and Development, Principles of Corporate Governance, 2004, p. 51.

② 参见郑顺炎：《证券内幕交易规制的本土化研究》，北京大学出版社 2002 年版，第 58 ~ 74 页。

③ 参见李飞主编：《中华人民共和国证券法(修订)释义》，法律出版社 2005 年版，第 127 ~ 128 页；周正庆、李飞、桂敏杰主编：《新证券法条文解析》，人民法院出版社 2006 年版，第 219 页。

④ Securities Exchange Act of 1934, section 13(d) ... and such additional information, as the Commission may by rules and regulations prescribe, as necessary or appropriate in the public interest or for the protection of investors. 由此可见，公共利益是第 13(d)条的立法宗旨。

束,是法官受制定法拘束的固有的本质内涵。[①] 所以,法官对具体案件进行裁决时,应该充分考虑凝固于该制度上的制度利益,并作出妥当的裁决。

(二)2019 年《证券法》对大额持股信息披露规则的修改

从前面的分析可知,达到 5% 时进行信息披露的法律制度不能放弃,那么应该如何维护该制度? 2019 年《证券法》修订时,立法者对其再次作出修订,主要从两个方面进行了完善。

1. 大额持股信息披露规则的修改

2019 年《证券法》对大额持股信息披露规则本身作出修改,并把条文序号调整为第 63 条。该条款为:

《证券法》(2019 年)第 63 条　通过证券交易所的证券交易,投资者持有或者通过协议、其他安排与他人共同持有一个上市公司已发行的有表决权股份达到 5% 时,应当在该事实发生之日起 3 日内,向国务院证券监督管理机构、证券交易所作出书面报告,通知该上市公司,并予公告,在上述期限内不得再行买卖该上市公司的股票,但国务院证券监督管理机构规定的情形除外。

投资者持有或者通过协议、其他安排与他人共同持有一个上市公司已发行的有表决权股份达到 5% 后,其所持该上市公司已发行的有表决权股份比例每增加或者减少 5%,应当依照前款规定进行报告和公告,在该事实发生之日起至公告后 3 日内,不得再行买卖该上市公司的股票,但国务院证券监督管理机构规定的情形除外。

投资者持有或者通过协议、其他安排与他人共同持有一个上市公司已发行的有表决权股份达到 5% 后,其所持该上市公司已发行的有

---

① Westermann, Wesen, SS. 8, 14, 25. 转引自吴从周:《概念法学、利益法学与价值法学:探索一部民法方法论的演变史》,中国法制出版社 2011 年版,第 399 页。

表决权股份比例每增加或者减少1%,应当在该事实发生的次日通知该上市公司,并予公告。

违反第一款、第二款规定买入上市公司有表决权的股份的,在买入后的36个月内,对该超过规定比例部分的股份不得行使表决权。

可见,2019年《证券法》对大额持股信息披露规则作出的调整,主要为:(1)增加了增减1%时的信息披露规则。投资者持有或者通过协议、其他安排与他人共同持有一个上市公司已发行的有表决权股份达到5%后,其所持该上市公司已发行的有表决权股份比例每增加或者减少1%,应当在该事实发生的次日通知该上市公司,并予公告。(2)增加表决权限制规则。违反首次5%披露规则(第1款)与增减5%规则(第2款)而买入上市公司有表决权股份的,在买入后的36个月内,对该超过规定比例部分的股份不得行使表决权。(3)增加大额持股信息披露的豁免规则。国务院证券监督管理机构可以规定免于披露的情形,大额持股投资者可以不予披露。

2. 行政处罚上的加重

在行政处罚方面,2019年《证券法》对处罚力度大幅增加,将原条文修改为:

《证券法》(2019年)第197条　信息披露义务人未按照本法规定报送有关报告或者履行信息披露义务的,责令改正,给予警告,并处以50万元以上500万元以下的罚款;对直接负责的主管人员和其他直接责任人员给予警告,并处以20万元以上200万元以下的罚款。发行人的控股股东、实际控制人组织、指使从事上述违法行为,或者隐瞒相关事项导致发生上述情形的,处以50万元以上500万元以下的罚款;对直接负责的主管人员和其他直接责任人员,处以20万元以上200万元以下的罚款。

信息披露义务人报送的报告或者披露的信息有虚假记载、误导性陈述或者重大遗漏的,责令改正,给予警告,并处以100万元以上1000万元以下的罚款;对直接负责的主管人员和其他直接责任人员给予警告,并处以50万元以上500万元以下的罚款。发行人的控股股东、实际控制人组织、指使从事上述违法行为,或者隐瞒相关事项导致发生上述情形的,处以100万元以上1000万元以下的罚款;对直接负责的主管人员和其他直接责任人员,处以50万元以上500万元以下的罚款。

比较2013年与2019年《证券法》的相关规定,主要区别为:(1)规范方式不同。2013年《证券法》分为未披露信息与虚假披露的处罚,以及未报送报告与虚假报告的处罚;而2019年《证券法》分为未履行义务的处罚,以及虚假披露的处罚。应当说,这里的修改是妥当的。(2)处罚力度大幅增加,从2013年的顶格处罚60万元上调至1000万元。

(三)理想的解决方案:违规行为的恢复原状

2019年《证券法》关于大额持股信息披露规则的修改是妥当的,可以预见这一调整会收到相应的效果,特别是行政处罚力度的加大可以抑制一些违规增持行为。虽然大额持股信息披露规则面临的生存危机已经化解,但是为达到理想的制度效果,还应该在违规持股投资者的民事责任层面进行修改,彻底阻断其利益链。

从违规增持者的行为看,其不履行信息披露义务的目的在于可以悄无声息地继续购买其所持上市公司的股票。由于其没有履行信息披露义务,证券市场的投资者或者潜在投资者并不知道该目标公司的股票可能处于被收购状态。这直接影响了他们对目标公司股票价格走势的判断。从证券市场的一般情况看,如果该公司的股票处于被收购的状态,则上市公司股票价格在极短时间内会出现大幅上涨,其中不乏连续数个交易日股价涨停的情况。① 由于违规增持者没有披露该信息,其可以较低的价格继续购买该股票,不但节约了收购成本,而且还借此获得了超额收益。而市场上的投资者或者潜在投资者则失去了以较低价格购买该上市公司股票的机会。从控制权的角度看,由于违规增持者可以较低的价格购买股票,极大方便了其获得对目标公司的控制权。相反,由于目标公司的管理层不知道违规增持者的购买行为,不能很好地实施阻止购买的策略。在这"一明一暗"的控制权争夺战中,管理层处于不利地位,容易失去对公司的控制权。此外,违规增持者的继续购买行为还可能阻止该股票最大价值的发现。应当说,管理层与收购者的控制权争夺战的功能,在于最大限度地发现该股票的最大价值,从而实现股东利益的最大化。② 在中国,上市公司的壳资源仍然较为稀缺,其具有很大的价值。③ 违规增持者的行为实现了自己利益的最大化,而损害了其他利益相关者的利益。所以,从阻止违规增持者行为的角度看,只有切断其利益动机才能彻底消除违规增持潜在的不良后果。最好方法是"恢复原状",使其无利可图,彻底阻止违规举牌者目的的实现。

---

① 参见卢文道、方俊:《我国上市公司控制权之争的最新态势与监管路径研究》,载《证券法苑》(第13卷),法律出版社2014年版,第11~13页。

② 《威廉姆斯法案》(Williams Act)公开宣称,其在管理层与举牌者之间保持中立,避免作出倾向性选择。但是,其采取措施帮助股东作出妥当的投资决策。See John C. Coffee, Jr., Joel Seligman, Hillary A. Sale, *Securities Regulation*, 10th, Foundation Press, 2007, p. 718.

《美国证券交易法》第13(d)条的支持者认为,举牌人通过缓慢地悄无声息地"爬行式购买"获得了大多数好处。第13(d)条实现了举牌人与目标公司股东之间利益更为公平的分配。See John C. Coffee, Jr., Joel Seligman, Hillary A. Sale, *Securities Regulation*, 10th, Foundation Press, 2007, p. 719.

③ 随着深圳证券交易所于2020年推出创业板改革后,壳资源的价值将会减少。

三、违规增持民事救济的路径选择:基于信息错误的解构

(一)信息错误的类型及其特性

1. 信息错误的分类

在法律生活中,存在大量的信息错误。这些信息错误有其固有的特征。根据错误信息的表现形式,可以分为单一型错误与复合型错误。

案例1:三三股份公司在年终表彰大会上,公布了公司的优秀员工名单(不发放奖金)。在该名单中,“李平(女)”变成了“李平”。据查,该公司有一男一女2位李平,获得奖励的应该是李平(女)。但是,该表彰文件在李平的姓名中没有注明“女”。按照习惯,没有注明“女”的,通常为男士。该公司发现错误后,作出了改正。

案例2:某县政府决定给予三三股份公司李平等10位劳动模范表彰。根据该表彰文件,奖励每位劳动模范5万元,李平应该获得奖金5万元。但是,该文件上的李平,应该为李平(女)。对此,李平(女)要求县政府改正表彰文件,并发给其奖金5万元。后来,该县改正了表彰文件,并补发李平(女)奖金5万元。

以上两个案例中,案例1的信息错误是单一的,只是优秀员工名单本身发生错误,属于单一型错误。案例2的错误较为复杂,不但涉及表彰文件的错误,还涉及奖金发放的错误,是由两种不同的错误构成的,属于复合型错误。

2. 复合型信息错误的基本构造

在复合型行为中,可以分为固有行为与关涉行为。固有行为具有

基础性地位,而关涉行为可以是延伸性行为。同样,复合型错误可以分为固有行为错误与关涉行为错误。在复合型错误中,固有行为错误可能只是表面现象,更为根本的可能是关涉行为的错误。所以,不但要对固有行为进行改正,还需要对关涉行为进行更正。如果不对关涉行为进行改正,对固有行为的更正是没有意义的,或者其改正是不充分的。

案例3:某大学寝室安排公告栏显示,该校入学新生唐爱华与孙晶两人合住男生宿舍325室。但入住时发现,唐爱华为女生,孙晶为男生。该大学知道后,对公告栏信息作了改正,并为他们重新安排了寝室。可见,这里的改正既包括公告信息的改正,也包括重新安排寝室。

与案例1的单一型错误不同,案例2与案例3的错误属于复合型错误。在案例2中,给李平(女)补发5万元奖金与纠正劳动模范称号可能同样重要。在案例3中,及时给2位学生重新安排寝室才是关键,也是问题的真正核心所在。可见,在信息错误的案件中,不但需要对信息披露本身(固有信息行为)进行改正,还需要对基于该错误信息之上的其他延伸性行为或者隐藏性行为进行改正。相反,如果只改正信息错误而不对延伸性错误或者隐藏性错误进行改正,对当事人而言是没有意义的,或者救济是不充分的。

(二)违规增持的构造及其改正规则

在违规增持中,违规行为可以分解为两个不同的行为,即未按规定披露信息行为与继续买卖证券行为。其行为结构可以表达为

违规增持行为=未按规定披露信息行为+继续购买股票行为

从违规增持的行为结构中可以看出,投资者的违规增持行为是一

种“合成性”行为。换言之,“未按规定披露信息行为”是固有行为,为基础性行为,而“继续购买股票行为”则是关涉性行为。其实,《上市公司收购管理办法》第 75 条已经体现了这一思想,把信息披露义务人的行为分为“未按照规定履行报告、公告义务”与“其他相关义务”。[①]其中的“其他相关义务”就是关涉性行为,为隐藏性行为。

未按规定信息披露的固有行为,可以分为:(1)持有已发行的有表决权股份达到 5% 时的未披露行为。当投资者持有或者通过协议、其他安排与他人共同持有一个上市公司已发行的有表决权股份达到 5% 时,违反 2019 年《证券法》第 63 条第 1 款的规定,没有在该事实发生之日起 3 日内,向国务院证券监督管理机构、证券交易所作出书面报告,通知该上市公司,并予公告。(2)增减达 5% 时的未披露行为。当投资者持有或者通过协议、其他安排与他人共同持有一个上市公司已发行的股份达到 5% 后,其所持该上市公司已发行的有表决权股份比例每增加或者减少 5% 时,违反 2019 年《证券法》第 63 条第 2 款的规定,没有在该事实发生之日起 3 日内,向国务院证券监督管理机构、证券交易所作出书面报告,通知该上市公司,并予公告。(3)增减达 1% 时的未披露行为。投资者持有或者通过协议、其他安排与他人共同持有一个上市公司已发行的有表决权股份达到 5% 后,其所持该上市公司已发行的有表决权股份比例每增加或者减少 1%,违反《证券法》第 63 条第 3 款的规定,没有在该事实发生的次日通知该上市公司,并予公告。

从信息错误的行为结构中看出,需要明确信息披露错误的具体状态。如果该错误停留在固有行为上,还没有发展为关涉行为的错误,

---

① 《上市公司收购管理办法》第 75 条　上市公司的收购及相关股份权益变动活动中的信息披露义务人,未按照本办法的规定履行报告、公告以及其他相关义务的,中国证监会责令改正,采取监管谈话、出具警示函、责令暂停或者停止收购等监管措施。在改正前,相关信息披露义务人不得对其持有或者实际支配的股份行使表决权。

则只要改正固有行为就可以。例如,在违规增持中,虽然投资者没有按规定进行信息披露,但没有继续买卖该上市公司的股票,那么只要就信息披露的违规行为进行改正就可以。但是,如果其违反规则继续购买该上市公司的股份,则构成复合型错误。不但需要就信息披露的违规行为进行改正,还需要对继续购买股票的行为进行改正。所以,后续的补正披露信息行为只是对"未按规定披露信息行为"的补救,而不涉及关涉性行为——购买股票行为的救济。

(三)违规增持救济途径的探寻:私法救济的引入

从违规增持的行为结构中不难发现,不但需要对信息错误本身进行改正,还需要对继续购买股票的其他错误行为进行规范,两者不可偏废。就未按规定披露信息而言,可以责令补正披露信息。但更为关键的问题是,继续购买股票的错误行为应当如何改正呢?

我国虽然对此规定了刑事责任,但实践中需要遵循谦抑原则,不宜轻易动用刑法对行为人予以惩罚。行政责任则局限于对未披露信息的改正。由于行政责任受到"法无明文不处罚"原则的制约,也难以对违规增持行为进行规制。对于违规增持行为,最佳的途径是民事救济。但是,我国《证券法》对民事救济没有明确规定。那么,当事人是否享有民事诉权寻求私法救济呢?

美国的司法实践表明,当事人是享有民事诉权的。与我国类似,《美国证券交易法》第13(d)条对大额持股信息披露规则作了明确规定,但也没有规定民事救济途径。对此,美国通过一系列判例认可了这一救济途径。1975年,在著名的Rondeau v. Mosinee Paper Corp.[①]案中,被告并没有对原告提起民事诉讼的权利提出挑战,最高法院也没有质疑该诉权的存在。在该案判决之后,许多巡回法院裁决,发行

① Rondeau v. Mosinee Paper Corp. ,422 U.S. 49 (1975).

人根据第13(d)条寻求禁制令救济(injunctive relief)时可享有民事诉权(a private right of action),或者可基于该诉权采取其他进一步行动。① 其中,最具说服力的是 Indiana National Corp. v. Rich 案。该案对默示的民事诉讼权利(implied rights of action)做了详细分析。② 另外,根据《美国证券交易法》第21条的规定,美国证券交易委员会可以向法院寻求禁制令。③ 正是基于发行人的默示民事诉权与美国证券交易委员会的诉权,才导致了美国违规增持案件中私法救济的发达,一系列禁制令(injunction)得到运用,有效地阻止了违规增持行为。

我国属于大陆法系国家,对于民事案件,大陆法系存在不得借口法律没有规定或者规定不明确而拒绝裁判的传统。特别是1804年的《法国民法典》第4条明确规定,审判员借口没有法律或者法律不明确、不完备而拒绝受理者,得依拒绝审判追诉之。④ 司法权的作用是裁判个别案件,法官不能拒绝裁判,否则人民的纠纷无从得到解决,陷社会于混乱与不安。⑤ 所以,对于法律没有明确规定等法律漏洞,当事人是可以向法院提起民事诉讼的。我国西藏旅游、上海新梅等违规增持案件也表明,发行人或上市公司向法院提起民事诉讼获取救济的,法院均予以受理,从未拒绝其诉权,并最终作出了裁决或调解。而且,这些案件的违规增持者等被告也没有就此提出异议。总之,在违规增持案件中,当事人是享有民事诉权的,可以请求私法救济。

---

① Larry D. Soderquist, Theresa A. Gabaldon, *Securities Regulation*, 6th, Foundation Press, 2006, p. 383.

② Indiana National Corp. v. Rich, 712 F. 2d 1180, Fed. Sec. L. Rep. p. 99, 432.

③ Larry D. Soderquist, Theresa A. Gabaldon, *Securities Law*, 4th, Foundation Press, 2011, p. 145.

④ 参见《拿破仑民法典》,李浩培等译,商务印书馆1979年版,第1页。需要指出的是,对该条文的原意有不同的理解。

⑤ 参见谢怀栻:《外国民商法精要》(第3版),法律出版社2014年版,第58页。

四、超比例股票买卖合同的效力

法院受理案件后，当事人寻求私法救济所面临的第一个问题是，违规持股超出5%以上的股票买卖合同是否有效？

从西藏旅游、上海新梅、康达尔、荃银高科等诸多违规增持案例看，继续买卖股票合同的效力是原被告双方争议的焦点。原告通常主张，未履行披露义务而继续买卖股份的行为无效，因为其违反2013年《证券法》第86条（2019年《证券法》第63条，未修改）关于“在限制期内不得再行买卖该上市公司股票”的强制性规定。相反，违规增持者则通常反驳，2013年《证券法》第86条并不是效力性强制性规范，继续买卖股份的合同行为有效。

我认为，继续买卖股票的合同并不因此而无效。这是放弃传统的“效力性强制性规范与管理性强制性规范”二分的分析路径后，以《民法典》第153条第1款为依据，仔细分析得出的结论。具体理由如下：

1. 分析路径的转换：《民法典》第153条第1款与2019年《证券法》第63条的勾连

2017年3月《民法总则》通过，民事法律行为效力的判断规则已经发生变化。2020年通过的《民法典》对此未作任何修改。

关于合同违反强制性规定时的效力判断，可以追溯至合同法。1999年的《合同法》第52条第5项规定，违反法律、行政法规的强制性规定的，合同无效。2009年5月13日起施行的《最高人民法院关于适用〈中华人民共和国合同法〉若干问题的解释（二）》（以下简称《合同法司法解释（二）》第14条规定，合同法第52条第（5）项规定的“强制性规定”，是指效力性强制性规定。这意味着司法解释对合同法的规定进行了限制，明确缩小了合同因违反法律、行政法规的强制性规定而无效的情形。因为通说认为,强制性规定可以分为效力性强制性规定与管理性强制性规定。[①] 违反管理性规定,虽然会产生其他法律上的一定后果,但并不对合同效力产生影响。与此不同,违反效力性规定则直接导致该合同无效。但是,将强制性规范分为效力性强制性规范与管理性强制性规范,受到学者的广泛批评,[②]法院系统也存在不同意见[③]。

为此,我国《民法典》并没有采纳《合同法司法解释(二)》的规定,放弃了效力性强制性规定与管理性强制性规定的分类模式。该法第153条第1款规定,"违反法律、行政法规的强制性规定的民事法律行为无效,但是该强制性规定不导致该民事法律行为无效的除外。"这种"原则—例外"规范的设置,是基于国家对经济、社会等方面进行干预的现实需要。[④] 基于此,违反强制性规范的合同原则上是无效的,但是

① 在我国,把强制性规定分为效力性强制性规定与管理性强制性规定是《民法总则》颁布前的通说。其理由在于,效力性规范着重于违反行为之法律行为价值,以否定其法律效力为目的;管理性规范着重于违反行为之事实行为价值,以禁止其行为为目的(参见史尚宽:《民法总论》,中国政法大学出版社2000年版,第330页)。该学说由史尚宽先生首倡,其后王泽鉴、黄茂荣等学者从之(参见苏永钦:《私法自治中的经济理性》,中国人民大学出版社2004年版,第43页)。我国大陆的通说也从之[参见吴庆宝主编:《最高人民法院专家法官阐释民商裁判疑难问题(合同裁判指导卷)》(增订版),中国法制出版社2011年版,第2~3页]。

② 例如,崔建远认为,《合同法司法解释(二)》第14条的规定将管理性的强制性规定完全排除是走向了另一个极端,形成了新的法律漏洞(参见崔建远:《合同法》,北京大学出版社2012年版,第89页)。又如,我国台湾地区学者苏永钦认为,这一分类实际是以问答问,仍然缺乏可操作性,而且还会造成误解,使人误以为行政法上的禁止规定为取缔规定,其违反不生私法效果,仅民法上的禁止规定为效力规定,其违反原则上为无效(参见苏永钦:《私法自治中的经济理性》,中国人民大学出版社2004年版,第43页)。我认为,对这一分类方法的批评甚为合理。事实上,我国已经出现了行政法上的行为即为管理性规定的误解。

③ 《民法总则法院系统座谈会简报》,载《民法总则立法背景与观点全集》编写组编:《民法总则立法背景与观点全集》,法律出版社2017年版,第257页。

④ 在德国,就违反强制性规定对法律行为的效力而言,整体趋势是形式标准转变为实质标准,从较宽的认定转变为较严的认定,以配合行政、立法部门的干预,在社会、经济法领域,此一趋势尤其明显。参见苏永钦:《私法自治中的经济理性》,中国人民大学出版社2004年版,第37页。

存在例外。[①] 其例外就是,不导致民事法律行为无效的强制性规范。[②] 所以,需要对"例外"进行实质性判断。

我国2019年《证券法》第63条规定,投资者通过证券交易所的证券交易,持有上市公司5%以上比例的有表决权股份及在达到该比例后每增减5%比例股份的,一定期间内不得再行买卖该上市公司的股票。显然,该规定属于强制性规范,但是不能由此直接推论股票买卖合同是无效的。需要进一步考察:该强制性规定是否会落入《民法典》第153条第1款的"例外条款"呢?

2. 落入"例外条款"由证券交易制度的固有属性决定

判断某一强制性规范是否落入《民法典》第153条第1款的"例外条款",需要结合具体的法律制度进行综合分析。[③] 权利义务总是存在于某一具体的法律制度之中,法律制度的固有属性对权利义务的内容与行使方式产生重大影响。所以,例外条款所指向的对象应该是其

---

① 其实,关于法律行为的效力是否因违反禁止性规范而受影响?德国有四种不同的学说,分别是规范对象说、规范重心说、规范性质说及规范目的说。规范对象说认为,原则上仅在禁止规范以所有当事人为对象时,才有无效的问题。规范重心说认为,原则上仅在禁止规范针对私法行为"本身"时,才有无效的问题。规范性质说认为,如果该强制性规范仅为单纯的秩序规定,则违反该规定不对法律行为的效力产生影响。该学说所指的秩序规定与我国通说中的管理性规定极为相似,但该学说已经退出历史舞台。目前,规范目的说为德国学界与实务界的通说,该说认为法律行为应否禁止应视禁止规范的目的而定。但是,德国法院实务与学说对于如何认定违法禁止法规对法律行为效力的影响,并无一贯而合理的说明,法院只能以创造法律的方式来裁判这个问题。参见[德]迪特尔·梅迪库斯:《德国民法总论》,邵建东译,法律出版社2000年版,第482~492页;[德]迪特尔·施瓦布:《民法导论》,郑冲译,法律出版社2006年版,第469~473页;苏永钦:《私法自治中的经济理性》,中国人民大学出版社2004年版,第36~37页。

但需要强调的是,这四种不同学说都是判断违反强制性规定对法律行为效力影响的方法,各有利弊,相互之间并不必然排斥,可以根据具体的案件事实与案件类型选择其中最为妥当的一种或几种方法进行解释。

② 在德国,对于违反《德国民法典》第134条规定的法律后果,能否产生某种推定,即在发生异议时应否认定为无效呢?对此还存在争议。Flume持否定态度,Canaris则持肯定态度,梅迪库斯、苏永钦赞同Canaris的意见,认为应当认定为无效。

③ 立法者认为,这里实际涉及对具体强制性规定的性质判断问题(参见李适时主编:《中华人民共和国民法总则释义》,法律出版社2017年版,第481页)。这一说法并不可取,会导致回归到传统的"效力性强制性规范与管理性强制性规范"二分的分析路径。

所依存的法律制度,即强制性规范所存属的法律制度。就股份买卖的强制性规范而言,属于证券交易法律制度,需要在证券交易制度的法律框架下来讨论该条款对买卖合同效力的影响。

证券交易制度是特殊的交易制度。我国2019年《证券法》第38条规定:“证券在证券交易所上市交易,应当采用公开的集中交易方式或者国务院证券监督管理机构批准的其他方式”。可见,股票买卖虽然归属为买卖行为,但与一般买卖行为存在显著区别。其具有自己的固有属性,集中体现为证券交易是通过证券交易所以集中竞价、自动撮合方式进行的交易。

具体地,通过证券交易所进行的股票买卖行为具有以下特征:(1)无因性。[①] 无因性意味着股票变动的交易结果不受交易行为是否有效的影响。(2)流动性。证券市场的交易活动十分频繁,流通性极强,转手率极高,无法像民法上的物那样可以行使追及权利。(3)集中竞价性。证券交易是在集中交易市场以竞价交易的方式进行交易的。不论采取电脑集合竞价还是采取集中竞价(连续竞价),都体现出很强的集中性特征。

3. 落入“例外条款”由证券交易交易结果不可更改性所决定

证券交易制度的根本特性决定交易结果的不可更改性,我国2013年《证券法》对此已经有明确规定。该法第120条规定:“按照依法制定的交易规则进行的交易,不得改变其交易结果”[②]。2019年《证券法》第117条对此未作修改。根据解释论,分析如下:

---

① 参见周正庆、李飞、桂敏杰主编:《新证券法条文解析》,人民法院出版社2006年版,第322页。

② 需要指出的是,2013年《证券法》把这一证券交易规则放置在“第五章　证券交易所”下来进行规范是不妥当的。这是因为这一规则并不仅仅是交易所的规则,而是证券交易的一般规则,所有参与交易的人都应该遵守的规则。2015年4月的《证券法(修订草案)》第71条对此作了确认,并把它放置于“证券交易的一般规定”中加以规范是妥当的。但是,2019年《证券法》第117条没有吸收草案意见,仍然将其放置在“第七章　证券交易场所”下进行规范。

(1)证券交易采取特殊的交易规则。该交易规则是证券交易所依法制定的,需要遵守。

(2)交易结果是指买受人对买卖所得的证券享有所有权。这是从证券的归属关系上所做的权利界定,其根源于证券交易的特殊规则。

(3)交易规则是判断交易结果是否可以改变的唯一标准。交易结果的效力取决于是否"按照依法制定的交易规则进行的交易"。只要是按照交易规则进行交易的,该交易结果就不得改变。需要明确的是,这里的"依法制定"是特指交易所依法制定的规则,而不是普遍意义上的"依法制定"。所以,违规交易者的违规行为并不改变交易规则的合法性。但是,如果因为不可抗力、意外事件、重大技术故障、重大人为差错等突发性事件导致证券交易结果出现重大异常,按照交易结果进行清算交收将对正常交易秩序和市场公平产生重大影响的,证券交易所可以采取暂缓交收、取消交易等措施。①

(4)交易行为的合法性不是判断交易结果可否改变的标准。交易行为根据是否符合法律规定,可以分为(表示为 a)合法行为与违法行为(表示为 b)。而且,交易行为根据是否符合证券交易所的交易规则,可以分为合规交易(表示为 A)与违规交易(表示为 B)。从排列组合的规律看,交易行为可以是:Aa 型交易行为,既合法又合规;Ab 型交易行为,虽违法但合规;Ba 交易行为型,虽合法但不合规;Bb 型交易行为,既不合法又不合规。所以,Aa 型交易行为与 Ab 型交易行为的交易结果都不得改变。对于交易行为的组合关系,可以通过表 6-1 直观地呈现出来:

① 参见《证券法(修订草案)》(2015 年 4 月)第 195 条。

表 6－1　交易行为的组合关系

	a 合法行为	b 违法行为
A 合规行为	Aa:既合法又合规	Ab:虽违法但合规
B 违规行为	Ba:虽合法但不合规	Bb:既不合法又不合规

(5)交易结果不可更改性有利于维护证券市场的正常交易秩序。2019 年《证券法》第 63 条是对举牌人的单方面规定。在证券交易中，对违规增持人不得再行买卖该上市公司股份的情形，交易相对人通常并不知道，也不应该知道，该规定不应对交易相对人的利益造成不当影响，产生不利的法律效力。而且，证券交易涉及众多证券投资者，交易对手之间无法一一追溯，如交易结果可以随意改变，则不仅会影响证券交易市场秩序，还会涉及众多无辜投资者的利益。所以，只要根据依法制定的交易规则进行的交易，无论其交易主体是否有违法行为，其交易结果不得改变。

4. 违规增持合同不因此无效：2019 年《证券法》第 63 条落入“例外条款”

虽然 2019 年《证券法》第 63 条属于强制性规范，但是根据《民法典》第 153 条第 1 款，结合 2019 年《证券法》第 117 条(2013 年《证券法》第 120 条，未修改)的相关规定，基于证券交易规则的制度特性，该强制性规范落入“例外条款”。所以，违反大额持股信息披露义务的强制性规范的交易行为，并不因此导致该合同无效，交易完成后的股票仍然归属于违规增持者。

需要注意的是，继续买卖合同有效(如无其他无效因素)是否意味着违规增持者可以基于既成事实而坐享其利？无须承担民事责任呢？其实，交易结果不可更改只是该行为法律效果的一个方面。另一方面是，该行为存在违法性，具有可归责性，需要承担相应的民事责任。我国 2019 年《证券法》第 117 条第 2 句已经进一步明确规定：“对交易中违规交易者应负的民事责任不得免除；在违规交易中所获利益，依照有关规定处理。”[①]由此可见,Ab 型(虽违法但合规)交易行为的交易结果虽然不可更改,但违规交易者仍应承担与其违法行为相应的法律责任。[②]

五、限期转让违法所购股票

在违反大额持股披露规则继续购买股份的案件中,原告往往请求法院判决违规增持者限期转让(抛售)超过 5% 部分的股份,该请求能够获得法院的支持吗？这需要从证券法上的行政责任——“责令限期转让”出发来讨论。

(一)责令限期转让的一般可行性:其为证券法上常见的改正措施

面对原告的请求,普遍的担忧为判决抛售违规增持股份是否会造成证券市场不稳定？其实,这种担忧是不必要的。

在我国证券法中,责令限期转让股票(责令依法处理非法持有的股票)是常见的改正措施,具有一般可行性。根据《证券法》的明确规定,适用责令限期转让的主要情形有:

1. 禁止转让期间买卖股票的行为。2013 年《证券法》第 38 条规

---

① 需要注意的是,《证券法》(2019 年)第 117 条第 2 句所称的“违规交易”中的“规”,不同于该条第 1 句中的“交易规则”,其既包括违反所谓的“交易规则”,也包括其他违反法律规定。

这一现象违反了同一词语同一含义的法律用语规则,但这是语言的局限性造成的。相同的语言在整个法律中首先应被假设为具有相同的含义,但是如果赋予不同含义可以使整个法律更协调,则是可以忽视这一假设的。See Karl N. Llewellyn, *Remarks on the Theory of Appellate Decision and the Rules of Cannon about How Statutes are to be Construed*, 3 Vand. L. Rev. 395, 1949. 在法律适用中,需要法官发挥主观能动性,采取适应性解释。

② 参见李飞主编:《中华人民共和国证券法(修订)释义》,法律出版社 2005 年版,第 185～186 页;周正庆、李飞、桂敏杰主编:《新证券法条文解析》,人民法院出版社 2006 年版,第 323 页。

定,依法发行的股票、公司债券及其他证券,法律对其转让期限有限制性规定的,在限定的期限内不得买卖。违反该规定的,应依据该法第204条责令改正。这些规定在2019年《证券法》第36条中得到了沿用,并且该条还在第2款增加了一些其他转让股份的情形。[①] 如果违反第36条规定,则应根据该法第186条责令改正。[②] 所以,新旧《证券法》对此规定是一致的。

2. 特定人员持有或买卖股票的行为。2013年《证券法》第43条规定的特定人员,在任期或者法定限期内,不得直接或者以化名、借他人名义持有、买卖股票,也不得收受他人赠送的股票。同时规定,如果其原已持有的股票,必须依法转让。违反该规定的,应依据第199条责令依法处理非法持有的股票。2019年《证券法》第40条延续了这一规定,[③]该法第187条也规定“责令依法处理非法持有的股票、其他具有股权性质的证券”。[④]

---

① 《证券法》(2019年)第36条　依法发行的证券,《中华人民共和国公司法》和其他法律对其转让期限有限制性规定的,在限定的期限内不得转让。上市公司持有百分之五以上股份的股东、实际控制人、董事、监事、高级管理人员,以及其他持有发行人首次公开发行前发行的股份或者上市公司向特定对象发行的股份的股东,转让其持有的本公司股份的,不得违反法律、行政法规和国务院证券监督管理机构关于持有期限、卖出时间、卖出数量、卖出方式、信息披露等规定,并应当遵守证券交易所的业务规则。

② 《证券法》(2019年)第186条　违反本法第36条的规定,在限制转让期内转让证券,或者转让股票不符合法律、行政法规和国务院证券监督管理机构规定的,责令改正,给予警告,没收违法所得,并处以买卖证券等值以下的罚款。

③ 《证券法》(2019年)第40条　证券交易场所、证券公司和证券登记结算机构的从业人员,证券监督管理机构的工作人员以及法律、行政法规规定禁止参与股票交易的其他人员,在任期或者法定限期内,不得直接或者以化名、借他人名义持有、买卖股票或者其他具有股权性质的证券,也不得收受他人赠送的股票或者其他具有股权性质的证券。

任何人在成为前款所列人员时,其原已持有的股票或者其他具有股权性质的证券,必须依法转让。

实施股权激励计划或者员工持股计划的证券公司的从业人员,可以按照国务院证券监督管理机构的规定持有、卖出本公司股票或者其他具有股权性质的证券。

④ 《证券法》(2019年)第187条　法律、行政法规规定禁止参与股票交易的人员,违反本法第40条的规定,直接或者以化名、借他人名义持有、买卖股票或者其他具有股权性质的证券的,责令依法处理非法持有的股票、其他具有股权性质的证券,没收违法所得,并处以买卖证券等值以下的罚款;属于国家工作人员的,还应当依法给予处分。

3. 证券服务机构和人员在禁止期间买卖股票的行为。2013 年《证券法》第 201 条规定，为股票的发行、上市、交易出具审计报告、资产评估报告或者法律意见书等文件的证券服务机构和人员，违反该法第 45 条的规定买卖股票的，责令依法处理非法持有的股票。2019 年《证券法》第 42 条保留这一禁止买卖证券的规定，[①]该法第 189 条中仍然规定"责令依法处理非法持有的证券"。[②]

4. 内幕交易行为。2013 年《证券法》第 202 条规定，证券交易内幕信息的知情人或者非法获取内幕信息的人，在涉及证券的发行、交易或者其他对证券的价格有重大影响的信息公开前，买卖该证券，或者泄露该信息，或者建议他人买卖该证券的，责令依法处理非法持有的证券。2019 年《证券法》第 191 条对这一处罚没有作出修改。[③]

5. 操纵证券市场行为。2013 年《证券法》第 203 条规定，违反本法规定，操纵证券市场的，责令依法处理非法持有的证券。2019 年

---

① 《证券法》(2019 年)第 42 条　为证券发行出具审计报告或者法律意见书等文件的证券服务机构和人员，在该证券承销期内和期满后六个月内，不得买卖该证券。除前款规定外，为发行人及其控股股东、实际控制人，或者收购人、重大资产交易方出具审计报告或者法律意见书等文件的证券服务机构和人员，自接受委托之日起至上述文件公开后五日内，不得买卖该证券。实际开展上述有关工作之日早于接受委托之日的，自实际开展上述有关工作之日起至上述文件公开后五日内，不得买卖该证券。

② 《证券法》(2019 年)第 188 条　证券服务机构及其从业人员，违反本法第 42 条的规定买卖证券的，责令依法处理非法持有的证券，没收违法所得，并处以买卖证券等值以下的罚款。

③ 《证券法》(2019 年)第 191 条　证券交易内幕信息的知情人或者非法获取内幕信息的人违反本法第 53 条的规定从事内幕交易的，责令依法处理非法持有的证券，没收违法所得，并处以违法所得一倍以上十倍以下的罚款；没有违法所得或者违法所得不足五十万元的，处以五十万元以上五百万元以下的罚款。单位从事内幕交易的，还应当对直接负责的主管人员和其他直接责任人员给予警告，并处以二十万元以上二百万元以下的罚款。国务院证券监督管理机构工作人员从事内幕交易的，从重处罚。

违反本法第 54 条的规定，利用未公开信息进行交易的，依照前款的规定处罚。

《证券法》第 192 条仍然保留了这一规定。①

6. 证券公司股东的不当持股行为。2013 年《证券法》第 222 条第 2 款规定，证券公司为其股东或者股东的关联人提供融资或者担保的，责令改正。股东有过错的，在按照要求改正前，国务院证券监督管理机构可以限制其股东权利；拒不改正的，可以责令其转让所持证券公司股权。2019 年《证券法》第 205 条对此未作修改。②

从列举的第 1～5 项看，对于违反法律持有或者买卖股票的行为，监管机构应该责令"依法处理非法持有的证券"。从第 6 项看，即使是证券公司为其股东或者股东的关联人提供融资或者担保而拒不改正的行为，中国证监会也可以责令股东转让所持证券公司股权。可见，责令限期转让股份是《证券法》认可的常见的行政处理方式。而且，由于转让股份是"限期"转让，其转让行为可以在某一期间内完成。对此，法院可以根据其所持证券的数量、市场流通量等作出综合分析，确定合理的转让期间，避免造成证券市场的不稳定。所以，对违规增持行为责令抛售具有一般可行性，不必担心其影响证券市场的稳定性。

（二）责令限期转让的具体可行性：向内幕交易与操纵市场"借用"

虽然责令限期转让的行政责任可以在证券市场适用，但是具体到违规增持行为，是否存在适用的空间呢？

超比例持股交易与内幕交易、操纵市场是不同性质的行为，但它

---

① 《证券法》（2019 年）第 192 条　违反本法第 55 条的规定，操纵证券市场的，责令依法处理其非法持有的证券，没收违法所得，并处以违法所得一倍以上十倍以下的罚款；没有违法所得或者违法所得不足一百万元的，处以一百万元以上一千万元以下的罚款。单位操纵证券市场的，还应当对直接负责的主管人员和其他直接责任人员给予警告，并处以五十万元以上五百万元以下的罚款。

② 《证券法》（2019 年）第 205 条　证券公司违反本法第 123 条第 2 款的规定，为其股东或者股东的关联人提供融资或者担保的，责令改正，给予警告，并处以五十万元以上五百万元以下的罚款。对直接负责的主管人员和其他直接责任人员给予警告，并处以十万元以上一百万元以下的罚款。股东有过错的，在按照要求改正前，国务院证券监督管理机构可以限制其股东权利；拒不改正的，可以责令其转让所持证券公司股权。

们之间是存在紧密关系的。我国建立大宗持股信息披露的立法目的之一是防止内幕交易与操纵市场,保护中小投资者的利益。[①] 所以,可以内幕交易、操纵市场行为的规范作为桥梁,对责令限期转让在违规增持中的具体可行性进行分析。

1. 向内幕交易"借用"责令限期转让

(1)违规增持可能构成内幕交易

超比例持股交易与内幕交易究竟是什么关系?当违规超比例增持时,该行为可能构成内幕交易。具体有两种分析路径:

路径Ⅰ:违规增持符合内幕交易构成要件

路径Ⅰ为行为构成论分析路径,是从内幕交易的构成要件来判断违规增持行为的性质。

根据中国证券监督管理委员会《证券市场内幕交易行为认定指引(试行)》[②]第2条的规定,内幕交易的认定有三个构成要件,即内幕交易知情人、存在内幕信息、当事人利用内幕信息从事了买卖证券行为。有人已经正确地指出,对违规增持可以在相关条件成就时按内幕交易予以惩处。[③] 从持有表决权股5%后的违规股票交易行为与内幕交易行为的构成要件符合性来看,其可以构成内幕交易。具体理由如下:

首先,大宗持股人属于内幕知情人。2013年《证券法》第74条第2项规定,证券交易内幕信息的知情人包括"持有公司5%以上股份的股东及其董事、监事、高级管理人员,公司的实际控制人及其董事、监事、高级管理人员"。显然,持有超过5%股份的未履行信息披露义务的投资者属于内幕知情人。我国2015年4月的《证券法(修订草案)》

---

① 参见周正庆、李飞、桂敏杰主编:《新证券法条文解析》,人民法院出版社2006年版,第219页。

② 《证券市场内幕交易行为认定指引(试行)》已于2020年年末被废止,参见中国证券监督管理委员会《关于修改、废止部分证券期货制度文件的决定》(〔2020〕66号)。

③ 参见陈洁:《违规大规模增减持股票行为的定性及惩处机制的完善》,载《法学》2016年第9期。

中，对证券法的"知情人"范围作了修订。该修订草案第88条除第2项保留了《证券法》第74条第2项的规定外，还增加了第5项，即上市公司收购人或者重大资产交易方及其控股股东、实际控制人、董事、监事和高级管理人员，也属于内幕信息的知情人。这一修订方案在2019年《证券法》修订时得以实现。[①] 可见，将"持有公司5%以上股份的股东"认定为内幕知情人的规定在新旧证券法的语境下都是合适的。

其次，大宗持股信息属于内幕信息。2013年《证券法》第75条第1款规定，证券交易活动中，涉及公司的经营、财务或者对该公司证券的市场价格有重大影响的尚未公开的信息，为内幕信息。该条第2款第1项指出，该法第67条第2款所列重大事件属于内幕信息。而我国2013年《证券法》第67条第2款规定，"持有公司5%以上股份的股东或者实际控制人，其持有股份或者控制公司的情况发生较大变化"属于需要报告的重大事件。需要指出的是，《证券法》第75条第2款第3项对此作了进一步确认，"公司股权结构的重大变化"的信息属于内幕信息。从公司股权结构看，当某一股东持有公司股份的5%时，该变化将对公司股权的基本结构产生较大影响，因此该类信息构成内幕信息。2019年《证券法》未对旧法的内幕交易概念及其规制模式作出修改，但是对重大事项的列举更为全面。该法第80条第2款第8项直接将"持有公司5%以上股份的股东或者实际控制人持有股份或者控制公司的情况发生较大变化"规定为重大事项。该款第9项则规定"公司股权结构的重要变化"为重大事项。所以，大宗持股信息属于内幕信息。

---

① 《证券法》(2019年)第51条　证券交易内幕信息的知情人包括：

(一)发行人及其董事、监事、高级管理人员；

……

(五)上市公司收购人或者重大资产交易方及其控股股东、实际控制人、董事、监事和高级管理人员；

……

最后,违规者从事了违规交易行为,即其在未履行信息披露义务的情况下,从事了买卖股份的行为。

总之,持有超过5%表决权股份股东的违规交易行为,符合我国证券法上内幕交易行为的构成要件。

路径Ⅱ:从"除外向一般"的逆向回归

与路径Ⅰ相比,路径Ⅱ采取的是法律文本的解释论路径,也是更为简便的路径。

2013年《证券法》第76条第1款规定,证券交易内幕信息知情人在内幕信息公开前买卖证券的,构成内幕交易。但是,该条第2款明确规定:"持有或者通过协议、其他安排与他人共同持有公司5%以上股份的自然人、法人、其他组织收购上市公司的股份,本法另有规定的,适用其规定"。从第76条第2款与第1款的关系看,股东持有达到5%比例股份后继续进行的股份买卖行为与内幕交易之间属于"一般与例外"的关系,具体地说:

第一,投资者达到5%比例后收购上市公司股票的行为"原本"属于内幕交易。

第二,由于收购上市公司股份具有特殊性,证券法对此另有规定,排除了内幕交易条款的适用。2013年《证券法》关于上市公司收购的法律规定设在第85~101条。显然,大宗投资者根据2013年《证券法》第86条规定的买卖股份行为,可以排除内幕交易规则的适用。

第三,符合2013年《证券法》第86条的继续买卖行为方可排除内幕交易规则的适用。换言之,排除适用第76条的条件是,买卖股份行为需要符合第86条的规定。第86条明确规定,大宗投资者依法披露相关信息,以及在一定期间内不得再行买卖该上市公司的股票。相反,不符合该规定的行为则不能排除第76条的适用。

从"一般与例外"关系可以看出,股东持有达到5%的股份后继续进行的股份买卖行为与内幕交易之间存在潜在的区别,而区分二者的根本之处在于“是否进行了信息披露”。如果股东持股超过5%后作出信息披露,则该继续交易行为不属于内幕交易。2013年《证券法》第86条第1款规定,投资者持有某一上市公司已发行的股份达到5%时,应当在该事实发生之日起3日内,向监管机构等作出书面报告,通知该上市公司,并予公告。该条第2款还规定,投资者持有的股份达到5%后,其所持股份比例每增加或者减少5%,应当依照规定进行报告和公告。有人指出,持有超过5%股份的股东的披露义务是防止内幕交易的一种机制。[①] 这意味着,大宗持股的信息披露是避免使持股达到5%时继续交易股票的行为成为内幕交易的必要途径。相反,如果该股东不披露相关信息,就构成内幕交易,其已经完成了从内幕交易的“例外向一般”的逆向回归,可以得出与路径Ⅰ相同的结论。

由于2019年《证券法》第53条对旧法第76条未作任何修改,[②]第63条第1款与第2款相比上述旧法第86条也未作修改,所以在当前证券法语境下,“一般与例外”关系的推理仍然适用。

(2)内幕交易责令限期转让的“适用”

当某一交易行为构成内幕交易时,“责令依法处理非法持有的证券”是证券监管机构采取的重要措施。[③] 比较典型的是南方证券与北大车行之间进行的内幕交易案。在该案中,南方证券从1996年10月至1997年4月利用内幕信息大量买卖北大车行的股票,持仓量高达1711万股,占北大车行发行在外总股份的16.23%,占流通股份的60.61%。在双方的配合下,北大车行股票价格从1997年1月23日的每股8.86元涨到1997年4月21日的16.25元,涨幅近1倍。据此,

---

① 杨亮:《内幕交易论》,北京大学出版社2001年版,第233~236页。

② 《证券法》(2019年)第53条　证券交易内幕信息的知情人和非法获取内幕信息的人,在内幕信息公开前,不得买卖该公司的证券,或者泄露该信息,或者建议他人买卖该证券。持有或者通过协议、其他安排与他人共同持有公司百分之五以上股份的自然人、法人、非法人组织收购上市公司的股份,本法另有规定的,适用其规定。内幕交易行为给投资者造成损失的,应当依法承担赔偿责任。

③ 《证券法》(2013年)第202条。

中国证监会依据《股票发行与交易管理暂行条例》作出行政处罚:没收南方证券违规所得 7455.89 万元,罚款 500 万元,并责令其接到正式处罚决定后 1 个月内注销违规开设的 15 个个人股票账户。①

由于违规增持者达到 5% 后未履行信息披露继续交易的行为本质上已经完成“从例外向一般”的逆向回归,重新转变为内幕交易本身。所以,证券监管机构可以责令其限期转让其非法持有的证券。

2. 向操纵市场“借用”责令限期转让

由于违规增持股份与操纵市场存在“亲缘关系”,借鉴操纵市场的处理方式也是有益的。

(1)持股超 5% 后交易符合操纵市场的构成要件

真实的交易行为也可能构成操纵证券市场。2013 年《证券法》第 77 条第 1 项规定,禁止任何人“单独或者通过合谋,集中资金优势、持股优势或者利用信息优势联合或者连续买卖,操纵证券交易价格或者证券交易量”的手段操纵证券市场。2019 年《证券法》第 55 条将此修改为,禁止任何人单独或者通过合谋,集中资金优势、持股优势或者利用信息优势联合或者连续买卖操纵证券市场,影响或者意图影响证券交易价格或者证券交易量。这一修改没有实质性变化。在操纵证券市场的违法行为中,操纵市场者的意图是利用自己的购买行为扭曲股票交易价格、成交量等其他相关因素,诱使其他投资者对该股票的价格走势作出错误判断,并作出错误的买卖该股票的决策。

在投资者持有股份 5% 后继续购买股票的行为中,一方面,投资者存在资金优势、持股优势,特别是信息优势;另一方面,存在操纵证券交易价格的行为。由于持有 5% 股份的信息对股权结构的变化具有标志性影响,符合重大性的特征,一旦投资者披露其持有 5% 的信息,必将引起股价的波动。其隐匿信息的行为实际上具有改变价格形成趋

① 中国证券监督管理委员会行政处罚决定书,证监罚字(1999)28 号。

势的效果，违规增持者利用了该信息优势。所以，持股超5%后继续交易完全符合该条款所描述的行为特征，可以构成操纵证券市场行为。

(2)违规增持与操纵证券市场之间的“转化”

如何区分合法的股票投资交易、收购行为与操纵证券市场，有人认为，关键在于投资者的意图。合法的投资者以发现价值低估的股票而获利，而操纵者则意图利用自己的购买行为扭曲股票交易价格和其他相关因素(如成交量)诱使其他投资者据此作出对该股票价格未来走势的错误判断，从而作出错误的投资决策。但是，要证明投资者的意图是非常困难的。[①]

其实，从超5%继续购买股票与操纵证券市场的关系来看，两者的根本区别在于行为人是否进行了符合规定的披露。这也可以从2013年《证券法》第86条的立法目的中推演出来。如果投资者根据该条的规定披露了其交易的相关信息，则后续的购买行为就可以排除2013年《证券法》第77条第1项[②]的适用，不构成操纵市场行为；否则，就可能构成操纵证券市场行为。

(3)操纵市场的责令限期转让的“适用”

根据2019年《证券法》第192条[③]的规定，构成操纵证券市场的，可以责令依法处理其非法持有的证券。例如，在郑百文股票操纵案[④]中，李石于1996年4月24日购入郑百文股票774,800股，占该公司发行在外的普通股的7.5‰；4月25日至5月7日，李石又先后购入郑百文股票7,710,645股，致使其持有股票总数增至8,485,445股，占该公司发行在外的普通股的8.20%。5月8日、9日李石卖出800,000股。截至5月9日，李石实际持有郑百文股票仍计7,685,445股，占该公司

---

① 参见彭冰：《中国证券法学》(第2版)，高等教育出版社2007年版，第393页。

② 《证券法》(2019年)第55条第1项。

③ 《证券法》(2013年)第203条。

④ 《中国证券监督管理委员会关于对北京金昌投资咨询服务公司、李石违反证券法规行为的处罚决定》(证监罚字〔1996〕65号)。

发行在外的普通股的7.43%。该行为是典型的违规增持行为与操纵证券市场行为的竞合,中国证监会认为该行为构成操纵市场,依据《股票发行与交易管理暂行条例》第74条的规定,对李石超比例持有郑百文股票的行为处以3万元的罚款,同时强制李石在上海证券交易所监督下于30个交易日内售出其超比例持有的郑百文股票共计7,168,045股。出售超比例股票如有盈利,予以没收。又如,在亿安科技案中,中国证监会责令广东欣盛投资顾问有限公司等四家公司自收到处罚决定之日起3个月内在交易所的监督下卖出剩余股票77万股。[①] 可见,对于操纵证券市场行为,不但法律明文规定可以责令依法处理其非法持有的证券,实践中也有这样处理的先例。

总之,由于违规增持者持股达到5%后未履行信息披露义务继续交易的行为属于特殊的操纵证券市场行为(如郑百文股票操纵案),所以,证券监管机构可以责令违规增持者限期转让其非法持有的证券。

(三)可行性的实现路径:从"责令限期转让"到"判决限期转让"

从违规增持行为看,其可能构成内幕交易或者操纵市场行为,被中国证监会处以"责令限期转让"的责任。但是,该责任毕竟是行政责任,能否转变为民事责任呢?

责令限期转让的行政责任与判决限期转让的民事责任之间是存在转化基因的。不论是判决违规举牌中增持股票的行为,还是责令限期转让中买卖股票的行为,指向的对象都是法律所禁止的交易行为。按照"相同情形相同处理,不同情形不同处理"的原则,判决"依法处理非法持有的证券"是存在适用空间的。

虽然从表面看,责令限期转让与判决限期转让是两种性质完全不

---

① 中国证券监督管理委员会行政处罚决定书,证监罚字(2001)7号。

同的行为。前者属于行政责任，而后者属于民事责任。但是，如果将责令限期转让与判决限期转让的行为构成加以分解，可以表达为

责令限期转让 = 限期转让（恢复到转让前状态）+ 行政强制力

判决限期转让 = 限期转让（恢复到转让前状态）+ 司法强制力

从中可以看出，不论是“责令限期转让”还是“判决限期转让”，其本质均为恢复原状。就行政责任的恢复原状而言，在行政法上表达为“责令改正”，它并不具有惩罚性。① 就民事责任的恢复原状而言，我国《民法典》第179条作了明确规定。恢复原状，通常是指有体物被破坏后，使受到损害的财产恢复到被破坏前状态的一种责任方式。恢复原状不是仅指恢复财物原来的物理上的形状，还包括恢复财物原来的价值。② 其实，恢复原状的固有特性就是回复到原来的状态。在违规增持的民事纠纷案件中，当原告向法院起诉后，法院判决被告限期转让其违法增持的股份时，就是恢复到5%时的持股状态。

从上文可以看出，责令限期转让与判决限期转让的法律属性不同，主要是强制力的来源不同。判决限期转让是审判权的介入，责令限期转让是行政权的介入。但是，这种区别是微不足道的。这是因为两种介入具有共同的基因，不论是审判权的介入还是行政权的介入，虽然权力的来源不同，但都是“公权力”的介入，同属国家权力。不论是“判决限期转让”还是“责令限期转让”，没有本质区别，强制性是它

---

① 责令改正的本质是恢复原状。参见全国人大常委会法制工作委员会国家法、行政法室编著：《中华人民共和国行政处罚法释义》，法律出版社1996年版，第20页；全国人大常委会法制工作委员会国家法、行政法室编：《〈中华人民共和国行政处罚法〉讲话》，法律出版社1996年版，第34页。

有人指出，从行为性质看，“责令改正”是消除已经产生的危害后果，使其恢复到原来状态，是执行性措施。法律不能以惩罚性措施代替执行性措施。参见胡建淼、胡晓军：《行政责令行为法律规范分析及立法规范》，载《浙江大学学报（人文社会科学版）》2013年第1期。

② 陈书豪与南京武宁房地产开发有限公司、南京青和物业管理有限公司财产损害赔偿纠纷案，载《最高人民法院公报》2013年第5期（总第199期）。在该案中，法院认为恢复原状是恢复财物原来的价值。

们共有的特征。它们在法律效果上具有相同的目的,存在相同的法律追求,都试图达到"恢复原状"的状态。可见,判决限期转让属于民事责任,但功能上与行政法上的"责令限期转让(责令改正)"相当。所以,基于这种相似性,从证券法关于责令转让的规定可以推知法院判决限期转让的可行性。

(四)判决限期转让的可行性旁证:来自美国的经验

在美国的司法实践中,各级法院在许多案例中采取了强制转让(divestiture)的方式来阻止违规增持行为。例如,在 Electronic Specialty Co. v. International Controls Corp. ①案中,美国联邦第二巡回上诉法院认为,地区法院有权决定采取强制转让措施。在 General Steel Industries, Inc. v. Walco National Corporation② 案中,地区法院认为,Walco 公司购买 GSI 公司的股票后,其已经处于可阻止竞争性收购要约、合并提案或者以其他方式与 GSI 合并的地位。Walco 公司向美国证券交易委员会(United States Securities and Exchange Commission, SEC)的虚假申报对 GSI 公司股东造成了难以弥补的损害,仅仅作出改正性信息披露并不足够。所以,该法院责令 Walco 公司对于 1982 年 5 月 1 日(向 SEC 申报虚假 13D 表格的日期)后购买股票的未完成的收购要约予以撤销(rescission),并责令抛售(divestiture)在撤销要约后仍然持有的股票。被告不服,提起上诉。有意思的是,在上诉过程中,当原、被告双方就地区法院是否有权作出撤销等救济措施发生争议时,SEC 作为法庭之友强调,"对于违反第 13(d)条的,地区法院有权根据案件情境采取任何合适的救济方式。本会清楚地表明,当被告故意违反第 13(d)条并已获取足够多的股票阻止竞争性要约收购

① Electronic Specialty Co. v. International Controls Corp. 409 F. 2d 937 (1969).

② General Steel Industries, Inc. v. Walco National Corporation, 1981 WL 17552, Fed. Sec. L. Rep. p. 98, 402.

或者合并提案时,除作出改正性信息披露以外,衡平性救济(例如,撤销或者强制转让)是需要的或者合适的。在这些案件中,缺乏撤销、强制转让或消除其已经获得的优势地位的其他救济,股东将遭受不可弥补的伤害,被告将从他的错误行为中获得利益"[①]。类似地,在 The Hanna Mining Company et al. ,v. Norcen Energy Resources[②] 案中,法院裁决,Norcen 公司基于 1981 年 10 月 28 日购买的大宗股票,相对于其他潜在的收购要约人,已经处于有利地位。在本案中,证据已经表明这构成持续性欺诈,因此责令被告将其通过违反法律规定向 SEC 申报虚假的 13D 表格而购买的股票予以抛售是合适的救济途径。

需要强调的是,与我国《证券法》不同,《美国证券交易法》第 13(d)条并没有禁止买卖股票的规定,但其依然采取了强制违规者抛售股票的措施。相反,我国 2019 年《证券法》第 63 条明确规定,当投资者持有表决权股达到 5% 时在一定期间不能买卖股票。两相比较,我国选择强制限期转让的救济途径似乎有更为坚实的法律基础。当然,由于围绕违规增持的制度设计不同,在适用过程中会有许多差异。在美国,由法院判决违规增持人抛售其股份是一种重要的救济措施。

(五)小结:判决限期转让具有适用空间

判决限期转让违法持有的股票的本质是恢复到原来的状态,并不具有惩罚性。从违规者未履行披露义务而继续买卖股份的行为与内幕交易、操纵证券市场的关系看,法律并不排斥责令限期转让成为违规增持股份的救济措施。而且,该措施也获得了美国经验的支持。当然,针对某一案件是否实际适用该措施,法院可以根据违规增持的具体情节审慎作出裁决。

---

① Litigation Release No. 9533 (S. E. C. Release No.),24 S. E. C. Docket 439,1981 WL 315222.

② 574 F. Supp. 1172,Fed. Sec. L. Rep. p. 98;742,Fed. Sec. L. Rep. p. 98,878.

六、违规收益的吐出规则

在违反大额持股信息披露规则购买股份的案件中，法院是否可以判决违规举牌者的收益归上市公司所有？

(一)违规收益应归公司所有

投资者超过5%后违规增持所获得的收益(unjust enrichment)应该归公司所有。这是因为：

1.不法行为的可归责性。从违规增持的行为性质看，这显然是一种错误行为。从错误的道德负面性看，无论是从道德层面的考量还是从经济利害的权衡出发，违法行为都具有“非正当性”，处于道德劣势地位和负面评价中的违法者都应该也只有在道德压力面前让步才能见容于一个普遍道德的社会，而违法者对于道德评价的让步或者认同，其最好的表达方式和途径莫过于“改错”。[①] 改错的基本要求是，其行为回复到原有状态，特别是不能从不当或者违法行为中获得收益。

2.违规增持者保有收益违反不得从违法行为中获益的基本原则。自古以来，法律是与正义联系在一起的。在罗马法中，法学是对神和人的事务的认识、关于正义与不正义的科学。[②] 财产的流转、变动不得违反公平正义。违规增持行为存在违法性基因，需要承担相应的法律后果。如果容忍违规增持人继续享有收益，意味着没有回复到原有状

---

① 参见藤祥志：《“责令改正”的独立性原理探讨》，载《公法研究》(第8辑)，浙江大学出版社2010年版，第224页。

② 参见[古罗马]优士丁尼：《法学阶梯》，徐国栋译，中国政法大学出版社1999年版，第11页。

态,其违法的动机就无法彻底消除,难以达到阻却违法的目的。

3. 限期转让尚不能实现恢复原状的目的。恢复原状的基本形态是回复到没有发生该行为之前的状态。与原始状态相比,即使法院判决违规增持人限期抛售其违法增持的股票,其结果只是持股回到原来状态。违规者仍然可能获得不当收益,依然需要对该收益进行处理,最好的方法就是将该收益收归公司所有。

4. 将违规收益收归公司有利于更好地维护大额持股信息披露规则。基于恢复原状的基本理念,强制限期转让违规增持的股票,并将其违法收益收归公司所有,不但可以惩处违规人,还可以达到阻止其他人违法的目的。例如美国法院在 SEC v. First City Financial Corp. , LTD. 案中指出,违规收益的吐出规则是衡平法上的救济方式,其用于剥夺违法行为人的违法收益,并阻止他人违反证券法。①

(二)违规收益的吐出规则:美国法上的经验

美国的经验表明,对于违反《美国证券交易法》第 13(d)条的违规者,是可以采取违规收益吐出规则(Disgorgement of Profits)的。该法第 13(d)条要求,直接或间接获得注册证券超过 5% 时,持有人需在 10 日内通知发行人、交易所,并向 SEC 申报。SEC v. First City Financial Corp. , LTD. 案一审②中,SEC 对 First City Financial Corp. , Ltd. 与 Marc Belzberg 提起了诉讼。其认为,两被告在对 Ashland Oil Company 进行敌意收购过程中,在 10 天期间届满后才申报第 13(d)条所要求的信息披露内容,以此来故意逃避第 13(d)条以及相关管理规定。哥伦比亚地区法院作出判决,两被告已经违法,禁止他们继续违反第 13(d)条,并责令他们退还所有违法所得。两被告不服,提起

① SEC v. First City Financial Corp. , LTD. 688 F. Supp. 705 (D. D. C. 1988).

② SEC v. First City Financial Corp. , LTD. 688 F. Supp. 705 (D. D. C. 1988).

上诉。SEC v. First City Financial Corp. ,LTD. 案①上诉审中,哥伦比亚地区巡回法院维持原判。其认为,地区法院的事实认定没有明显错误,禁止继续违法的禁制令(injunction)与退款命令(disgorgement orders)都是合法的、妥当的。当然,该救济方式并非作为惩罚性措施适用。② 这意味着,其吐出数额应与其所获得的收益相当,且该收益与违法行为之间存在因果关系。

(三)收益归入权的行使

公司如何实现对违规增持者的收益归入权?在我国,违规收益归公司所有的规定仅限于短线交易规则。我国 2013 年《证券法》第 47 条与 2019 年《证券法》第 44 条都对短线交易归入权作出规定,2019 年《证券法》未对原规定的基本内容作出修改,但扩大了其适用范围。③根据上述法律规定,短线交易归入权是指上市公司董事、监事、高级管理人员、持有上市公司股份 5% 以上的股东,将其持有的该公司的股票在买入后 6 个月内卖出,或者在卖出后 6 个月内又买入,由此所得收益归该公司所有,公司董事会应当收回其所得收益。归入权的目的是

---

① SEC v. First City Financial Corp. ,LTD. 890 F. 2d 1215 (D. C. Cir. 1989).

② SEC v. First City Financial Corp. ,LTD. 688 F. Supp. 705 (D. D. C. 1988).

③ 《证券法》(2019 年)第 44 条 上市公司、股票在国务院批准的其他全国性证券交易场所交易的公司持有百分之五以上股份的股东、董事、监事、高级管理人员,将其持有的该公司的股票或者其他具有股权性质的证券在买入后六个月内卖出,或者在卖出后六个月内又买入,由此所得收益归该公司所有,公司董事会应当收回其所得收益。但是,证券公司因购入包销售后剩余股票而持有百分之五以上股份,以及有国务院证券监督管理机构规定的其他情形的除外。

前款所称董事、监事、高级管理人员、自然人股东持有的股票或者其他具有股权性质的证券,包括其配偶、父母、子女持有的及利用他人账户持有的股票或者其他具有股权性质的证券。

公司董事会不按照第一款规定执行的,股东有权要求董事会在三十日内执行。公司董事会未在上述期限内执行的,股东有权为了公司的利益以自己的名义直接向人民法院提起诉讼。

公司董事会不按照第一款的规定执行的,负有责任的董事依法承担连带责任。

防止大股东等凭借其特殊地位，利用内部消息，买卖股票以短线交易方式图利，影响投资者信心，故科以经济上效果归属于公司。[1]

违规增持行为与短线交易行为之间存在密切关系。比较2019年《证券法》第63条与第44条，可以将两者的关系表达如下：

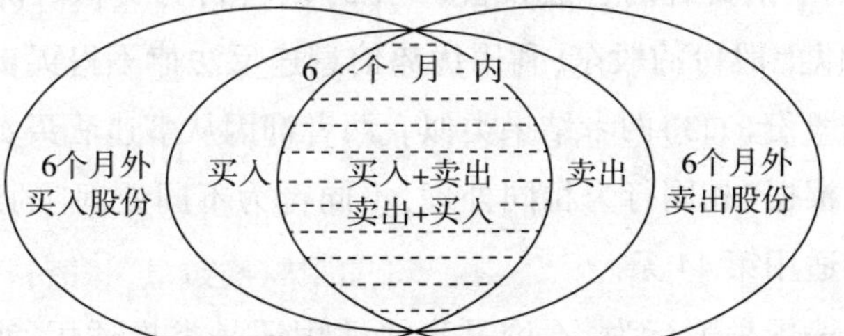

图6-1　违规增持行为与短线交易行为的关系

从图6-1可以看出：

1. 违规举牌与短线交易存在重叠，直接适用第44条

违规举牌的6个月内的双向买卖行为，与短线交易行为存在重叠。短线交易往往是闭合的买卖行为，分为"买入+卖出"与"卖出+买入"。相反，违规举牌可能是单向行为，如继续买入或者继续卖出，也可能是双向行为，如"买入+卖出"或者"卖出+买入"。[2] 违规举牌中，如果在6个月内的"买入+卖出"或者"卖出+买入"，那么就构成短线交易。此时，两者构成竞合关系，可以适用第44条，按照短线交易进行规范。

2. 违规举牌与短线交易不重叠，类推适用第44条

违规举牌与短线交易不重叠，主要分为：(1)6个月外违规举牌与短线交易不存在重叠，不构成竞合关系；(2)6个月内违规举牌中的单向买入行为或单向卖出行为，也不构成竞合关系。

---

① 参见吴光明：《证券交易法论》（第12版），台北，三民书局2013年版，第349页。

② 参见叶林：《证券法》（第4版），中国人民大学出版社2013年版，第256页。

这两类违规举牌行为与短线交易不存在重叠,不构成竞合关系,但可以类推适用第 44 条的规定。[①] 这是因为:(1)两者的立法目的类似。不论是第 44 条还是第 63 条,其立法目的包含有防止公司有关人员利用对公司的控制和拥有的信息优势进行内幕交易与操纵证券市场,保护中小投资者的合法权益。[②] (2)两者行为类似。两者都涉及持有 5% 以上股份的股东,利用优势信息违反法律不得买卖股份的规定而买卖股份。(3)两者结果类似。两者都因从事违法买卖而获得不当收益。根据"相同行为相同处理,不同行为不同处理"的适用原则,可以类推适用第 44 条。

对于违规举牌行为,不论是直接适用还是类推适用,2019 年《证券法》第 44 条都是其请求权基础。根据第 44 条的规定,违规举牌的所得收益归该公司所有,公司董事会应当收回其所得收益。公司董事会不按照规定执行的,股东有权要求董事会在 30 日内执行。公司董事会未在上述期限内执行的,股东有权为了公司的利益以自己的名义直接向人民法院提起诉讼。

七、股票转让前的表决权限制

投资者所持股份达到 5% 时未履行信息披露义务而继续购买该上市公司股票,其继续购买的股份的表决权是否应当受到限制?

(一)违规增持股份的表决权可以限制

我国 2013 年《证券法》第 120 条与 2019 年《证券法》第 117 条都

---

① 该条与 2013 年《证券法》第 47 条基本相同。

② 参见李飞主编:《中华人民共和国证券法(修订)释义》,法律出版社 2005 年版,第 68～69、127 页;周正庆、李飞、桂敏杰主编:《新证券法条文解析》,人民法院出版社 2006 年版,第 123、219 页。

明确规定，按照依法制定的交易规则进行的交易，不得改变其交易结果。换言之，投资者所持股份是合法所有的。那么，其违规所持表决权是否应该受到限制？如果受到限制，是否违反逻辑一致性呢？

虽然投资者取得股份的结果不会改变，但是其股份表决权可以受到限制。这是因为：

1. 对表决权加以限制并不违反法律逻辑的一致性。从表面看，依据交易规则取得的股权似乎应是全面的股权，对其加以限制似乎构成对逻辑一贯性的违反。其实不然，因为两者所涉及的法律性质是完全不同的。投资者取得股份的合法性是基于证券交易所的交易规则。例如，在上海新梅案中，王斌忠系通过其实际控制的各被告的证券账户，按照证券交易所的交易规则，通过在交易所集中竞价的方式公开购买了新梅公司的股票，其交易方式本身并不违规，其交易结果并不改变。在此，是"交易规则"对交易结果作了"洗白"。该交易结果指的是股票的归属，是所有权关系。而对其股份的表决权进行限制所涉及的法律关系是该股票的权利限制。换言之，该股票是"限制性股票"。对其进行限制是因为该股东违反了大额持股在一定期限内"不得再行买卖该上市公司股份"的规定。[①] 所以，股份交易结果与表决权限制虽然具有关联性，但涉及的法律关系并不相同，不违反法律逻辑的一致性。

2. 限制表决权具有可能性。这是因为股权本身的构造是权利群，表决权可以从股权中分离出来。根据我国《公司法》第4条的规定，股东权利主要有依法享有资产收益、参与重大决策和选择管理者的权利。股权是股份上的权利，是一个集合概念，是由一系列的权利组成的。这些权利之间是可以互相分离的，不但可以由不同的主体来行使，也可以受到不同程度的限制。此外，对收购人的表决权等加以限

① 参见《证券法》(2013年)第86条，《证券法》(2019年)第63条。

制,是把对股权的限制控制在适当的范围之内。

3. 对表决权加以限制具有针对性。表决权在收购中具有特别重要的意义。收购人进行上市公司收购的主要目的在于取得上市公司的相对多数股权,从而最终控制公司。在上市公司的敌意收购中,收购方需要凭借表决权对目标公司的各项议案来表达自己的意志,并实现自己的意志。例如,罢免现任董事,选举自己推荐的董事,并进而掌握目标公司的控制权。

4. 其他国家或地区已经存在限制表决权的立法先例。我国台湾地区"企业并购法"第 27 条第 15 款规定,①违反申报义务而取得公开发行公司已发行有表决权之股份者,其超过部分无表决权。从其"立法"过程看,该规定是借鉴台湾地区的"金融控制法"第 16 条第 10 款的规定。② 由于该规定在台湾的金融控制领域取得了很好的效果,而对违规举牌者缺乏相应的制裁措施,难以遏止违规举牌行为,所以在 2015 年"修法"时增加了该规定。与此类似,《韩国资本市场法》第 150 条第 1 ~ 3 款详细规定,违反规定所持有股份的表决权不得行使。③ 从我国大陆的经验看,仅仅责令补充披露相关信息,并处最高 500 万元的罚款也不足以禁止该类行为,实有借鉴台湾地区与韩国相关规定的必要。

可喜的是,我国 2019 年《证券法》已对 2013 年《证券法》第 86 条作出修改,在第 63 条第 4 款明确规定,违反规定买入上市公司有表决权的股份的,在买入后的 36 个月内,对该超过规定比例部分的股份不得行使表决权。其实,早在 2005 年修订《证券法》时,立法者已经认识

---

① 参见我国台湾地区"企业并购法"第 27 条第 14 款(台湾称为"项")对公开发行公司向证券主管机关的申报义务作了规定。

② 参见我国台湾地区"金融控制法"第 16 条第 10 款(台湾称为"项")未依第二项、前项规定向主管机关申报或未依第三项规定经核准而持有金融控股公司已发行有表决权之股份者,其超过部分无表决权,并由主管机关命其于限期内处分。

③ 参见《韩国资本市场法》,董新义译,知识产权出版社 2011 年版,第 117 页。

到,只有对收购方的表决权加以限制,才能真正遏止违规举牌行为,促使其在上市公司收购时严格遵守法律程序、履行法律义务。[①] 但遗憾的是,那次修订未对违规增持投资者表决权作出限制规定,只是在《证券法》第213条规定,收购人未按照本法规定履行上市公司收购的公告、发出收购要约、报送上市公司收购报告书等义务或者擅自变更收购要约的,在改正前,收购人对其收购或者通过协议、其他安排与他人共同收购的股份不得行使表决权。在2015年《证券法(修订草案)》中,这一思想得到进一步发展。该修正草案“上市公司收购”一章中关于“比例”的计算标准,已经从“持有上市公司已发行的股份”修改为“持有上市公司已发行的有表决权股份”。[②] 2019年修订则全面吸收了修正草案的意见。所以,对违规增持投资者的表决权加以限制是可取的。

(二)表决权限制与表决权保全的区别

在西藏旅游、上海新梅等违规举牌的案件中,原告在诉讼过程中均向法院申请禁止违规举牌者行使表决权。这属于民事诉讼中的行为保全。保全程序的目的在于使依法生效的判决能够顺利地得到全部执行,切实实现胜诉一方当事人的合法权益,并以此维护法院生效判决的权威性与严肃性。[③]

违规举牌者在改正前不得行使表决权与诉讼中的禁止行使表决权是不同的。两者的主要区别为:(1)两者的法律依据不同。前者依据的是《证券法》等实体法。例如,《证券法》第213条规定违规举牌

---

① 参见李飞主编:《中华人民共和国证券法(修订)释义》,法律出版社2005年版,第326页;周正庆、李飞、桂敏杰主编:《新证券法条文解析》,人民法院出版社2006年版,第598页。

② 例如,2015年4月《证券法(修订草案)》的第109条、第111条、第119条、第120条、第122条、第123条等。

③ 参见江伟主编:《民事诉讼法》(第4版),高等教育出版社2013年版,第261页。

者在改正前,收购人对其收购或者通过协议、其他安排与他人共同收购的股份不得行使表决权。后者依据的是《民事诉讼法》,该法第103条第1款对行为保全制度作了规定,对于可能因当事人一方的行为或者其他原因,使判决难以执行或者造成当事人其他损害的,原告可以向法院请求裁定责令被告作出一定行为或者禁止其作出一定行为。据此,申请人可以向法院申请禁止违规举牌者行使表决权。(2)两者的性质不同。前者为实体权利,其可能是法律明文规定的权利,也可能是生效法律文书所确定的权利。后者是诉讼过程中的权利,需要向法院提出申请,既可以在民事诉讼开始后申请,也可以在民事诉讼开始前申请。[①] 其既可以在第一审程序中采取,也可以在第二审程序中采取。[②] (3)两者的存续期间不同。前者存在于改正措施完成之前,也可能是生效法律文书所确定的期间。后者存在于法院确定的保全期间之内,除非法院解除该行为保全。(4)两者对担保的要求不同。前者可能是基于实体性法律明文规定,也可能是基于生效法律文书,不需要主张者提供担保。后者往往需要申请人提供担保,申请人不按照法院要求提供担保的,法院裁定驳回申请。[③]

需要注意的是,违规举牌者能否通过提供担保的方式来解除行为保全?我认为,不能通过担保来解除保全。这是因为:(1)行为保全为我国《民事诉讼法》2012年修正时增加的保全措施。该法第104条规定,"财产纠纷案件,被申请人提供担保的,人民法院应当裁定解除保全"。与2007年《民事诉讼法》第95条相比,增加了"财产纠纷案件"

---

① 根据《民事诉讼法》第104条的规定,提起民事诉讼前也可以申请行为保全。申请人在人民法院采取保全措施后30日内不依法提起诉讼或者申请仲裁的,人民法院应当解除保全。

② 《最高人民法院关于适用〈中华人民共和国民事诉讼法〉的解释》(2015年)第161条。

③ 《民事诉讼法》(2012年)第100条第2款,《最高人民法院关于适用〈中华人民共和国民事诉讼法〉的解释》(2015年)第152条第2款。

六字。[①] 由此可见,解除保全仅仅限于财产纠纷案件。对于行为保全是否可以提供担保而解除则没有规定,应该根据事物的本性作出解释。(2)从财产保全的解除机理看,其具有双重意义:既可以使日后生效判决的执行顺利进行,又可以避免因继续保全而给被申请人财产功能的有效发挥造成障碍。但行为保全中,其目的在于禁止一定的行为或者责令为一定的行为,被申请人提供的财产担保对生效判决的执行通常没有价值。(3)从行为保全(假处分)的性质看,假处分系保全金钱请求之外之请求的强制执行,这种请求之强制执行,通常不是金钱担保所能保全,没有特别情事,法院不允许债务人提供担保而免为或撤销假处分。[②] 显然,禁止违规举牌者行使表决权属于行为保全,不是金钱所能保全的,不能因金钱而解除。总之,相关规定应该解释为违规举牌者不能通过提供担保而解除保全。[③]

八、结论

随着证券市场并购案件的不断增长,违规举牌行为愈演愈烈。我国的大额持股信息披露制度,既包括固有的信息披露义务,也包括在一定期间内不得再行买卖股票的义务。其制度利益在于通过信息披露来避免内幕交易与市场操纵的发生,维护证券市场秩序。该制度利益与社会公共利益相符,其不应该被废弃,需要继续完整维持。由于追究刑事责任需要遵循谦抑原则,其适用概率较低,难以起到威慑作

---

① 《民事诉讼法》(2007 年)第 95 条 被申请人提供担保的,人民法院应当解除财产保全。

② 参见杨建华原著、郑杰夫增订:《民事诉讼法要论》,北京大学出版社 2013 年版,第 469 页。需要注意的是,我国海峡两岸关于因担保而解除保全的制度导入设计略有不同。

③ 但是法院可以要求申请人提供财产担保。如果保全申请错误,则申请人应当赔偿被申请人因保全所遭受的损失。

用。2013 年《证券法》第 193 条虽然规定了“责令改正”等行政责任，但是“责令改正”的内涵在学术界、证券监管机构与司法机关之间尚难形成统一意见，困扰不断，并且顶格罚款 60 万元效果不佳。公法救济不足以实现阻止违规举牌的目的。面对这些问题，2019 年《证券法》修订时，一方面提高了行政处罚的力度，另一方面对违规增持投资者的表决权作出限制。但这些措施（特别是民事责任）仍然是不完整的，其效果有待进一步观察。

鉴于违规举牌直接危及大额持股披露制度的生存，仍然需要从民事责任的途径来寻找救济工具，构建工具箱。超比例购买股票的行为违反现行法律规定。但是，这并不意味着超比例购买股票行为无效，违规举牌者依然可以取得这些股票的所有权。这是证券市场的交易规则所决定的。“责令限期转让”是证券法认可的常见行政处理方式。与此类似，判决限期转让的本意是恢复原状，不具有惩罚性。沿着“责令限期转让”向“判决限期转让”转变的逻辑路径，法院可以判决投资者限期抛售违规所持的股票，也可以判决其吐出违规所得收益并应归公司所有。违规举牌者虽然可以取得这些股票的所有权，但是该股权是有瑕疵的，属于限制性股票。违规举牌者在改正措施完成前，不得行使该股票的表决权。这属于实体法上的权利，不同于民事诉讼法上的行为保全。当然，具体案件需要根据具体情形，从工具箱中选择合适的工具，来阻止违规举牌行为。

第七章 有限公司清算义务人：从股东到董事

自2008年美国爆发金融危机以来，世界各地的经济不同程度地受其影响。我国也持续受其影响，许多企业出现了经营危机，甚至倒闭。据原国家工商行政总局统计，2016年全国注吊销企业138.6万户，同比增长70.2%，其中吊销41.1万户，是上年的15.8倍，注销97.5万户，同比增长23.6%。[①] 为防范和化解企业债务风险，规范市场主体退出机制，维护市场运行秩序，构建健康的营商环境，需要建立良好的公司清算制度，妥当地平衡公司、股东与债权人等不同主体的利益。其中，公司清算义务人制度是最为关键一环。鉴于我国"僵尸企业"大量存在，直接导致债权人利益难以实现，我国《公司法》及《公司法司法解释（二）》、指导案例9号等确立了具有中国特色的清算义务人制度，

① 参见吴爱凤：《国家工商总局召开1月18日例行新闻发布会》，载中国网，http://www.china.com.cn/zhibo/2017-01/18/content_40126572.htm。

允许债权人对有限责任公司的股东提起诉讼。2017 年颁布的《民法总则》对此也高度重视,该法第 70 条对公司等法人的清算义务人地位作了明确规定。2020 年颁布的《民法典》未作修改。2019 年《九民纪要》第 14 ~16 条也对有限责任公司清算义务人的责任作出规制。但是,这些法律规定是否对股东利益,特别是对中小股东的利益造成了不当的影响呢?由于《民法典》的规定直接来源于公司法上的相关制度,[1]需要追根溯源,重回公司法上的制度来源,深入分析公司解散、清算与破产的相互关系,提出解决方案。

一、问题的提出:基于指导案例 9 号的质疑

在我国现行《公司法》及《公司法司法解释(二)》的框架下,有限责任公司的全体股东为清算义务人。2012 年发布的第 9 号指导性案例"上海存亮贸易有限公司诉蒋志东、王卫明等买卖合同纠纷案"[2]从法律适用的角度对此作了最为精确的阐释。

在该案中,法院确认的事实是:2007 年 6 月上海存亮贸易有限公司(以下简称存亮公司)与常州拓恒机械设备有限公司(以下简称拓恒公司)建立钢材买卖合同关系,但尚欠货款 1,395,228.6 元。房恒福、蒋志东和王卫明为拓恒公司的股东,所占股份分别为 40%、30%、30%。拓恒公司因未进行年检被工商机关吊销营业执照。经证实,股东蒋志东和王卫明没有参加公司经营活动,而且也曾经提起清算但无法启动,公司未能组织清算。

法院生效裁判认为:拓恒公司未能按约付清货款,应当承担相应

① 参见《民法总则立法背景与观点全集》编写组:《民法总则立法背景与观点全集》,法律出版社 2017 年版,第 525 ~526 页。

② 《指导案例 9 号:上海存亮贸易有限公司诉蒋志东、王卫明等买卖合同纠纷案》,最高人民法院审判委员会讨论通过,2012 年 9 月 18 日发布。

的付款责任及违约责任。房恒福、蒋志东和王卫明作为拓恒公司的股东,应在拓恒公司被吊销营业执照后及时组织清算。因房恒福、蒋志东和王卫明怠于履行清算义务,导致拓恒公司的主要财产、账册等均已灭失,无法进行清算,应当对拓恒公司的债务承担连带清偿责任。拓恒公司作为有限责任公司,其全体股东在法律上应一体成为公司的清算义务人。公司法及其相关司法解释并未规定蒋志东、王卫明所辩称的例外条款,因此无论蒋志东、王卫明在拓恒公司中所占的股份为多少,是否实际参与了公司的经营管理,两人在拓恒公司被吊销营业执照后,都有义务在法定期限内依法对拓恒公司进行清算。

在该案中,公司小股东蒋志东、王卫明既没有参与管理,也曾委托律师进行清算,但是拓恒公司财物多次被债权人哄抢而无法清算。对此,有人认为,对该案的判决结果并不妥当。[①] 更有人认为,让"如此弱势"的小股东作为清算义务人承担连带责任,从根本上违背了公司正义原则。[②]

这些质疑不是没有道理,我们需要深刻反思:股东是如何一步步演变成为清算义务人?谁才是真正的清算义务人?带着这样的疑问,本书将首先回顾股东作为清算义务人地位的历史演进,在现实中感受股东与债权人之间的利益保护的"天壤之别",并寻找问题的破解之道。

二、有限公司股东作为清算义务人的演进与现状

(一)有限公司股东责任体系的形成

1. 有限公司股东身份的转变

早期的有限公司股东只是公司清算组成员。1993 年《公司法》第

---

① 参见李清池:《公司清算义务人民事责任辨析——兼评最高人民法院指导案例 9 号》,载《北大法律评论》(第 15 卷 · 第 1 辑)(2014),北京大学出版社 2014 年版,第 54 页。

② 参见梁上上:《论公司正义》,载《现代法学》2017 年第 1 期。

191 条就明确规定,有限责任公司自愿解散的,应当在 15 日内成立清算组,其清算组由股东组成。[①] 该条款虽然明确了股东是有限责任公司清算组的成员,但并没有提出清算义务人的概念,更没有确立股东的清算义务人地位。实际上,此时公司解散与清算只是公司人格消灭的一环,股东也只是作为公司解散时必设机构的构成人员而已,并没有把股东的清算义务人地位与债权人利益保护相联系。

但是,随着我国经济进一步发展,公司数量越来越庞大,出现了许多"僵尸公司"。这些公司往往资不抵债,但并不进行清算也不向登记机关注销,许多公司老板一走了之,债权人哭诉无门,其利益难以获得有效保护。对此,2000 年最高人民法院法经(2000)23 号函(函复甘肃省高级人民法院)答复:"本案债务人新科公司在诉讼中被吊销企业法人营业执照后,至今未组织清算组依法进行清算,因此,债权人兰州岷山制药厂以新科公司为被告,后又要求追加该公司全体股东为被告,应当准许,追加该公司的股东为共同被告参加诉讼,承担清算责任。"在这个函复中,第一次将有限责任公司股东与该公司一起列为共同被告,并承担清算责任。这一复函获得了北京市高级人民法院的积极支持,其明确指出,未尽清算责任的清算主体应对债权人的损失承担赔偿责任。[②]

2001 年 11 月,时任最高人民法院副院长李国光在其工作报告中指出,有限责任公司的清算主体是全体股东。如果清算主体在人民法院限定的期限内不尽清算责任,造成企业财产毁损、灭失、贬值,甚至私分企业财产,致使债权人的债权受到实际损失的,则无疑对债权人

① 根据《公司法》(1993 年)第 190 条,此处的自愿解散包括:(1)公司章程规定的营业期限届满或者公司章程规定的其他解散事由出现时;(2)股东会决议解散。

② 《北京市高级人民法院关于企业下落不明、歇业、撤销、被吊销营业执照、注销后诉讼主体及民事责任承担若干问题的处理意见(试行)》(2001 年 10 月)第 35 条第 1 款 清算主体在法院确定的期限内未尽清算责任,或在企业存在歇业、撤销、被吊销营业执照等情形后一年内不尽清算责任,造成企业财产毁损、灭失、贬值等,致使债权人的债权遭受实际损失的,清算主体应对债权人的损失承担赔偿责任。

构成侵权,应对债权人因此产生的损失承担侵权赔偿责任。[①] 这一精神得到全国许多高级人民法院的响应,江苏等地高级人民法院纷纷出台审理意见加以贯彻执行。[②] 特别是,广东省高级人民法院在其审判指导意见中第一次明确规定“有限公司的全体股东为清算义务人”,[③] 并规定清算义务人在规定的期间内怠于履行清算义务给债权人造成损失的,对债权人承担侵权赔偿责任。[④]

从法院系统的一系列行动可以看出,有限责任公司股东的清算地位发生了根本性转变,已经完成了“从清算组成员到清算主体再到清算义务人”的重大转变,不但与公司成为共同被告,还成为连带责任承担人。

2. 责任形式:从清算责任到清算赔偿责任

我国《公司法》在 2005 年修正时,将 1993 年《公司法》的第 191 条调整为第 184 条,并增加了“开始清算”四字,即“应当在 15 日内成立清算组,开始清算。有限责任公司的清算组由股东组成……”这就是所谓的“清算责任”。它属于行为责任而不是财产责任。由于清算责任依赖于自然人的行为,具有人身性,在判决清算义务人拒不履行清算责任时,法院无法强制其履行,难以保护债权人利益。[⑤]

为了解决清算责任的困境,更好地保护债权人利益,2008 年的《公司法司法解释(二)》详细规定了清算义务人的清算赔偿责任。根据该司法解释第 18 ~ 21 条的规定,有限责任公司股东清算赔偿责任

---

① 李国光:《当前民商事审判工作应当注意的主要问题——在全国法院民商事审判工作会议上的讲话(摘要)》,载《中华人民共和国最高人民法院公报》2001 年第 6 期。

② 《江苏省高级人民法院关于审理适用公司法案件若干问题的意见(试行)》(2003 年 5 月)第 87 条第 1 款。

③ 《广东省高级人民法院关于企业法人解散后的诉讼主体资格及其民事责任承担问题的指导意见》(2003 年 9 月)第 4 条。

④ 《广东省高级人民法院关于企业法人解散后的诉讼主体资格及其民事责任承担问题的指导意见》(2003 年 9 月)第 9 条。

⑤ 最高人民法院民事审判第二庭编:《公司案件审判指导》,法律出版社 2014 年版,第 604 ~ 605 页。

的主要类型有:(1)未按期成立清算组的责任。未在法定期限内成立清算组开始清算,导致公司财产贬值、流失、毁损或者灭失的,应在造成损失范围内对公司债权人承担赔偿责任。(2)无法清算的责任。因怠于履行义务导致公司主要财产、账册、重要文件等灭失,无法进行清算的,对公司债务承担连带清偿责任。(3)恶意处置财产的责任。在公司解散后,恶意处置公司财产给债权人造成损失的,债权人可以主张其对公司债务承担相应赔偿责任。(4)骗取注销登记的责任。未经依法清算,以虚假的清算报告骗取公司登记机关办理法人注销登记的,对债权人承担相应赔偿责任。(5)未经清算即注销公司的责任。公司未经清算即办理注销登记,导致公司无法进行清算,股东对债权人承担清偿责任。清算赔偿责任是清算责任的转化,是清算义务人不承担行为责任的法律后果。它属于财产责任,清算义务人是以自己的财产对债权人进行赔偿,而且是连带赔偿责任。[①]《公司法司法解释(二)》的规定,完成了"清算责任到清算赔偿责任"的转变。

虽然《公司法司法解释(二)》有明文规定,但是实践中对有限责任公司全体股东的责任承担方式等还存在疑问。2012 年第 9 号指导案例"上海存亮贸易有限公司诉蒋志东、王卫明等买卖合同纠纷案"从法律适用的角度对有限责任公司股东的清算义务人责任做了示例性阐释,明确了股东之间的连带赔偿责任。这一指导性案例具有重要的现实意义,从实践方面完成了"清算责任到清算赔偿责任"的转变,最终促成了债权人追究股东清算赔偿责任的全面爆发。

3. 规范领域:从单一的公司法领域走向全面的私法领域

显然,《公司法司法解释(二)》与第 9 号指导案例对于保护债权人利益取得了很好的效果,促使最高人民法院在其他的法律解释中进一步强化该制度。2015 年《最高人民法院关于适用〈中华人民共和国

---

① 最高人民法院民事审判第二庭编:《公司案件审判指导》,法律出版社 2014 年版,第 605 页。

民事诉讼法〉的解释》第 64 条规定,企业法人解散的,依法清算并注销前,以该企业法人为当事人;未依法清算即被注销的,以该企业法人的股东、发起人或者出资人为当事人。可见,该解释从诉讼参与人的角度对股东作了规范。2017 年通过的《民法总则》第 70 条对法人的清算义务人作了明确规定。该法第 70 条第 2 款规定,法人的董事、理事等执行机构或者决策机构的成员为清算义务人。法律、行政法规另有规定的,依照其规定。该条第 3 款还规定,清算义务人未及时履行清算义务,造成损害的,应当承担民事责任;主管机关或者利害关系人可以申请人民法院指定有关人员组成清算组进行清算。2020 年的《民法典》对此未作修改。从此,在我国基本法层面确立了面向所有法人的清算义务人制度,对有限责任公司股东清算义务人地位的规范从单一的公司法规范转向全面的私法规范。

总之,有限责任公司股东在公司清算中成为清算义务人有一个演进的过程。它是一个与债权人利益保护逐渐紧密联系的过程,也是一个从公司法规定演变为民事基本法规定的过程。

(二)股东与债权人遭遇"冰火两重天":以温州为例

与有限责任公司股东清算义务人法律地位的演进相适应,股东作为清算义务人被请求赔偿的案件越来越多,债权人利益获得了更为充分的保护。这一变化可以从浙江温州地区法院关于股东作为清算义务人的民事责任案件的收结案情况的变化中展现出来。

该地区 2011 年至 2018 年上半年收案与结案情况统计如下:该类案件 2011 年收案 12 件,结案 11 件;2012 年收案 9 件,结案 10 件;2013 年收案 67 件,结案 40 件;2014 年收案 72 件,结案 79 件;2015 年收案 167 件,结案 143 件;2016 年收案 169 件,结案 151 件;2017 年收案 412 件,结案 387 件。此外,2018 年上半年收案 205 件,结案 164

件,估计全年与2017年大致持平。[①] 这些变化可以用图7-1直观地展示出来:

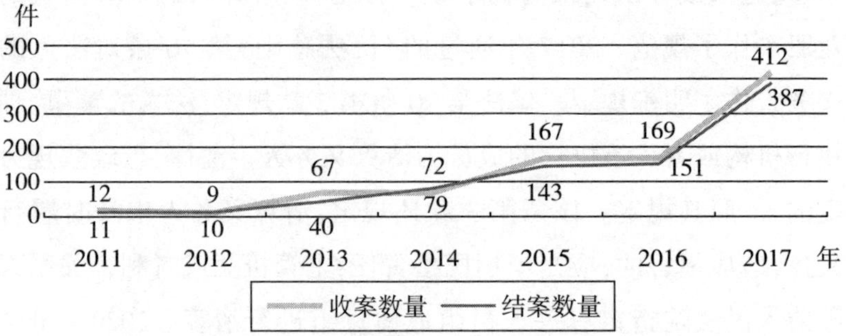

图7-1 浙江温州地区法院关于股东作为清算义务人的民事责任案件的收案与结案情况统计

从温州地区的收结案情况看,2008年《公司法司法解释(二)》实施后,股东怠于履行清算义务案件开始出现,2012年第9号指导案例公布后,该类案件2013~2014年显著增多,并在2015~2016年成倍增长,2017~2018年更呈现出爆发式增长。

温州地区股东怠于履行清算义务民事责任案件数量呈明显增长趋势,表明股东与债权人正遭遇"冰火两重天"。债权人利益获得更好保护,但是也出现了令人担忧的变化:(1)职业债权人应运而生。有些资产管理公司或特定法律、财务职业人员从普通债权人处大批量超低价收购老"僵尸企业"的"陈年旧账",并选择其中部分债权试探性地向法院提起股东怠于履行清算义务民事责任诉讼。如果胜诉,就针对该"僵尸企业"提起大批量类似诉讼,从中获得巨大利益,将保护公司债权人利益的法律规定和司法举措沦为其获利的工具。例如,株洲市祥瑞置业发展有限公司诉谭升明等四被告股东侵权纠纷案[②]就是这方

① 本数据由温州市中级人民法院潘光林副院长、王俊副庭长于2018年8月2日提供,谨致谢忱。

② 湖南省高级人民法院民事判决书,(2006)湘高法民一终字第141号。

面的典型案例。(2)控股股东基本缺席，小股东抗辩较多。由于控股股东担心负有更大的责任，基本采取不到庭参加诉讼的策略。相反，小股东由于其对公司的运营不具有决定性的作用，较难接受自己应与控股股东承担同样的清算义务的现实。他们往往会提出诸如自己仅为名义股东、没有实际参与公司经营、不了解公司财产状况、不持有公司账册等抗辩主张。(3)执行不能或“无产可破”成为该类诉讼的主因。据统计，温州两级法院 2013 ~ 2015 年审理的 247 件股东怠于履行清算义务民事责任纠纷案件中，因执行不能或“无产可破”而提起的案件占股东怠于履行清算义务民事责任纠纷案件的 92.3%。[①]

从目前情况看，有限责任公司股东怠于履行清算义务承担民事责任大多发生在执行不能或“无产可破”的应破产公司中。这些有限责任公司的中小股东正遭遇对公司债务承担连带责任的“无妄之灾”，而债权人利益则获得似乎过于充分的保护。面对这种“顾此失彼”的现象，我们可以清晰地看到：让有限责任公司股东成为清算义务人并不合理，需要找到真正的清算义务人。

三、股东不是清算义务人：在公司治理结构的寻找

谁才是真正的清算义务人？这只能从公司的治理结构中寻找。在有限责任公司的治理机制中，存在股东会、董事会与监事会。股东会是由全体股东组成的权力机构；董事会是由股东所选举的董事组成，是公司的决策机构与执行机构；监事会是公司的监督机构。这样的公司治理结构决定了股东不应该成为清算义务人，董事才是清算义务人。详细剖析如下：

---

① 参见潘光林等：《温州法院审理股东怠于履行清算义务案件若干疑难问题梳理》，载《法律适用·司法案例》2017 年第 8 期。

(一)股东不参与公司的经营管理

股东不应成为清算义务人是其不参与公司管理的方式决定的。在有限责任公司的公司治理结构中,公司股东参与公司活动是通过股东会的方式来行使的,股东并不直接参与公司的经营与管理。股东会是公司的权力机构,但应该依照公司法行使职权,受到公司法的限制。根据《公司法》第37条的规定,股东会的主要职权可以归纳为:(1)决定公司的经营方针和投资计划;(2)选举和更换董事、监事,以及审议批准董事会、监事会的报告;(3)审议批准公司的财务预算、决算、利润分配、弥补亏损等方案;(4)对公司增资、减资、合并、分立、解散、清算、发行债券等重大事项作出决议;(5)修改公司章程。由此可见,股东会的职权是有限制的,只对公司宏观事项作出决策,或者对董事会提交的事项进行审议。从股东会的召开方式看,通常一年只召开一次会议,股东从会议获取的信息极为有限,股东与公司之间的联系极为松散。从股东行使权利的方式看,其借助于股东会的集体决策机制,并不是通过股东自身的个别行为来行使公司的权利。相反,董事可以通过其自身的个别行为代表公司或以公司名义行使权利。所以,虽然公司解散事项属于股东会的特别决议事项,股东有权在股东会上对是否解散投票表决,但这种表决方式决定了股东不应该对清算行为承担责任。

从根本上讲,现行《公司法》及《公司法司法解释(二)》的规定违反公司独立人格与股东有限责任两大基本原则。出资人在公司成立时以缴纳出资的方式获得股东身份,新成立的实体经登记获得法人资格。股东与公司之间是两个不同的法律主体。公司是企业法人,有独立的法人财产,享有法人财产权。公司以其全部财产对公司的债务承担责任。有限责任公司的股东以其认缴的出资额为限对公司承担责任。从资产分割理论看,股东的有限责任是强式所有者保护形式,其资产免受公司债权人的侵害。[1] 换言之,除缴纳出资外,股东对公司与债权人不承担其他任何责任。[2] 这也意味着股东无须履行清算义务。[3] 所以,我国现行法关于股东怠于履行清算义务时对公司债权人承担连带责任的规定违反了公司独立法人人格原则与股东有限责任原则,将直接动摇公司法的基础,是不可取的。

(二)与董事相比,股东不应成为清算义务人

在公司治理中,董事(会)是公司的决策机构与执行机构。董事应该成为公司解散时的清算义务人,是其在公司治理中的地位所决定的。具体理由如下:(1)从董事职权看,董事会是公司的经营管理机构,董事的天职就是管理公司。《公司法》第46条明确规定,制定公司解散方案是董事会的主要职权之一。制定方案意味着其是公司解散的最初启动者。相反,股东并不参与公司的经营管理,只能通过股东会来行使自己的权利。换言之,股东是公司解散方案的被动接受者,无法启动解散程序。(2)从董事义务看,董事对公司负有注意义务与忠实义务。我国《公司法》第147条第1款明确赋予董事这两项义务。该法第148条对忠实义务作了详细列举。但是,何为注意义务?我国《公司法》没有规定。在此,可以借鉴《美国示范商事公司法》的规定。该法第8.30(a)节规定,董事的行为应该以善意方式为公司最大利益而服务。第8.30(b)节还规定,当董事在决策时或者监督时,应以处于类似地位的人在相似环境下有理由相信的合理方式来履行注意义务。从公司的"产生—运营—变更—解散—消亡"的生命节律看,公司

---

① Reinier Kraakman, John Armour, Paul Davies, Luca Enriques, Henry Hansmann, Gerard Hertig, Klaus Hpot, Hideki Kanda, Edward Rock, *the Anatomy of Corporate Law*, Oxford Press, 2009, p. 9 – 11.

② Model Business Corporation Act § 6. 22 (a)(b).

③ 参见叶林、徐佩菱:《关于我国公司清算制度的评述》,载《法律适用》2015年第1期。

解散属于公司生命历程中的一个阶段。公司解散时的清算义务就是董事在公司存续过程中某一阶段的注意义务，与董事在公司运营过程中的注意义务没有本质的区别。[①] (3)从知情决策角度看，董事(会)参与公司的经营管理，对公司信息的掌握较为全面、深入，知道公司现状与所处的环境，能够对公司是否应该启动清算程序作出较为妥当的判断。相反，股东不参与经营管理，是公司的外部人，收集公司信息的渠道有限，条件限制更多，无法知道公司所处的现实境地。有限责任公司股东对公司的了解往往是通过知情权来实现的，但是该权利的内容与范围是极为有限的。例如，我国《公司法》第 33 条第 1 款规定，股东有权查阅、复制公司章程、股东会会议记录、董事会会议决议、监事会会议决议和财务会计报告。该条第 2 款规定，有限责任公司股东可以要求查阅公司会计账簿，但是需要向公司提出书面请求并说明目的，公司也可以拒绝提供查阅。从这些规定看，股东知情权是对公司情况的概括性了解，仅仅局限于对公司经营状况与财务状况最为基本的了解。让对公司并不了解的股东来判断是否应该启动清算程序无异于“盲人摸象”，荒诞可笑。相反，董事了解公司经营状况的手段与渠道更为便捷与多样。更为重要的是，董事全面了解公司的经营状况与财务状况是知情决策的必然要求，不仅是其权利，更是其义务。如果其违反了注意义务，还需要对公司承担相应的责任。(4)从根本上讲，现行公司法及其司法解释的规定违反了所有与经营相分离的基本原则。公司法的最基本原则是“所有与经营相分离”。股东不在公司担任职务，由董事负责经营管理公司。[②] 根据权责一致原则，“谁经营谁负责”才是必然的推论。所以，应该由董事担任清算义务人。[③]

---

① Model Business Corporation Act § 14.05(b)(3).

② “所有与经营相分离”是一种法律推定。如果有限责任公司股东担任董事，则以董事身份对公司履行相应职责，而不是因股东身份承担责任。

③ 参见李建伟：《公司清算义务人基本问题研究》，载《北方法学》2010 年第 2 期。

其实,我国《企业破产法》关于董事履行清算义务的规定已经作了示范。破产清算是公司终止人格前具体的清理阶段,依据公司法进行的非破产清算所处的阶段与此相同。破产法的基本性质与公司法相同,都属于企业法的范畴,是公司法的自然延伸。基于体系解释的基本原理,破产法的规定对理解与解释公司法具有重要的参考价值,可以类推适用到公司法。那么,破产法是如何规范董事的责任呢?我国《企业破产法》第 6 条明确规定,法院审理破产案件,依法追究破产企业经营管理人员的法律责任。这里的企业经营管理人员是指企业董事、监事、经理等主要负责人,[①]显然不是指公司的股东。该法第 125 条第 1 款与此遥相呼应,其规定企业董事等人员违反忠实义务、勤勉义务致使所在企业破产时依法承担民事责任。而且,该条第 2 款规定,自破产程序终结之日起 3 年内不得担任任何企业的董事、监事、高级管理人员。[②] 可见,破产法已经对董事与破产的因果关系做了明确的界定,造成公司破产的只能是董事等高级管理人员,当董事等高级管理人员违反忠实义务、勤勉义务致使企业破产时,应该承担民事责任。相反,股东没有参与公司的经营管理,不存在所谓的忠实义务与注意义务,无须承担破产责任。应当说,破产法的规定更妥当,与股东相比,董事更应该成为清算义务人。

需要注意的是,股东在特殊情况下可以成为清算义务人。这是公司股东的异质性所决定的。公司股东可以分为担任董事的股东与不担任董事的股东。非董事股东,不能成为清算义务人。但是,对于担任董事的股东,由于其股东身份与董事身份重合,董事的身份决定了其应该成为清算义务人。

此外,有限责任公司的股东还可以分为控制股东与非控制股东。

---

① 参见安建主编:《中华人民共和国企业破产法释义》,法律出版社 2006 年版,第 18 页。

② 《公司法》第 146 条第 3 项与第 4 项也有类似规定。

根据《公司法》第216条的规定,有限责任公司的控股股东是指其出资额占有限责任公司资本总额50%以上的股东;出资额虽然不足50%,但依其出资额所享有的表决权已足以对股东会的决议产生重大影响的股东。控制股东通常被认为像董事一样对公司负有注意义务与忠实义务。[①] 但是,控制股东(非董事)的身份本身并不能成为承担清算义务的理由。大股东控制公司本身属于正常现象,无可厚非,这是资本多数决的本质所决定的。目前,有些法院根据《公司法司法解释(二)》判决控制股东承担清算义务是错误的。典型的案例为厦门特贸有限公司诉苏山良公司清算纠纷案。在该案中,苏山良与案外人黄向荣、黄庆文均为厦门培尔耕公司股东,其中苏山良占84%股份。股东会作出决议,三位股东组成清算组。但在清算期间,其他股东下落不明,无法清算。法院错误地判决控制股东苏山良对公司债务承担连带责任。[②] 当然,控制股东滥用股东权利,不当操纵公司董事会,阻止董事会及时组织清算组履行清算义务时,其行为与董事怠于履行清算义务的行为相同,应该承担清算义务人的责任。[③]

(三)与监事相比,股东不应成为清算义务人

监事是公司的监督机构,专司监督职能。与股东相比,监事的优势在于:(1)监事有权检查公司财务,但股东并不享有该权利。公司财务状况是公司经营信息的直接反映,是判断公司是否解散与如何清算的主要依据。根据《公司法》第53条的规定,监事或监事会的职权主要是检查公司财务,以及对公司董事、高级管理人员的行为进行监督。相反,根据《公司法》第33条的规定,股东享有知情权,可以了解公司

① 参见朱慈蕴:《资本多数决原则与控制股东的诚信义务》,载《法学研究》2004年第4期。

② 福建省厦门市思明区人民法院民事判决书,(2008)思民初字第6153号。

③ 实际控制人的情况与此类似。根据《公司法》第216条的规定,实际控制人是指虽不是公司的股东,但通过投资关系、协议或者其他安排,能够实际支配公司行为的人。

财务的情况,但无法像监事那样可以“检查公司财务”。(2)监事比股东更了解公司的经营状况。董事、高级管理人员的经营行为是公司治理的核心内容,直接决定公司的经营状况。根据《公司法》第54条第1款的规定,监事不仅可以列席董事会会议,还可以对董事会的决议事项提出质询与建议。(3)监事享有特别调查权力。当公司经营状况异常时,监事有权进行调查;必要时,还有权聘请会计师事务所等协助其工作,费用由公司承担。(4)监事享有更多保障性权利。例如,监事可以提议召开临时股东会会议,在某些情况下还可以召集和主持股东会会议。可见,监事的权利更大、更全面。但是,目前公司法并没有赋予监事清算义务与责任,基于“举重以明轻”的原则,股东就更不需要承担清算义务与责任了。

但是,监事会或者监事并不能为清算义务人。这是因为监事在公司专司监督职能,并不具有经营管理的职能。基于权利与责任相对应的原则,监事也不适合担任清算义务人。需要指出的是,《企业破产法》第125条的规定是不妥当的。其一,该条第1款关于监事承担破产责任的规定是不妥当的。其二,该条第2款规定,监事自破产程序终结之日起3年内不得担任任何企业的董事、监事、高级管理人员。这与公司法存在矛盾。这是因为《公司法》第146条规定的限制人员范围并不包括监事。显然,公司法的规定更为合理,应把监事排除在“不得担任高级管理人员的人员”之外。

(四)与直接责任人相比,股东也不应成为清算义务人

《公司法司法解释(二)》第18条第2款规定,有限责任公司的股东因怠于履行义务,导致公司主要财产、账册、重要文件等灭失无法清算的,股东应当对公司债务承担连带清偿责任。我认为,这一规定是不妥当的,应该由直接责任人来承担其他相应的责任。理由如下:

1. 保管人员才是妥当的责任主体

在公司中,主要财产是由财产保管员或者仓库保管员保管的,账册是由财务会计人员保管的,主要文件往往是由公司秘书保管的。这些材料的灭失,理应由其保管人来承担责任。在这些关系中,保管人员按照公司的安排为公司提供保管服务。在这一法律关系中,他们对公司负责。相反,公司股东并不保管这些材料,并没有参与这一法律关系,他们无法控制公司账册的风险,只有这些材料的直接管理人员才能控制材料丢失、毁坏等风险。所以,司法解释关于股东承担责任的规定,不但违反权利与义务相一致的基本法律原则,也违反风险控制的基本原则。

2. 与《公司法》的规定相冲突

司法解释是对公司法的续造,应该建立在妥当的体系解释之上。但是,《公司法司法解释(二)》第 18 条第 2 款违反了《公司法》相关条款的基本精神。《公司法》第 202 条规定,公司在提供的财务会计报告等材料上作虚假记载或者隐瞒重要事实的,对直接负责的主管人员和其他直接责任人员处以 3 万元以上 30 万元以下的罚款。第 204 条第 2 款还规定,公司在进行清算时隐匿财产,对资产负债表或者财产清单作虚假记载或者在未清偿债务前分配公司财产的,对直接负责的主管人员和其他直接责任人员处以罚款。虽然财务账册灭失与财务会计报告虚假记载不同,但是两者的职权人是一致的。所以,对公司账册灭失等承担责任的应该是直接负责的主管人员和其他直接责任人员,而不是股东。

3. 与《企业破产法》的规定相矛盾

《企业破产法》的相关规定也表明该司法解释是错误的。《公司法》上的清算程序与《企业破产法》的清算程序在性质上是完全相同的,具有重要的借鉴意义。《企业破产法》并没有规定有限责任公司的股东需要对保管账册等承担责任。该法第 15 条规定,债务人破产时,承担妥善保管其占有和管理的财产、印章和账簿、文书等资料的义务人是指该企业的法定代表人;经人民法院决定,可以包括企业的财务管理人员和其他经营管理人员。同时,该法第127条规定,债务人违反破产法的规定,拒不向管理人移交财产、印章和账簿、文书等资料的,或者伪造、销毁有关财产证据材料而使财产状况不明的,可以对直接责任人员依法处以罚款。可见,保管账册等责任应该由具体的保管人员来承担,而不是股东。

4. 股东不承担清算义务已有先例

在司法实践中,已有法院判决有限责任公司股东不对账册灭失等承担清算义务人责任。正确界定股东义务保管账册责任的典型案例是张能秀与顾海冬、胡浩杰等清算纠纷案。在该案中,三被告系宁波天川石材有限责任公司(以下简称天川公司)股东。天川公司成立于2006年6月,顾某为法定代表人,股权占比80%,胡某、王某各占10%。2010年11月,天川公司因未参加工商年检,被宁波市工商行政管理局吊销营业执照。清算过程中,清算组发现天川公司账册遗失,无法清算。原告认为,2008年到2009年,天川公司债务集中爆发,法定代表人顾某下落不明,公司经营停顿。股东有条件清算而不清算,致使公司资产流失,原告债权遭到严重侵害。故原告起诉至宁波市海曙区人民法院,请求判令三被告对天川公司欠原告的329万元债务承担连带清偿责任。被告顾某缺席。一审法院查明,天川公司法定代表人顾某因债务缠身于2008年年底逃到国外,导致诉讼爆发,宁波市江北区人民法院对天川公司的所有财产进行了查封,被告胡某、王某积极配合法院,并与债权人及政府部门协调处理公司事务。被告胡某、王某并没有怠于履行义务,也没有使天川公司的资产灭失或贬值。天川公司账册在2008年12月被宁波市江北区公安局查扣,后于2009年11月被天川公司财务黄某取走,两被告也是在2013年宁波市中级人民法院审理强制清算案件的时候才得知此情况。一审法院驳回原告的诉讼请求。原告提起上诉，二审法院维持原判。[①] 这一判决是妥当的。

需要注意的是，直接责任人也不能为清算义务人。这是因为直接责任人并不是公司的经营管理人员，其职能局限于某一方面。例如，会计人员只负责会计方面的职责，仓库保管员只负责生产资料的保管。所以，直接负责人只是在某一具体方面的风险控制能力较强，其责任也应该局限在该具体方面，而不是清算义务人。

（五）小结：董事才是真正的清算义务人

有限责任公司的股东不应成为清算义务人，只有董事才是真正的清算义务人。这是由股东与董事在公司治理的地位所决定的。当公司解散事由出现时，公司董事成为清算义务人是其注意义务与忠实义务在公司解散阶段的自然延伸与必然要求。相反，股东并不具有这样的职责与条件，不应成为清算义务人。

四、制度错位的根源：陷入误解之网

股东承担有限责任公司清算义务人的制度错位，与保护债权人利益的强大社会思潮相关，但也与对公司解散、清算、破产等制度的认识不足或者误解密切有关，主要有：

（一）《公司法》第183条的误植

《公司法》第183条规定，有限责任公司的清算组由股东组成。该规定源于何处？疑为我国台湾地区相关立法的误植。这是因为：

---

① 浙江省宁波市中级人民法院民事判决书，（2015）浙甬商终字第943号。

其一,我国台湾地区“公司法”的规定是立法孤例。不论是英美法系的《美国示范商事公司法》与《英国公司法》,还是大陆法系的《德国有限责任公司法》[①]、《法国商法典》[②]、《日本有限责任公司法》[③]与《韩国商法典》[④],都没有规定有限责任公司全体股东直接成为当然的清算人。相反,只有我国台湾地区“公司法”将有限责任公司股东规定为清算人。其二,我国台湾地区“公司法”的规定并不妥当。我国台湾地区“公司法”第113条规定,有限责任公司的解散与清算准用无限公司有关规定。其第79条则明确规定,无限公司的清算以全体股东为清算人。这意味着有限责任公司的全体股东为清算人。我国台湾地区的无限公司相当于大陆的普通合伙企业。[⑤] 应当说,全体股东原本为无限公司的经营管理人员,规定他们为法定清算人是妥当的。但是,有限责任公司与普通合伙企业的治理机制并不相同,我国台湾地区“公司法”规定有限责任公司清算准用无限公司(普通合伙企业)的有关规定是值得商榷的。已经有台湾学者明确指出,有限责任公司为资合公司,其股东责任为间接有限责任,与股份有限公司的股东责任大致相同,有限责任公司清算应该准用股份有限公司的有关规定。[⑥]对于股份有限公司,我国台湾地区“公司法”第322条第1款规定,股份有限公司的清算以董事为清算人,但法律或公司章程等另有规定除

---

① 《德国有限责任公司法》第66条第1款规定,如果公司章程或者股东决议没有将清算委托给其他人员,由业务执行人进行清算。参见卞耀武主编:《当代外国公司法》,法律出版社1995年版,第315页。

② 《法国商法典》第406~408条都没有规定有限公司的清算人为所有股东。参见卞耀武主编:《当代外国公司法》,法律出版社1995年版,第516~517页。

③ 《日本有限责任公司法》第72条第1款规定,有限公司解散时,除合并及破产的场合之外,董事为清算人。但章程另有规定时,或股东大会选任他人时,不在此限。参见卞耀武主编:《当代外国公司法》,法律出版社1995年版,第569页。

④ 《韩国商法典》第251条第1款规定,公司解散时,应以全体社员过半数的决议来选任清算人。

⑤ 参见梁上上:《中国的法人概念无需重构》,载《现代法学》2016年第1期。

⑥ 参见柯芳枝:《公司法论》,中国政法大学出版社2004年版,第574页;王文宇:《公司法论》,台北,元照出版有限公司2004年版,第623页。

外。其三,从立法背景看,20 世纪 90 年代我国公司立法时参考了市场经济先进国家与我国台湾地区的"公司法"。考虑到其他市场经济国家或地区没有类似我国的立法例,而当时存在大量借鉴台湾地区"立法"与"法律"理论的事实,大陆公司法关于有限责任公司股东作为清算组成员的规定,推测(由于我国没有公布立法理由书的传统,不像《日本民法典》披露借鉴外国民法典的具体条文)很可能来自我国台湾地区"公司法"的相关规定。所以,我国《公司法》第 183 条将有限责任公司股东作为清算人可能是对我国台湾地区"公司法"的误植,并不妥当。

(二)对《公司法》第 183 条的误读

《公司法》第 183 条规定:"公司因……而解散的,应当在解散事由出现之日起十五日内成立清算组,开始清算。有限责任公司的清算组由股东组成……"从文义看,《公司法》第 183 条第 1 句中的"公司"一词不同于"股东"一词,即公司≠股东。可见,成立清算组的义务不是由股东承担,而是由公司承担。该条第 2 句规定,有限责任公司的清算组由股东组成。这意味着,股东的身份是清算组成员,而不是清算义务人。

虽然《公司法》第 183 条的误植本身并没有使股东成为清算义务人,但是以最高人民法院为代表的司法机关对该条款的误读则使股东成为清算义务人。典型的例子为《公司法司法解释(二)》第 18 条将股东作为清算义务人是对《公司法》第 183 条的误解。参与该解释制定的刘敏法官认为,《公司法司法解释(二)》第 18 条第 2 款的"怠于履行义务",包括怠于履行依法及时启动清算程序进行清算的义务,也包括怠于履行妥善保管公司财产、账册、主要文件等的义务。[①] 如前所

---

① 参见刘敏:《实践中的商法》,北京大学出版社 2011 年版,第 19 页。

述，对于前者，在解散事由出现之日起 15 日内成立清算组的义务承担人是公司，而不是股东。对于后者，应由具体的直接责任人员来承担责任。显然，《公司法司法解释(二)》第 18 条的规定是不妥当的，属于对《公司法》的误读。

(三)对公司解散效力的误解

公司解散具备怎样的法律效力？公司解散是公司清算的原因。公司解散的开始意味着该公司从正常的经营状态将进入清算状态，并不导致其民事主体地位的丧失，只是其行为能力受到一定的限制。此时，公司解散并没有改变公司的治理机制。公司的董事、监事并没有被股东会罢免，高级管理人员也没有被董事会解聘，他们仍然担任原来的职务，其履行职务时的注意义务与忠实义务等行为准则也没有改变。[①] 此时，股东依然是纯粹意义上的股东，并没有被选举为公司董事与监事，也没有被聘任为高级管理人员，其在公司中的法律地位也没有改变。只有在完成相应的选举等程序后，股东才能成为公司的清算人(清算组成员)。换言之，股东成为有限责任公司的清算人需要履行相应程序，即成立清算组。所以，承担启动清算程序的只能是公司董事。

(四)对公司清算制度与破产清算制度差异的忽视

公司清算可以分为破产清算与非破产清算。破产清算是依据《企业破产法》进行的清算，而依据《公司法》进行的清算为非破产清算。换言之，依据《公司法》进行的清算均为非破产清算，公司财产是可以清偿所有公司债务的。如果清算组在清理公司财产、编制资产负债表和财产清单后，发现公司财产不足以清偿债务的，则应当转为破产清

① Model Business Corporation Act § 14.05(b)(3).

算。《公司法》第 187 条明确规定,公司应当依法向人民法院申请宣告破产。如果法院裁定宣告破产,清算组就应当将清算事务移交给法院。由此可知,当公司无法清算或者公司无力清偿债务时,不是继续按照《公司法》进行非破产清算,妥当的后续程序应该是进行破产清算。而根据《企业破产法》的规定,在破产清算中,股东是不承担连带责任的。

公司法司法解释是对"无法清算程序"的误解。根据《公司法司法解释(二)》第 18 ~ 21 条的规定,结合大量的公司解散案例,可以清楚地知道,有限责任公司股东承担连带责任主要有两种情形:(1)公司无力清偿债务;(2)公司无法清算。当公司无力清偿债务时进入破产清算程序的法律规定是清晰的。但是,当公司无法清算出现时,也应该进入破产清算程序。这是因为:第一,无法清算属于《企业破产法》上的"明显缺乏清偿能力"的一种情形。《破产法司法解释(一)》第 4 条明确规定,债务人账面资产虽大于负债,但法定代表人下落不明且无其他人员负责管理财产而无法清偿债务的,应当认定其明显缺乏清偿能力。第二,根据《企业破产法》第 127 条第 1 款与第 2 款的规定可以推知,债务人不移交财产、印章等资料,或者伪造、销毁账册而使财产状况不明等情形,也是破产清算中经常出现的情形。所以,当公司面临无法清算时,应当依据《公司法》第 187 条的规定进入破产清算程序。

综上所述,所有的误解或者误读造成了有限责任公司股东的灾难:债权人在逆向激励下,从破产清算向非破产清算逃逸,使其陷入股东承担无限连带责任的罗网之中。

五、董事保护债权人利益的制度建构

只把股东从无限连带责任中解救出来,忽视债权人利益保护是不

妥当的。相反,我们需要以真正的责任人——董事为中心来重新设计债权人利益保护机制,填补现行法律制度的漏洞。主要有:

(一)清算义务人制度不应废止:解散与清算之间需要衔接

有人指出,只需设置清算人制度,应该废止清算义务人制度。[①] 我认为,在我国现行法的框架下,应该保留清算义务人制度,这是由解散与清算之间的关系决定的。这是因为解散程序与清算程序不是“无缝对接”,需要清算义务人制度来填补其中的“时间空白”,把两者“衔接”起来。具体理由如下:

1.公司解散不自动进入公司清算程序

公司解散与公司清算是公司的两个不同的生命历程,公司解散后不自动进入清算程序。主要理由如下:

首先,公司解散事由出现并不必然导致公司清算。公司解散后,分为两种情形:(1)无须清算。例如,在公司章程规定营业期限届满而解散的场合,如果该公司通过股东(大)会的特别决议决定继续经营,那么该公司可以不解散而继续经营,并不进入清算程序。又如,公司因合并或者分立而导致解散的,也不进入清算程序。(2)需要清算。此时,公司并不一定会及时组织清算。

其次,公司解散决议与选举清算人成立清算组属于不同的程序,适用两套不同的规则。根据《公司法》的规定,公司解散决议属于特别决议,需要经 2/3 以上的表决权通过才能生效。而选举清算人则属于普通决议,采用 1/2 多数的表决方式。我国《公司法》第 183 条规定,股份有限公司的清算组由董事或者股东大会确定的人员组成。但是,该条款仍然需要公司章程作出选择性规定。如果由股东大会确定清算人的具体人选,则可以选举非董事为清算人,也可以在原董事的范

---

① 参见肖雄:《论公司清算人中心主义的回归与重建》,载《政治与法律》2017 年第 11 期。

围(如19人)内选举人数较少(如11人)的清算人。

最后,公司解散与公司清算属于两种不同的诉讼程序,现行法将两者确认为两类性质不同的案件。[①]《公司法司法解释(二)》第2条明确规定,股东提起解散公司诉讼,同时又申请对公司进行清算的,法院对其提出的清算申请不予受理。公司被判决解散后可以自行组织清算组进行清算或者另行申请法院对公司进行清算。这是因为公司解散诉讼与公司清算诉讼的种类截然不同,股东请求解散公司属于变更之诉,而公司清算案件属于非讼案件,两者审判程序不同。[②] 公司被判决解散后,公司可以自己组织股东或董事成立清算组进行清算。如果公司无法自行组织进行清算,则可以再申请法院对公司进行强制清算。同时,该司法解释第8条还规定,法院受理公司清算案件应当及时指定有关人员组成清算组。换言之,法院是在公司清算案件中才指定清算组成员,并不是在公司解散案件中就指定清算组成员。总之,公司被判决解散时,并不立即进入清算程序。

2. 清算人无法取代清算义务人

清算义务人与清算组成员并不相同。清算义务人指的是公司解散后负有及时组织清算的人,即清算程序的启动者。[③] 清算组成员是公司清算组成立后,为该机构的构成人员。清算组成员在德国、日本和我国台湾地区称为清算人。事实上,清算组成员是进入清算程序之后产生的。清算人(清算组或清算人会)与股东会、监察人(监事会)

---

① 公司解散诉讼与公司清算能否合并诉讼,存在肯定与否定两种不同的学说。肯定说,参见欧阳玉琼:《也论公司僵局的司法救济》,载《人民司法》2006年第10期;否定说,参见何鸣、刘炳荣:《解散公司诉讼的几点思考》,载《人民司法》2007年第3期。

② 参见刘岚:《规范审理公司解散和清算案件——最高人民法院民二庭负责人答本报记者问》,载百度文库2011年3月25日,http://wenku.baidu.com/view/26543b5d3b3567ec102d8a25.html。

③ 参见杜军:《未清算的公司债务承担主体——兼析公司法司法解释(二)第18—20条》,载《人民司法·应用》2010年第3期。

同为清算中公司的机关。[①] 为此,清算人对清算中的公司承担注意义务与忠实义务,依照法定程序进行清算。

需要注意的是,董事不一定是清算组成员(清算人)。例如,鉴于有的董事在公司运营期间的不良表现,公司股东会并不选举该董事成为清算人,或者罢免该董事的清算人职务。事实上,清算组成员的来源具有多元性。根据清算人来源不同,清算人可以分为:(1)法定清算人,如我国台湾地区“公司法”明确规定无限公司的全体股东为清算人;(2)章定清算人,即公司章程中明确规定的人为清算人;(3)选定清算人,即经股东(大)会依据多数决原则选举产生的清算人;(4)指定清算人,即经利害关系人的申请而由法院指定的清算人。[②] 法定清算人与指定清算人体现的是国家强制,而章定清算人与选定清算人体现的是公司自治。当公司自愿解散时,可以采取选定方式产生清算人。所以,董事不是公司清算人的唯一来源。

3. 需要清算义务人及时启动清算

公司解散后需要进行清算的,该公司应当及时启动清算。但是,基于各种不同原因,有些公司可能不愿意启动清算。例如,公司被吊销营业执照而被解散的,该公司可能怠于启动解散,使公司成为“僵尸企业”。由于公司解散后依然具有法人资格,还存在公司董事会,董事会应该及时成立清算组开始清算。相反,如果只设置清算人,不设置清算义务人,可能面临无法启动清算的困局。这是因为公司在此时可能还没有产生清算人。董事作为清算义务人,需要承担注意义务。但是,该注意义务与公司经营活动中的注意义务会有所不同。如果董事会不能在《公司法》第183条规定的15日内成立清算组开始清算,董

---

① 参见廖大颖:《公司法原论》(增订6版),台北,三民书局2013年版,第422页。

② 《日本公司法典》第478条规定,董事(后两种情形除外)、章程规定的人、依股东大会决议选任的人成为股份有限公司的清算人;另外法院还可以依据利害关系人、法务大臣的请求选任清算人(参见《日本公司法》,吴建斌编译,法律出版社2017年版,第265页);另外,《德国有限责任公司法》第66条也有类似的规定。

事就应该承担违反注意义务的责任。所以,现行法设置清算义务人来启动清算程序的制度是妥当的。

总之,清算义务人与清算人的性质、功能与来源等并不相同。由于公司解散并不立即进入清算程序,需要清算义务人来启动清算程序。清算义务人应该由公司董事来担任。

(二)制度漏洞的弥补:董事申请破产义务的特别设置

当公司无力清偿债务或者解散时,债权人往往会选择股东与公司承担连带责任来保护自己利益不受损害,存在从破产清算向非破产清算逃逸的倾向。为此,我们需要将《公司法》上的非破产清算与《企业破产法》上的破产清算两种制度进行有效衔接,增设董事申请破产义务。当公司无力清偿债务时,董事有义务提起破产申请,进入破产程序,从而将股东从连带责任的灾难中解放出来。

在大陆法系,公司董事普遍存在申请破产的义务。例如,《德国民法典》第 42 条第 2 款规定,董事会在支付不能或负债过度的情形下,必须申请开始支付不能程序。迟延提出申请,自己有过错的董事会成员对因此而发生的损害向债权人负责任;他们作为连带债务人负责任。[①] 又如,《日本民法典》第 70 条第 2 款规定,法人已经不能以其财产清偿债务时,理事必须立即提出破产程序开始的请求。[②] 再如,我国台湾地区"民法"也有类似规定。该法第 35 条规定,法人之财产不足清偿债务时,董事应即向法院声请破产。不为前项声请,致法人之债权人受损害时,有过失之董事,应负赔偿责任,其有二人以上时,应连带负责。我国台湾地区"公司法"第 211 条第 2 款规定,公司资产显有不足抵偿其所负债务时,除得依第 282 条办理者外,董事会应即声请破产。

---

① 参见《德国民法典》,陈卫佐译注,法律出版社 2015 年版,第 17 页。
② 参见《最新日本民法》,渠涛编译,法律出版社 2006 年版,第 19 页。

作为英美法系的《美国示范商事公司法》并没有规定董事的破产申请义务。但是，该法第14.05(b)节明确规定，公司自愿解散并不导致董事注意义务与忠实义务的改变，也不改变公司董事会的组成与人数。① 法院判决的强制解散也适用于自愿解散效力的相关规定。② 可见，《美国示范商事公司法》上公司解散与公司清算是"无缝对接"的。《英国公司法》上也有类似的禁止欺诈性交易制度来保护债权人利益。例如，该法第993条规定，无论公司是否已经或者正在处于清算过程中，如果公司意在欺诈公司债权人或者其他人的债权人，则构成犯罪。

我国《公司法》与《企业破产法》虽然规定了清算组的申请破产义务，但是没有规定公司陷入无力清偿债务时董事的破产申请义务。《公司法》第187条第1款规定，清算组在清理公司财产、编制资产负债表和财产清单后，发现公司财产不足清偿债务的，应当依法向人民法院申请宣告破产。我国《企业破产法》第7条第3款也规定，企业法人已解散但未清算或者未清算完毕，资产不足以清偿债务的，依法负有清算责任的人应当向人民法院申请破产清算。《企业破产法》的立法者指出，企业法人清算组的破产申请既是清算组的权利也是义务。③ 从该条款的文义看，该条款主要适用于两种情形，即企业法人已解散但未清算或者未清算完毕。对于第2种情形，结合《公司法》第187条，承担清算责任的人为清算组成员。对于第1种情形，承担清算责任的人是谁呢？从文义看，"已解散但未清算"又可以分为两种类型：一是公司已经解散但尚未组织清算组，此时，清算责任人为《公司法》

---

① Model Business Corporation Act 14.05 (b) dissolution of a corporation does not: (3) subject its directors or officers to standards of conduct different from those prescribe in chapter 8; (4) change (i) quorum or voting requirements for its board of directors or shareholders; (ii) provisions for selection, resignation, or removal of its directors or officers or both; (iii) provisions for amending its bylaws.

② Model Business Corporation Act 14.33 (b).

③ 参见安建主编：《中华人民共和国企业破产法释义》，法律出版社2006年版，第21页。

上的清算义务人。二是公司已经成立清算组但未开展清算工作。此时,清算责任人为清算组成员。但是,清算组成员与董事是不同的。可见,我国没有对无力清偿但未解散公司的破产申请义务作出规范。所以,我国应该增设董事的破产申请义务,以便更好保护债权人利益,同时阻止债权人进入《公司法》上的非破产清算程序,保护股东利益。

综合以上分析,债权人利益保护需要衔接好《公司法》与《企业破产法》的关系,其救济路径可以图7-2直观地展现出来:

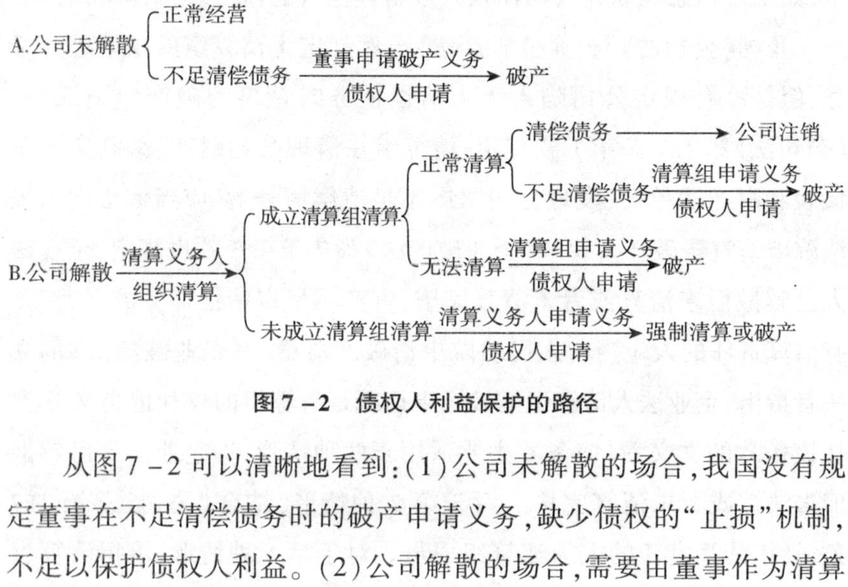

图7-2　债权人利益保护的路径

从图7-2可以清晰地看到:(1)公司未解散的场合,我国没有规定董事在不足清偿债务时的破产申请义务,缺少债权的"止损"机制,不足以保护债权人利益。(2)公司解散的场合,需要由董事作为清算义务人来及时组织清算。(3)公司解散的场合,只有足以清偿债务时才能依照《公司法》进行清算,注销公司。(4)公司解散的其他场合,必须要依照《企业破产法》进行破产清算(或者足以清偿时依据《公司法》强制清算)。(5)现行法律框架下,由于破产清算时债权清偿率较低,债权人希望通过非破产清算程序使股东承担无限连带责任,获得较高的清偿率,存在破产清算向非破产清算逃逸的现象。这是公司法与破产法之间缺少制度衔接造成的。

六、对《九民纪要》相关条款的评论

有限责任公司股东清算义务人责任的最新进展，是《九民纪要》第14～16条的规定。

（一）对《九民纪要》相关条款的整体评价

谁是有限责任公司的清算义务人？《九民纪要》采取折中说。该纪要制定者认为，现阶段仍然按照《公司法司法解释（二）》第18条的规定来执行，有限责任公司的清算义务人包括公司股东，但应当避免对公司股东造成过大负担。[①] 为此，《九民纪要》用三个条文对有限责任公司股东的清算义务作出规定，对股东承担的清算责任进行限缩。我认为，《九民纪要》对《公司法司法解释（二）》第18条第2款的股东清算责任加以限缩是妥当的。但从根本上讲，有限责任公司股东并不是清算义务人。《九民纪要》延续《公司法司法解释（二）》相关条款的规定，仍然坚持股东为清算义务人。以此为基础，对有限责任公司股东的清算责任作出的调整必然是错误的。而且，该纪要仅仅对《公司法司法解释（二）》第18条第2款进行调整，未对其他相关条款进行调整，其调整是不全面的，是不妥当的。

（二）对《九民纪要》具体条款的评析

1. 对《九民纪要》第14条的评析

《九民纪要》第14条　公司法司法解释（二）第18条第2款规定

① 最高人民法院民事审判第二庭编著：《〈全国法院民商事审判工作会议纪要〉理解与适用》，人民法院出版社2019年版，第165～166页。

的“怠于履行义务”，是指有限责任公司的股东在法定清算事由出现后，在能够履行清算义务的情况下，故意拖延、拒绝履行清算义务，或者因过失导致无法进行清算的消极行为。股东举证证明其已经为履行清算义务采取了积极措施，或者小股东举证证明其既不是公司董事会或者监事会成员，也没有选派人员担任该机关成员，且从未参与公司经营管理，以不构成“怠于履行义务”为由，主张其不应当对公司债务承担连带清偿责任的，人民法院依法予以支持。

《九民纪要》第 14 条是关于“怠于履行清算义务的认定”的规定，分析如下：

(1)“怠于履行义务”的界定。《九民纪要》制定者指出，这里的“履行义务”，不是指履行清算的一系列义务，包括启动清算程序成立清算组，进行清算、完成清算、发现公司财产不足清偿债务，应当向法院申请破产的义务，而仅仅指没有(原文的“没有”应当删除)启动清算程序成立清算组，或者在清算组成立后没有(原文的“没有”应当删除)履行清理公司主要财产以及管理好公司账册、主要文件等义务。[①]这一概念界定并不正确。其一，清算义务人的清算义务，仅仅指启动清算程序成立清算组。[②] 而这一义务，并不是股东能够完成的。例如，在有限责任公司被依法吊销营业执照的场合，不参与公司经营的股东是不知道该信息的。只有作为经营者的董事才能第一时间知道该情形，并通知召开股东会等启动成立清算组的程序。所以，只有当股东是公司董事时，才能以董事的身份作为清算义务人。其二，在清算组成立后履行清理公司主要财产以及管理好公司账册、主要文件等义

---

① 参见最高人民法院民事审判第二庭编著:《〈全国法院民商事审判工作会议纪要〉理解与适用》，人民法院出版社 2019 年版，第 166 页。

② 参见最高人民法院民事审判第二庭编著:《〈全国法院民商事审判工作会议纪要〉理解与适用》，人民法院出版社 2019 年版，第 163 页。可见，最高人民法院关于清算义务人的概念存在前后矛盾。

务,并不是清算义务人的义务,而是清算组成员的义务。只有当股东被选举为清算组成员时,才作为清算组成员承担相应的责任,但这不是清算义务人的责任。所以,对这些义务的违反,让股东承担责任并不妥当。

(2)股东履行清算义务的举证责任。由于股东不是清算义务人,董事才是真正的清算义务人,把举证责任配置给股东并不妥当,除非该股东同时担任公司董事等职务。当然,如果小股东能够举证证明其不构成怠于履行义务时不应对公司债务承担连带清偿责任的规定,相对于《公司法司法解释(二)》的规定,有一定的进步。

2. 对《九民纪要》第15条的评析

《九民纪要》第15条 有限责任公司的股东举证证明其"怠于履行义务"的消极不作为与"公司主要财产、账册、重要文件等灭失,无法进行清算"的结果之间没有因果关系,主张其不应对公司债务承担连带清偿责任的,人民法院依法予以支持。

《九民纪要》第15条是关于"因果关系抗辩"的规定。在我国司法实践中,存在"唯结果论"倾向,只要公司主要财产、账册、重要文件等灭失,公司无法清算,就认定为有限责任公司的股东应当承担责任。[①] 本条增设了股东"怠于履行义务"的消极不作为与"公司主要财产、账册、重要文件等灭失,公司无法清算"的结果之间应该存在因果关系的条件。这一条款改变了"唯结果论"的传统路径,使股东有机会从承担责任中解脱出来,是有进步的。但我认为,股东并不是公司的清算义务人,这不是股东所应该承担的责任,而是应该由直接责任人来承担责任。例如,账册灭失的责任应由公司财务人员承担责任,重

① 参见最高人民法院民事审判第二庭编著:《〈全国法院民商事审判工作会议纪要〉理解与适用》,人民法院出版社2019年版,第169页。

要文件灭失应该由公司的文档管理人员承担责任。

3. 对《九民纪要》第16条的评析

《九民纪要》第16条　公司债权人请求股东对公司债务承担连带清偿责任，股东以公司债权人对公司的债权已经超过诉讼时效期间为由抗辩，经查证属实的，人民法院依法予以支持。

公司债权人以公司法司法解释(二)第18条第2款为依据，请求有限责任公司的股东对公司债务承担连带清偿责任的，诉讼时效期间自公司债权人知道或者应当知道公司无法进行清算之日起计算。

《九民纪要》第16条是关于“诉讼时效期间”的规定，分析如下：

(1)债权的诉讼时效。在审判实践中，在适用《公司法司法解释(二)》第18条第2款时，经常出现不考虑公司债权人对公司债权的诉讼时效的情形。这是错误的，债权作为请求权必须要在诉讼时效期间内行使权利。公司债权人对公司享有债权是适用《公司法司法解释(二)》第18条第2款的前提，股东有权以公司债权人对公司债权已经超过诉讼时效期间为由提出抗辩。所以，《九民纪要》第16条第1款的规定是妥当的。

(2)诉讼时效期间的起算点。关于诉讼时效的起算点，有两种不同的意见。第一种意见认为，债权人以公司无法清算为由主张清算义务人承担赔偿责任的诉讼时效，自债权人知道或者应该知道公司法定清算事由出现之日起第15日后开始计算。第二种意见认为，公司债权人以《公司法司法解释(二)》第18条第2款为依据，请求有限责任公司的股东对公司债务承担连带清偿责任的，诉讼时效期间自公司债权人知道或者应当知道公司无法进行清算之日起计算。第一种意见是我国长期以来坚持的观点。2014年12月最高人民法院民二庭对上海市高级人民法院的请示回复意见就是采取这种观点,[①]本次《九民纪要》的征求意见稿也是采纳该意见。但是,《九民纪要》放弃了其征求意见稿的意见,采纳第二种观点。其理由为,我国《民法典》第188条第2款规定,诉讼时效期间自权利人知道或者应当知道权利受到损害以及义务人之日起计算。对于基于《公司法司法解释(二)》第18条第2款的请求权,清算义务人如果主张从某一时点起算请求权诉讼时效,则必须证明在该时点公司已经无法清算。在公司还未清算的情况下,债权人怎么可能要求清算义务人承担责任?公司出现无法清算结果,是债权人主张连带清偿责任的必要条件。在公司出现无法清算之前,债权人的请求权不能成立,债权人无法行使请求权,不能开始计算诉讼时效。[②] 应当说,在股东为清算义务人的前提下,这样处理是合适的。但是,我认为股东并不是合适的清算义务人,所以应该删除该规定。

七、结论

我国现行的清算义务人制度是基于中国的实际情况而产生的法律制度,对保护债权人利益具有重要意义。但是,在市场经济中,企业消亡属于正常的新陈代谢现象。良好的营商环境需要在股东利益与债权人利益之间实现平衡。债权人不能从解散公司中实现债权是正常的市场经济现象,不能以保护债权人为唯一目的而扭曲经济规律,过于向债权人利益倾斜。我国现行《公司法》与相关司法解释所确立

---

① 最高人民法院民二庭:《关于债权人主张公司股东承担清算赔偿责任诉讼时效问题请示的答复》(2014年12月11日,〔2014〕民二他字第16号),载杜万华主编:《最高人民法院企业破产与公司清算案件审判指导》,中国法制出版社2017年版,第383~384页。

② 参见最高人民法院民事审判第二庭编著:《〈全国法院民商事审判工作会议纪要〉理解与适用》,人民法院出版社2019年版,第175~176页。

的将有限责任公司股东作为清算义务人的制度,使股东责任从有限责任变为无限责任,造成了股东与债权人之间利益关系的失衡,直接影响股东的投资信心与意愿,长此以往可能摧毁我国的市场退出法律体系,不利于我国经济的持续发展与繁荣。

基于股东、董事、监事、直接责任人等在公司治理结构中地位与职权的分析,本书认为,有限责任公司的清算义务人不是股东,只有董事才是妥当的清算义务人。现行制度根源于对公司解散效力等一系列制度的误解,也与债权人从破产清算向非破产清算逃逸的逆向激励有关。为切实保护债权人利益,应该保留清算义务人制度,还应该增设董事的破产申请义务。为此,对《公司法》及《公司法司法解释(二)》相关条款的法律适用提出建议:(1)正确理解《公司法》第183条第1句,将重点落在该句的“公司”上,利用法律解释方法将“董事”解释为有限公司的清算义务人。(2)对《公司法司法解释(二)》第18~20条进行修改,对有限责任公司股东与董事的权利义务进行重新调整,删除股东作为清算义务人的相关规定。(3)正确理解《民法典》第70条与《公司法司法解释(二)》相关条款的关系,在适用《民法典》第70条时,①避免在具体案件的法律适用中再继续引用该解释。②(4)保留《九民纪要》第16条第1款,删除该纪要第14~16条的其他内容。(5)废止第9号指导案例,重新选择能正确反映有限责任公司董事清算义务的案例。

---

① 2017年通过的《民法总则》第70条第2款已经作出较为合理的调整,规定法人的董事、理事等执行机构或者决策机构的成员为清算义务人,但在适用中可能仍然会带来歧义。

② 许多民法总则的释义书籍中,论及清算义务人的具体法律责任时,仍然习惯引用《公司法司法解释(二)》第18~20条。参见李适时主编:《中华人民共和国民法总则释义》,法律出版社2017年版,第210~211页。

参考文献

一、中文论著

1. 段匡:《日本的民法解释学》,复旦大学出版社 2005 年版。

2. 黄茂荣:《法学方法与现代民法》(第 7 版),台湾大学法学丛书编辑委员会编辑 2020 年版。

3. 李惠宗:《案例式法学方法论》,台北,新学林出版股份有限公司 2009 年版。

4. 黄辉:《现代公司法比较研究》(第 2 版),清华大学出版社 2020 年版。

5. 江平主编:《新编公司法教程》,法律出版社 1994 年版。

6. 梁上上:《利益衡量论》(第 3 版),北京大学出版社 2021 年版。

7. 梁慧星:《裁判的方法》,法律出版社 2003 年版。

8. 梁慧星:《民法解释学》,中国政法大学出版社 1995 年版。

9. 吕世伦、文正邦主编:《法哲学论》,中国人民大学出版社 1999 年版。

10. 全国人大常委会法制工作委员会民法室编:《侵权责任法立法背景与观点全集》,法律出版社 2010 年版。

11. 沈宗灵:《比较法总论》,北京大学出版社 1987 年版。

12. 施天涛:《公司法论》(第 3 版),法律出版社 2014 年版。

13. 王保树:《商法的改革与变动的经济法》,法律出版社 2003 年版。

14. 王保树、崔勤之:《中国公司法原理》(第 3 版),社会科学文献出版社 2006 年版。

15. 王伟光:《利益论》,中国社会科学出版社 2010 年版。

16. 王泽鉴:《民法总则》,中国政法大学出版社 2001 年版。

17. 吴从周:《概念法学、利益法学与价值法学:探索一部民法方法论的演变史》,中国法制出版社 2011 年版。

18. 谢怀栻:《外国民商法精要》,法律出版社 2002 年版。

19. 杨仁寿:《法学方法论》(第 2 版),台北,三民书局 2010 年版。

20. 杨日然:《法理学》,台北,三民书局 2005 年版。

21. 张明楷:《法益初论》,中国政法大学出版社 2003 年版。

22. 张文显:《法学基本范畴研究》,中国政法大学出版社 1993 年版。

23. 张志铭:《法律解释操作分析》,中国政法大学出版社 1999 年版。

24. 苏永钦:《走入新世纪的私法自治》,台北,元照出版有限公司 2002 年版。

25. 赵旭东主编:《公司法学》(第 3 版),高等教育出版社 2012 年版。

26. 桂敏杰、安建主编:《新公司法条文解析》,人民法院出版社

2006 年版。

27. 安建主编:《中华人民共和国公司法释义》(第 2 版),法律出版社 2013 年版。

28. 江伟主编:《民事诉讼法》(第 4 版),高等教育出版社 2013 年版。

29. 最高人民法院民事审判第二庭编:《公司案件审判指导》,法律出版社 2015 年版。

30. 梁上上:《利益的层次结构与利益衡量的展开——兼评加藤一郎的利益衡量论》,载《法学研究》2002 年第 1 期。

31. 梁上上:《制度利益衡量的逻辑》,载《中国法学》2012 年第 4 期。

32. 梁上上:《异质利益衡量的公度性难题及其求解》,载《政法论坛》2014 年第 4 期。

33. 梁上上:《公共利益与利益衡量》,载《政法论坛》2016 年第 6 期。

34. 梁上上:《论公司正义》,载《现代法学》2017 年第 1 期。

35. 梁上上:《有限公司股东清算义务人地位质疑》,载《中国法学》2019 年第 2 期。

36. 梁上上:《未出资股东对公司债权人的补充赔偿责任》,载《中外法学》2015 年第 3 期。

37. 梁上上:《论违规增持的私法救济》,载《法商研究》2019 年第 2 期。

38. 梁上上:《论股东强制盈余分配请求权——兼评“河南思维自动化设备有限公司与胡克盈余分配纠纷案”》,载《现代法学》2015 年第 2 期。

39. 陆宇峰:《美国法律现实主义:内容、兴衰及其影响》,载《清华法学》2010 年第 6 期。

二、中文译著

1. [法]孟德斯鸠:《论法的精神》,张雁深译,商务印书馆 1963 年版。

2. [古罗马]优士丁尼:《法学阶梯》,徐国栋译,中国政法大学出版社 1999 年版。

3. [古希腊]亚里士多德:《尼各马科伦理学》,苗力田译,中国人民大学出版社 1992 年版。

4. [美]约翰·罗尔斯:《正义论》(修订版),何怀宏、何包钢、廖申白译,中国社会科学出版社 2009 年版。

5. [美]E. 博登海默:《法理学:法律哲学与法律方法》,邓正来译,中国政法大学出版社 1999 年版。

6. [美]罗斯科·庞德:《法理学》(第 2 卷),邓正来译,中国政法大学出版社 2007 年版。

7. [美]罗斯科·庞德:《法理学》(第 3 卷),廖德宇译,法律出版社 2007 年版。

8. [美]罗斯科·庞德:《普通法的精神》,唐前宏、廖湘文、高雪原译,法律出版社 2001 年版。

9. [美]弗里德曼:《法律制度》,李琼英、林欣译,中国政法大学出版社 1994 年版。

10. [英]保罗·戴维斯、莎拉·沃辛顿:《现代公司法原理》,罗培新等译,法律出版社 2018 年版。

11. [德]格茨·怀克、克里斯蒂娜·温德比西勒:《德国公司法》(第 21 版),法律出版社 2010 年版。

12. [德]弗朗茨·维亚克尔:《近代私法史——以德意志的发展

为考察重点》,陈爱娥、黄建辉译,上海三联书店 2006 年版。

13. [德]N. 霍恩:《法律科学与法哲学导论》,罗莉译,法律出版社 2005 年版。

14. [德]K. 茨威格特、H. 克茨:《比较法总论》,潘汉典、米健、高鸿钧等译,贵州人民出版社 1992 年版。

15. [德]伯恩·魏德士:《法理学》,丁小春、吴越译,法律出版社 2003 年版。

16. [德]考夫曼:《法律哲学》,刘幸义等译,法律出版社 2004 年版。

17. [德]迪特尔·梅迪斯库:《德国民法总论》,邵建东译,法律出版社 2000 年版。

18. [德]卡尔·拉伦茨:《德国民法通论》,王晓晔、邵建东等译,法律出版社 2003 年版。

19. [德]卡尔·拉伦茨:《法学方法论》,陈爱娥译,商务印书馆 2003 年版。

20. [德]齐佩利乌斯:《法学方法论》,金振豹译,法律出版社 2009 年版。

21. [奥]恩斯特·A. 克莱默:《法律方法论》,周万里译,法律出版社 2019 年版。

22. [英]丹宁勋爵:《法律的界碑》,刘庸安、张弘译,法律出版社 1999 年版。

23. [英]哈特:《法律的概念》,张文显、郑成良、杜景义、宋金娜译,中国大百科全书出版社 1996 年版。

24. [德]菲利普·黑克:《利益法学》,傅广宇译,商务印书馆 2016 年版。

25. [日]北川善太郎:《日本民法体系》,李毅多、仇京春译,科学出版社 1995 年版。

26. [日]加藤一郎:《民法的解释与利益衡量》,梁慧星译,载梁慧星主编:《民商法论丛》(第2卷),法律出版社1995年版。

27. [德]托马斯·莱塞尔、吕迪格·法伊尔:《德国资合公司法》(第6版),上海人民出版社2019年版。

28. [日]前田庸:《公司法入门》,王作全译,北京大学出版社2012年版。

29. [日]神田秀树:《公司法的精神》,朱大明译,法律出版社2016年版。

30. [日]近藤光男:《最新日本公司法》,梁爽译,法律出版社2016年版。

31. [日]落合诚一:《公司法概论》,吴婷等译,法律出版社2011年版。

三、外文论著

1. Charles R. T. O'Kelley, Robert B. Thompson, *Corporations and Other Business Associations*, 7th, Aspen Publishers, 2014.

2. Edward H. Levi, *An Introduction to Legal Reasoning*, the University of Chicago Press, 1949.

3. Jane C. Ginsburg, *Legal Methods: Cases and Materials*, 3rd, Foundation Press, 2008.

4. John Herry Merryman, Rogelio Pérez-Perdomo, *The Civil Law Tradition*, 3rd, Stanford University Press, 2007.

5. Kent Greenawalt, *Legislation: Statutory Interpretation*, Foundation Press, 1999.

6. Linda D. Jellum, David Charles Hricik, *Modern Statutory*

Interpretation, 2nd, Carolina Academic Press, 2009.

7. Lloyd L. Weinreb, *Legal Reason*, Cambridge University Press, 2005.

8. Lewis D. Solomon, Alan R. Palmiter, *Corporations*: *examples & explanations*, 3rd, Aspen Publishers, 2003.

9. Peter L. Strauss, *Legal Methods*: *Cases and Materials*, 2nd, Foundation Press, 2008.

10. Richard D. Freer, *The Law of Corporations*, 8th, West Academic Publishing, 2020.

11. Roberta Romano (General Editor), *Foundations of Corporate Law*, 2nd, Foundation Press, 2010.

12. Sotirios A. Barber, James E. Fleming, *Constitutional Interpretation*, Oxford University Press, 2007.

13. Todd J. Clark, andré Douglas pond cummings, *Corporate Justice*, Carolina Academic Press, 2016.

14. William A. Klein, J. Mark Ramseyer, Stephen M. Bainbridge, *Business Associations*: *Cases and Materials on Agency*, *Partnerships*, *LLCs and Corporations*, Foundation Press, 2015.

15. 水本浩:『現代民法學の方法と體系』,創文社,1996 年 11 月。

16. 瀨川信久編:『私法學の再構架』,北海道大學圖書刊行會,1999 年 2 月。

17. 星野英一:「民法解釋論序說」,『民法論集 1』,有斐閣,1970 年。

后　记

2013年3月，我完成《利益衡量论》一书的写作后，决定将研究的重心向公司法领域偏移。

在收集整理最高人民法院的案例中，河南思维公司案引起我深深地思考。在该案中，河南思维公司有着高达2亿多元的巨额利润可供分配，但自成立6年来从未分配过任何红利，小股东胡克对该公司提起了强制盈余分配之诉。但是，最高人民法院以该事项属于公司自治范畴，法院不便干预为由驳回起诉。我的疑问是，能否仅以公司自治为由拒绝对公司事务进行司法审查？这是否违背法律正义呢？为此，我决定借鉴合同法上的合同正义原则，提出公司正义原则，希望可以抗衡公司自治原则。为此，我于2013年秋季完成了《论股东强制盈余分配请求权》的写作，文中提出了“公司正义”的概念，以此为指导对该案提出了批评意见。

该文完成后，我对公司正义的主题产生了浓厚兴趣，更感到无比欣喜，仿佛挖到了难得的金矿。一方面，是该主题确实很好；另一方面，是符合我就抽象主题对公司法进行研究的愿望,希望作出与《论股东表决权——以公司控制权争夺为中心展开》不一样的研究。为此,我对公司正义作了较为深入地思考,撰写了《论公司正义》一文,全面回答了公司正义的各种问题。但在投稿过程中,由于公司正义过于抽象,外审专家仁者见仁,智者见智,经常从不同角度提出不同意见,我无法回答这些问题,或者说难以准确回答这些问题。原本充满希冀的心,不免陷入一次又一次的失落。幸好,该文获得了《现代法学》的认可,于 2017 年第 1 期发表。

时间到了 2018 年 2 月,我收到一本名为 *Corporate Justice*(《公司正义》)的新书。这是美国著名公司法教授 Todd J. Clark 与 andré douglas pond cummings 于 2016 年 8 月出版的专著。原来,有一个朋友知道我在研究公司正义问题。他恰巧在美国网站上搜索到这本书,就买来送给我。捧着这本新书,我感到欣喜万分。看来,这的确是一个有意义的主题。不论是在美国,还是在中国,这都是一个有价值的主题。

为此,我决定选择若干问题围绕公司正义继续进行研究,以展现公司正义的广泛意义。但是,在构思本书的过程中,面临艰难的取舍。公司正义涉及的范围实在太广,几乎公司法上的每一个问题都可以追溯到公司正义上来。最后,我决定以股东的权责配置为视角,围绕股东与公司、董事、债权人等不同的利益关系,沿着股东权利、责任与地位为线索,对其进行具体化研究。

首先进入眼帘的是公司人格否认与股东派生诉讼。这两个主题最能体现公司正义的基本理念。如果没有公司正义的理念,是很难理解债权人可以否定公司人格而追究滥权股东的责任的。同样,如果没有公司正义的理念,也很难理解股东可以跨越公司的独立人格追究董事对公司的赔偿责任。这些不但突破了实体法的传统规则,也突破了程序法的传统规则,体现了实体正义与程序正义。在股东权利方面,选择的是盈余分配请求权。盈余分配权采用案例评析方式,关注点在于法律适用中的公司自治与公司正义的冲突。在股东责任方面,选择的是未出资股东的补充赔偿责任与违规增持股东的责任。前者是公司法上的问题,着眼于法律解释;后者是证券法上的问题,强调制度分析。此外,以“地位”为视角对有限责任公司股东的清算义务人制度进行反思。在对这些问题进行研究时,希望能够涵盖较多的领域,既有法律适用方面的问题,又有公司立法方面的问题,在研究方法上也试图更加多元化。

我曾经在清华大学、浙江大学、南京大学、吉林大学、西南政法大学等高校以公司正义为主题做过报告。在这些交流活动中,与会专家、学者提出了许多意见,既有肯定的意见,也有质疑的意见,不论是鼓励的意见,还是批评的意见,我都受益良多,深表谢意。在不断解释、回答和讨论的过程中,我深刻地感受到大家对公司正义已经达成了一些基本共识,但是要实现对公司正义概念的完全统一是困难的。这或许就是公司正义的宿命。它本来就不可能完全统一,而应该保持开放。公司正义,本身是一种思考的力量,是一种促使大家去反思我国公司立法,去反思我国公司法适用,进而推动我国公司法不断进步的力量。

在本书完稿之际,我要感谢我的家人长期以来的艰辛付出。我要感谢我的母亲盛伯燕女士对我的养育之恩,感谢我的妻子陈红飞女士对我的全力支持。同时,我要感谢博士生皮正德、张兆函、袁崇霖的建议与校对。我还要感谢法律出版社的似玉编辑耐心细致的工作。最后,要感谢帮助我、支持我的师长与朋友。

梁上上
清华大学法学院
2021 年 12 月